TRANZLATY

El idioma es para todos

اللغة للجميع

El llamado de lo salvaje

نداء البرية

Jack London

جاك لندن

Español / العربية

Hacia lo primitivo
إلى البدائية

Buck no leía los periódicos.

لم يقرأ باك الصحف.

Si hubiera leído los periódicos habría sabido que se avecinaban problemas.

لو كان قد قرأ الصحف لكان قد عرف أن المشاكل كانت تلوح في الأفق.

Hubo problemas, no sólo para él sino para todos los perros de la marea.

لم تكن هناك مشكلة بالنسبة له وحده، بل بالنسبة لكل كلب من كلاب المد والجزر.

Todo perro con músculos fuertes y pelo largo y cálido iba a estar en problemas.

كل كلب قوي العضلات وذو شعر طويل ودافئ سيكون في ورطة.

Desde Puget Bay hasta San Diego ningún perro podía escapar de lo que se avecinaba.

من خليج بوغيت إلى سان دييغو لم يتمكن أي كلب من الهروب مما كان قادمًا.

Los hombres, a tientas en la oscuridad del Ártico, encontraron un metal amarillo.

كان الرجال يبحثون في ظلام القطب الشمالي عن معدن أصفر.

Las compañías navieras y de transporte iban en busca del descubrimiento.

وكانت شركات السفن البخارية والنقل تلاحق الاكتشاف.

Miles de hombres se precipitaron hacia el norte.

كان الآلاف من الرجال يتدفقون إلى الشمال.

Estos hombres querían perros, y los perros que querían eran perros pesados.

أراد هؤلاء الرجال كلابًا، وكانت الكلاب التي أرادوها كلابًا ثقيلة.

Perros con músculos fuertes para trabajar.

الكلاب ذات العضلات القوية التي يمكنها العمل بها.

Perros con abrigos peludos para protegerlos de las heladas.

كلاب ذات معاطف فروية لحمايتها من الصقيع.

Buck vivía en una casa grande en el soleado valle de Santa Clara.

عاش باك في منزل كبير في وادي سانتا كلارا المشمس.

El lugar del juez Miller, se llamaba su casa.

مكان القاضي ميلر، كان يسمى منزله.

Su casa estaba apartada de la carretera, medio oculta entre los árboles.

كان منزله بعيدًا عن الطريق، مخفيًا جزئيًا بين الأشجار.

Se podían ver destellos de la amplia terraza que rodeaba la casa.

كان من الممكن إلقاء نظرة خاطفة على الشرفة الواسعة التي تحيط بالمنزل.

Se accedía a la casa mediante caminos de grava.

تم الوصول إلى المنزل عبر ممرات مرصوفة بالحصى.

Los caminos serpenteaban a través de amplios prados.

تتعرج المسارات عبر المروج الواسعة.

Allá arriba se veían las ramas entrelazadas de altos álamos.

في الأعلى كانت هناك أغصان متشابكة من أشجار الحور الطويلة.

En la parte trasera de la casa las cosas eran aún más espaciosas.

في الجزء الخلفي من المنزل كانت الأمور أكثر اتساعًا.

Había grandes establos, donde una docena de mozos de cuadra charlaban.

كانت هناك اسطبلات رائعة، حيث كان هناك عشرة من العرسان يتحادثون

Había hileras de casas de servicio cubiertas de enredaderas.

كانت هناك صفوف من أكواخ الخدم المغطاة بالكروم

Y había una interminable y ordenada serie de letrinas.

وكان هناك مجموعة لا نهاية لها ومنظمة من المراحيض الخارجية

Largos parrales, verdes pastos, huertos y campos de bayas.

شرفات العنب الطويلة، والمراعي الخضراء، والبساتين، وبقع التوت.

Luego estaba la planta de bombeo del pozo artesiano.

وبعد ذلك كانت هناك محطة الضخ للبئر الارتوازي.

Y allí estaba el gran tanque de cemento lleno de agua.

وكان هناك خزان الأسمنت الكبير المملوء بالماء.

Aquí los muchachos del juez Miller dieron su chapuzón matutino.

هنا أخذ أولاد القاضي ميلر غطستهم الصباحية.

Y allí también se refrescaron en la calurosa tarde.

وتبردوا هناك في فترة ما بعد الظهر الحارة أيضًا.

Y sobre este gran dominio, Buck era quien lo gobernaba todo.

وعلى هذا النطاق العظيم، كان باك هو الذي يحكم كل ذلك.

Buck nació en esta tierra y vivió aquí todos sus cuatro años.

وُلِد باك على هذه الأرض وعاش هنا طوال سنواته الأربع.

Efectivamente había otros perros, pero realmente no importaban.

لقد كانت هناك بالفعل كلاب أخرى، لكنها لم تكن ذات أهمية حقيقية.

En un lugar tan vasto como éste se esperaban otros perros.

كان من المتوقع وجود كلاب أخرى في مكان واسع مثل هذا.

Estos perros iban y venían, o vivían dentro de las concurridas perreras.

جاءت هذه الكلاب وذهبت، أو عاشت داخل بيوت الكلاب المزدحمة.

Algunos perros vivían escondidos en la casa, como Toots e Ysabel.

بعض الكلاب عاشت مختبئة في المنزل، مثل توتس وإيزابيل.

Toots era un pug japonés, Ysabel una perra mexicana sin pelo.

كان توتس كلبًا من فصيلة البج اليابانية، بينما كانت إيزابيل كلبة مكسيكية أصلع.

Estas extrañas criaturas rara vez salían de la casa.

نادرًا ما كانت هذه المخلوقات الغريبة تخرج من المنزل.

No tocaron el suelo ni olieron el aire libre del exterior.

لم يلمسوا الأرض، ولم يشتموا الهواء الطلق في الخارج.

También estaban los fox terriers, al menos veinte en número.

وكان هناك أيضًا كلاب فوكس تيرير، وكان عددها عشرين على الأقل.

Estos terriers le ladraron ferozmente a Toots y a Ysabel dentro de la casa.

نبح هؤلاء الكلاب بشدة على توتس وإيزابيل في الداخل.

Toots e Ysabel se quedaron detrás de las ventanas, a salvo de todo daño.

بقيت توتس وإيزابيل خلف النوافذ، في مأمن من الأذى.

Estaban custodiados por criadas con escobas y trapeadores.

وكانوا تحت حراسة الخادمات بالمكانس والمماسح.

Pero Buck no era un perro de casa ni tampoco de perrera.

لكن باك لم يكن كلبًا منزليًا، ولم يكن كلبًا بيتيًا أيضًا.

Toda la propiedad pertenecía a Buck como su legítimo reino.

كانت الممتلكات بأكملها مملوكة لباك باعتبارها مملكته الشرعية.

Buck nadaba en el tanque o salía a cazar con los hijos del juez.

كان الغزال يسبح في الخزان أو يذهب للصيد مع أبناء القاضي.

Caminaba con Mollie y Alice temprano o tarde.

كان يمشي مع مولي وأليس في الساعات الأولى أو المتأخرة.

En las noches frías yacía junto al fuego de la biblioteca con el juez.

وفي الليالي الباردة كان يرقد أمام نار المكتبة مع القاضي.

Buck llevaba a los nietos del juez en su fuerte espalda.

قام باك بنقل أحفاد القاضي على ظهره القوي.

Se revolcó en el césped con los niños, vigilándolos de cerca.

كان يتدحرج في العشب مع الأولاد، ويحرسهم عن كثب.

Se aventuraron hasta la fuente e incluso pasaron por los campos de bayas.

لقد ذهبوا إلى النافورة وحتى حقول التوت.

Entre los fox terriers, Buck caminaba siempre con orgullo real.

بين كلاب فوكس تيرير، كان باك يمشي بفخر ملكي دائمًا.

Él ignoró a Toots y Ysabel, tratándolos como si fueran aire.

لقد تجاهل توتس وإيزابيل، وعاملهما كما لو كانا هواءً.

Buck reinaba sobre todas las criaturas vivientes en la tierra del juez Miller.

كان باك يحكم كل الكائنات الحية على أرض القاضي ميلر.

Él gobernaba a los animales, a los insectos, a los pájaros e incluso a los humanos.

لقد حكم الحيوانات والحشرات والطيور وحتى البشر.

El padre de Buck, Elmo, había sido un San Bernardo enorme y leal.

كان والد باك إلمو كلبًا كبيرًا من نوع سانت برنارد ومخلصًا.

Elmo nunca se apartó del lado del juez y le sirvió fielmente.

لم يترك إلمو جانب القاضي أبدًا، وخدمه بإخلاص.

Buck parecía dispuesto a seguir el noble ejemplo de su padre.

وبدا باك مستعدًا لاتباع مثال والده النبيل.

Buck no era tan grande: pesaba ciento cuarenta libras.

لم يكن باك كبيرًا تمامًا، إذ كان وزنه مائة وأربعين رطلاً.

Su madre, Shep, había sido una excelente perra pastor escocesa.

كانت والدته، شيب، كلبة راعية اسكتلندية رائعة.

Pero incluso con ese peso, Buck caminaba con presencia majestuosa.

ولكن حتى مع هذا الوزن، كان باك يمشي بحضور ملكي.

Esto fue gracias a la buena comida y al respeto que siempre recibió.

جاء هذا من خلال الطعام الجيد والاحترام الذي كان يحظى به دائمًا.

Durante cuatro años, Buck había vivido como un noble mimado.

لقد عاش باك لمدة أربع سنوات مثل النبيل المدلل.

Estaba orgulloso de sí mismo y hasta era un poco egoísta.

لقد كان فخوراً بنفسه، وحتى أنانياً بعض الشيء.

Ese tipo de orgullo era común entre los señores de países remotos.

كان هذا النوع من الفخر شائعًا بين أمراء المناطق النائية.

Pero Buck se salvó de convertirse en un perro doméstico mimado.

لكن باك أنقذ نفسه من أن يصبح كلبًا مدللًا في المنزل.

Se mantuvo delgado y fuerte gracias a la caza y el ejercicio.

لقد ظل نحيفًا وقويًا من خلال الصيد وممارسة الرياضة.

Amaba profundamente el agua, como la gente que se baña en lagos fríos.

كان يحب الماء بشدة، مثل الأشخاص الذين يستحمون في البحيرات الباردة.

Este amor por el agua mantuvo a Buck fuerte y muy saludable.

لقد ساعد هذا الحب للماء باك على البقاء قويًا وصحيًا للغاية.

Éste era el perro en que se había convertido Buck en el otoño de 1897.

كان هذا هو الكلب الذي أصبح عليه باك في خريف عام 1897.

Cuando la huelga de Klondike arrastró a los hombres hacia el gélido Norte.

عندما دفعت ضربة كلوندايك الرجال إلى الشمال المتجمد.

La gente acudió en masa desde todos los rincones del mundo hacia aquella tierra fría.

هرع الناس من جميع أنحاء العالم إلى الأرض الباردة.

Buck, sin embargo, no leía los periódicos ni entendía las noticias.

لكن باك لم يقرأ الصحف ولم يفهم الأخبار.

Él no sabía que Manuel era un mal hombre con quien estar.

لم يكن يعلم أن مانويل رجل سيء للتعامل معه.

Manuel, que ayudaba en el jardín, tenía un problema profundo.

مانويل، الذي كان يساعد في الحديقة، كان يعاني من مشكلة عميقة.

Manuel era adicto al juego de la lotería china.

كان مانويل مدمنًا على القمار في اليانصيب الصيني.

También creía firmemente en un sistema fijo para ganar.

وكان يؤمن أيضًا بشدة بوجود نظام ثابت للفوز.

Esa creencia hizo que su fracaso fuera seguro e inevitable.

وهذا الاعتقاد جعل فشله مؤكدا ولا مفر منه.

Jugar con un sistema exige dinero, del que Manuel carecía.

يتطلب اللعب بنظام ما المال، وهو ما كان يفتقر إليه مانويل.

Su salario apenas alcanzaba para mantener a su esposa y a sus numerosos hijos.

كان راتبه بالكاد يكفي زوجته وأطفاله الكثيرين.

La noche en que Manuel traicionó a Buck, las cosas estaban normales.

في الليلة التي خان فيها مانويل باك، كانت الأمور طبيعية.

El juez estaba en una reunión de la Asociación de Productores de Pasas.

وكان القاضي حاضرا في اجتماع جمعية مزارعي الزبيب.

Los hijos del juez estaban entonces ocupados formando un club atlético.

وكان أبناء القاضي منشغلين آنذاك بتأسيس نادي رياضي.

Nadie vio a Manuel y Buck salir por el huerto.

لم يشاهد أحد مانويل وبوك يغادران البستان.

Buck pensó que esta caminata era simplemente un simple paseo nocturno.

اعتقد باك أن هذه الرحلة كانت مجرد نزهة ليلية بسيطة.

Se encontraron con un solo hombre en la estación de la bandera, en College Park.

لقد التقوا برجل واحد فقط في محطة العلم، في كوليدج بارك.

Ese hombre habló con Manuel y intercambiaron dinero.

وتحدث ذلك الرجل مع مانويل، وتبادلا الأموال.

"Envuelva la mercancía antes de entregarla", sugirió.

قم بتغليف البضائع قبل تسليمها"، اقترح."

La voz del hombre era áspera e impaciente mientras hablaba.

كان صوت الرجل خشنًا وغير صبور أثناء حديثه.

Manuel ató cuidadosamente una cuerda gruesa alrededor del cuello de Buck.

قام مانويل بربط حبل سميك حول رقبة باك بعناية.

"Si retuerces la cuerda, lo estrangularás bastante"

"لف الحبل، وسوف تخنقه كثيرًا"

El extraño emitió un gruñido, demostrando que entendía bien.

أطلق الغريب أنينًا، مما يدل على أنه فهم جيدًا.

Buck aceptó la cuerda con calma y tranquila dignidad ese día.

لقد تقبل باك الحبل بهدوء وكرامة في ذلك اليوم.

Fue un acto inusual, pero Buck confiaba en los hombres que conocía.

لقد كان هذا تصرفًا غير عادي، لكن باك كان يثق بالرجال الذين يعرفهم.

Él creía que su sabiduría iba mucho más allá de su propio pensamiento.

كان يعتقد أن حكمتهم كانت أبعد بكثير من تفكيره.

Pero entonces la cuerda fue entregada a manos del extraño.

ولكن بعد ذلك تم تسليم الحبل إلى يد الغريب.

Buck emitió un gruñido bajo que advertía con una amenaza silenciosa.

أطلق باك هديرًا منخفضًا حذر من خلال التهديد الهادئ.

Era orgulloso y autoritario y quería mostrar su descontento.

لقد كان فخوراً ومتسلطاً، وكان ينوي أن يُظهر استياءه.

Buck creyó que su advertencia sería entendida como una orden.

اعتقد باك أن تحذيره سوف يُفهم على أنه أمر.

Para su sorpresa, la cuerda se tensó rápidamente alrededor de su grueso cuello.

لقد صدم عندما شدّ الحبل بسرعة حول رقبته السميكة.

Se quedó sin aire y comenzó a luchar con una furia repentina.

انقطع عنه الهواء وبدأ بالقتال في غضب مفاجئ.

Saltó hacia el hombre, quien rápidamente se encontró con Buck en el aire.

اندفع نحو الرجل، الذي التقى بسرعة بباك في الهواء.

El hombre agarró la garganta de Buck y lo retorció hábilmente en el aire.

أمسك الرجل بحلق باك وقام بلفه في الهواء بمهارة.

Buck fue arrojado al suelo con fuerza, cayendo de espaldas.

تم إلقاء باك بقوة، وهبط على ظهره.

La cuerda ahora lo estrangulaba cruelmente mientras él pateaba salvajemente.

الآن خنقه الحبل بقسوة بينما كان يركل بعنف.

Se le cayó la lengua, su pecho se agitó, pero no recuperó el aliento.

سقط لسانه، وارتفع صدره، لكنه لم يلتقط أنفاسه.

Nunca había sido tratado con tanta violencia en su vida.

لم يتم التعامل معه بمثل هذا العنف في حياته.

Tampoco nunca antes se había sentido tan lleno de furia.

ولم يسبق له أن امتلأ بمثل هذا الغضب العميق من قبل.

Pero el poder de Buck se desvaneció y sus ojos se volvieron vidriosos.

لكن قوة باك تلاشت، وتحولت عيناه إلى زجاجيتين.

Se desmayó justo cuando un tren se detuvo cerca.

لقد أغمي عليه عندما تم إيقاف القطار بالقرب منه.

Luego los dos hombres lo arrojaron rápidamente al vagón de equipaje.

ثم ألقاه الرجلان بسرعة في عربة الأمتعة.

Lo siguiente que sintió Buck fue dolor en su lengua hinchada.

الشيء التالي الذي شعر به باك هو الألم في لسانه المتورم.

Se desplazaba en un carro tambaleante, apenas consciente.

كان يتحرك في عربة تهتز، ولم يكن واعيًا إلا بشكل خافت.

El agudo grito del silbato del tren le indicó a Buck su ubicación.

أخبر صراخ صافرة القطار الحاد باك بمكانه.

Había viajado muchas veces con el Juez y conocía esa sensación.

لقد ركب مع القاضي عدة مرات وكان يعرف هذا الشعور.

Fue una experiencia única viajar nuevamente en un vagón de equipajes.

لقد كانت الصدمة الفريدة من نوعها هي السفر في عربة الأمتعة مرة أخرى.

Buck abrió los ojos y su mirada ardía de rabia.

فتح باك عينيه، وكانت نظراته مليئة بالغضب.

Esta fue la ira de un rey orgulloso destronado.

كان هذا غضب الملك الفخور الذي تم نزعه عن عرشه.

Un hombre intentó agarrarlo, pero Buck lo atacó primero.

حاول رجل أن يمسك به، لكن باك ضربه أولاً بدلاً من ذلك.

Hundió los dientes en la mano del hombre y la sujetó con fuerza.

غرس أسنانه في يد الرجل وأمسك بها بقوة.

No lo soltó hasta que se desmayó por segunda vez.

لم يتركه حتى فقد وعيه للمرة الثانية.

—Sí, tiene ataques —murmuró el hombre al maletero.

"نعم، يصاب بنوبات"، تمتم الرجل لحامل الأمتعة.

El maletero había oído la lucha y se acercó.

سمع حامل الأمتعة الصراع وجاء بالقرب.

"Lo llevaré a Frisco para el jefe", explicó el hombre.

"سآخذه إلى فريسكو من أجل الرئيس"، أوضح الرجل.

"Allí hay un buen veterinario que dice poder curarlos".

"يوجد طبيب كلاب جيد هناك يقول أنه يستطيع علاجهم."

Más tarde esa noche, el hombre dio su propio relato completo.

وفي وقت لاحق من تلك الليلة، قدم الرجل روايته الكاملة.

Habló desde un cobertizo detrás de un salón en los muelles.

كان يتحدث من سقيفة خلف صالون على الأرصفة.

"Lo único que me dieron fueron cincuenta dólares", se quejó al tabernero.

"كل ما أعطوني هو خمسون دولارًا"، اشتكى إلى صاحب الصالون.

"No lo volvería a hacer ni por mil dólares en efectivo".

"لن أفعل ذلك مرة أخرى، حتى ولو مقابل ألف نقدًا."

Su mano derecha estaba fuertemente envuelta en un paño
ensangrentado.

كانت يده اليمنى ملفوفة بإحكام بقطعة قماش ملطخة بالدماء۔

La pernera de su pantalón estaba abierta de par en par desde
la rodilla hasta el pie.

كانت ساق بنطاله ممزقة على نطاق واسع من الركبة إلى القدم۔

—¿Cuánto le pagaron al otro tipo? —preguntó el tabernero.

كم حصل صاحب الصالون على أجر؟ "سأل صاحب الصالون۔"

"Cien", respondió el hombre, "no aceptaría ni un centavo
menos".

مائة"، أجاب الرجل، "لن يقبل بسنتين أقل"۔"

—Eso suma ciento cincuenta —dijo el tabernero.

هذا يعادل مائة وخمسين"، قال صاحب الصالون۔"

"Y él lo vale todo, o no soy más que un idiota".

"وهو يستحق كل هذا العناء، وإلا فلن أكون أفضل من أحمق۔"

El hombre abrió los envoltorios para examinar su mano.

فتح الرجل الغلافات لفحص يده۔

La mano estaba gravemente desgarrada y cubierta de sangre
seca.

كانت اليد ممزقة بشدة ومغطاة بالدماء الجافة۔

"Si no consigo la hidrofobia…" empezó a decir.

إذا لم أحصل على رهاب الماء ... "بدأ يقول۔"

"Será porque naciste para la horca", dijo entre risas.

سيكون ذلك لأنك ولدت لتشنق"، جاء ضحك۔"

"Ven a ayudarme antes de irte", le pidieron.

تعال ساعدني قبل أن تذهب"، طلب منه۔"

Buck estaba aturdido por el dolor en la lengua y la garganta.

كان باك في حالة ذهول من الألم في لسانه وحلقه۔

Estaba medio estrangulado y apenas podía mantenerse en
pie.

لقد كان مخنوقًا جزئيًا، وبالكاد كان قادرًا على الوقوف منتصبًا۔

Aún así, Buck intentó enfrentar a los hombres que lo habían
lastimado.

ومع ذلك، حاول باك مواجهة الرجال الذين أذوه كثيرًا۔

Pero lo derribaron y lo estrangularon una vez más.

لكنهم ألقوه أرضًا وخنقوه مرة أخرى۔

Sólo entonces pudieron quitarle el pesado collar de bronce.

حينها فقط استطاعوا أن يخلعوا طوقه النحاسي الثقيل.

Le quitaron la cuerda y lo metieron en una caja.

قاموا بإزالة الحبل ووضعوه في صندوق.

La caja era pequeña y tenía la forma de una tosca jaula de hierro.

كان الصندوق صغيرًا وشكله يشبه قفصًا حديديًا خشنًا.

Buck permaneció allí toda la noche, lleno de ira y orgullo herido.

ظل باك ملقى هناك طوال الليل، ممتلئًا بالغضب والكبرياء الجريح.

No podía ni siquiera empezar a comprender lo que le estaba pasando.

لم يكن يستطيع أن يفهم ما كان يحدث له.

¿Por qué estos hombres extraños lo mantenían en esa pequeña caja?

لماذا كان هؤلاء الرجال الغريبون يحتجزونه في هذا الصندوق الصغير؟

¿Qué querían de él y por qué este cruel cautiverio?

ماذا يريدون منه ولماذا هذا الأسر القاسي؟

Sintió una presión oscura; una sensación de desastre que se acercaba.

لقد شعر بضغط مظلم، وإحساس بالكارثة تقترب.

Era un miedo vago, pero que se apoderó pesadamente de su espíritu.

لقد كان خوفًا غامضًا، لكنه استقر بشكل كبير على روحه.

Saltó varias veces cuando la puerta del cobertizo vibró.

قفز عدة مرات عندما اهتز باب السقيفة.

Esperaba que el juez o los muchachos aparecieran y lo rescataran.

كان يتوقع أن يظهر القاضي أو الأولاد وينقذوه.

Pero cada vez sólo se asomaba el rostro gordo del tabernero.

لكن في كل مرة كان وجه صاحب الصالون السمين فقط هو الذي يظهر إلى الداخل.

El rostro del hombre estaba iluminado por el tenue resplandor de una vela de sebo.

كان وجه الرجل مضاءً بضوء خافت من شمعة الشحم.

Cada vez, el alegre ladrido de Buck cambiaba a un gruñido bajo y enojado.

في كل مرة، كان نباح باك المبهج يتغير إلى هدير منخفض وغاضب.

El tabernero lo dejó solo durante la noche en el cajón.

تركه صاحب الصالون بمفرده طوال الليل في الصندوق

Pero cuando se despertó por la mañana, venían más hombres.

ولكن عندما استيقظ في الصباح كان هناك المزيد من الرجال قادمين.

Llegaron cuatro hombres y recogieron la caja con cuidado y sin decir palabra.

جاء أربعة رجال وأخذوا الصندوق بحذر دون أن يقولوا كلمة.

Buck supo de inmediato en qué situación se encontraba.

أدرك باك على الفور الوضع الذي وجد نفسه فيه.

Eran otros torturadores contra los que tenía que luchar y a los que tenía que temer.

وكانوا معذبين آخرين كان عليه أن يقاتلهم ويخاف منهم.

Estos hombres parecían malvados, andrajosos y muy mal arreglados.

بدا هؤلاء الرجال أشرارًا، رثّين، ومهندمين للغاية.

Buck gruñó y se abalanzó sobre ellos ferozmente a través de los barrotes.

هدر باك وانقض عليهم بشراسة عبر القضبان.

Ellos simplemente se rieron y lo golpearon con largos palos de madera.

لقد ضحكوا فقط وضربوه بالعصي الخشبية الطويلة.

Buck mordió los palos y luego se dio cuenta de que eso era lo que les gustaba.

عض باك العصي، ثم أدرك أن هذا هو ما يحبونه.

Así que se quedó acostado en silencio, hosco y ardiendo de rabia silenciosa.

لذلك استلقى بهدوء، متجهمًا ومشتعلًا بالغضب الهادئ.

Subieron la caja a un carro y se fueron con él.

رفعوا الصندوق إلى عربة وسافروا به.

La caja, con Buck encerrado dentro, cambiaba de manos a menudo.

كان الصندوق، الذي كان باك محبوسًا بداخله، يتغير من يدٍ إلى أخرى كثيرًا.

Los empleados de la oficina exprés se hicieron cargo de él y lo atendieron brevemente.

تولى موظفو مكتب البريد السريع المسؤولية وتعاملوا معه لفترة وجيزة.

Luego, otro carro transportó a Buck a través de la ruidosa ciudad.

ثم حملت عربة أخرى باك عبر المدينة الصاخبة.

Un camión lo llevó con cajas y paquetes a un ferry.

أخذته شاحنة مع الصناديق والطرود إلى عبارة.

Después de cruzar, el camión lo descargó en una estación ferroviaria.

بعد العبور، أنزلته الشاحنة في مستودع للسكك الحديدية.

Finalmente, colocaron a Buck dentro de un vagón expreso que lo esperaba.

وأخيرًا، تم وضع باك داخل سيارة سريعة كانت في انتظاره.

Durante dos días y dos noches, los trenes arrastraron el vagón expreso.

لمدة يومين وليلتين، سحبت القطارات عربة القطار بعيدًا.

Buck no comió ni bebió durante todo el doloroso viaje.

لم يأكل باك ولم يشرب طيلة الرحلة المؤلمة.

Cuando los mensajeros expresos intentaron acercarse a él, gruñó.

وعندما حاول الرسل الوصول إليه، أطلق صوتا غاضبا.

Ellos respondieron burlándose de él y molestándolo cruelmente.

فاستجابوا له بالسخرية والاستهزاء الشديد.

Buck se arrojó contra los barrotes, echando espuma y temblando.

ألقى باك نفسه على القضبان، وهو يرغي ويرتجف

Se rieron a carcajadas y se burlaron de él como matones del patio de la escuela.

لقد ضحكوا بصوت عالي، وسخروا منه مثل المتنمرين في ساحة المدرسة.

Ladraban como perros de caza y agitaban los brazos.

لقد نبحوا مثل الكلاب المزيفة ولوحوا بأذرعهم.

Incluso cantaron como gallos sólo para molestarlo más.

حتى أنهم صاحوا مثل الديكة فقط لإزعاجه أكثر.

Fue un comportamiento tonto y Buck sabía que era ridículo.

لقد كان هذا سلوكًا أحمقًا، وكان باك يعلم أنه سخيف.

Pero eso sólo profundizó su sentimiento de indignación y vergüenza.

ولكن هذا فقط زاد من شعوره بالغضب والعار.

Durante el viaje no le molestó mucho el hambre.

لم يزعجه الجوع كثيرًا أثناء الرحلة.

Pero la sed traía consigo un dolor agudo y un sufrimiento insoportable.

لكن العطش جلب الألم الحاد والمعاناة التي لا تطاق.

Su garganta y lengua secas e inflamadas ardían de calor.

كان حلقه ولسانه الجافان الملتهبان يحترقان من الحرارة.

Este dolor alimentó la fiebre que crecía dentro de su orgulloso cuerpo.

لقد أدى هذا الألم إلى تغذية الحمى المتصاعدة داخل جسده الفخور.

Buck estuvo agradecido por una sola cosa durante esta prueba.

كان باك شاكراً لشيء واحد فقط خلال هذه المحنة.

Le habían quitado la cuerda que le rodeaba el grueso cuello.

لقد تم إزالة الحبل من حول رقبته السميكة.

La cuerda había dado a esos hombres una ventaja injusta y cruel.

لقد أعطى الحبل لهؤلاء الرجال ميزة غير عادلة وقاسية.

Ahora la cuerda había desaparecido y Buck juró que nunca volvería.

والآن ذهب الحبل، وأقسم باك أنه لن يعود أبدًا.

Decidió que nunca más volvería a pasarle una cuerda al cuello.

لقد قرر أن لا يلف الحبل حول رقبته مرة أخرى.

Durante dos largos días y noches sufrió sin comer.

لمدة يومين وليلتين طويلتين، عانى من عدم تناول الطعام.

Y en esas horas se fue acumulando en su interior una rabia enorme.

وفي تلك الساعات، تراكم غضب هائل في داخله.

Sus ojos se volvieron inyectados en sangre y salvajes por la ira constante.

تحولت عيناه إلى اللون الأحمر والأحمر بسبب الغضب المستمر.

Ya no era Buck, sino un demonio con mandíbulas chasqueantes.

لم يعد باك، بل أصبح شيطانًا ذو فكين متقطعين.

Ni siquiera el juez habría reconocido a esta loca criatura.

حتى القاضي لن يعرف هذا المخلوق المجنون.

Los mensajeros exprés suspiraron aliviados cuando llegaron a Seattle.

تنهد الرسل السريعون بارتياح عندما وصلوا إلى سياتل

Cuatro hombres levantaron la caja y la llevaron a un patio trasero.

قام أربعة رجال برفع الصندوق وحملوه إلى الفناء الخلفي.

El patio era pequeño, rodeado de muros altos y sólidos.

كانت الساحة صغيرة، محاطة بأسوار عالية ومتينة.

Un hombre corpulento salió con una camisa roja holgada.

خرج رجل كبير يرتدي قميصًا أحمر مترهلًا.

Firmó el libro de entrega con letra gruesa y atrevida.

وقّع على دفتر التسليم بخط سميك وجريء.

Buck sintió de inmediato que este hombre era su próximo torturador.

أحس باك على الفور أن هذا الرجل سيكون معذبه التالي.

Se abalanzó violentamente contra los barrotes, con los ojos rojos de furia.

انقض بعنف على القضبان، وكانت عيناه حمراء من الغضب.

El hombre simplemente sonrió oscuramente y fue a buscar un hacha.

ابتسم الرجل ابتسامة سوداء وذهب ليحضر فأسًا.

También traía un garrote en su gruesa y fuerte mano derecha.

كما أحضر معه هراوة في يده اليمنى السميكة والقوية.

"¿Vas a sacarlo ahora?" preguntó preocupado el conductor.

"هل ستخرج به الآن؟" سأل السائق بقلق.

—Claro —dijo el hombre, metiendo el hacha en la caja a modo de palanca.

بالتأكيد، "قال الرجل وهو يدفع الفأس في الصندوق كرافعة."

Los cuatro hombres se dispersaron instantáneamente y saltaron al muro del patio.

تفرق الرجال الأربعة على الفور، وقفزوا على جدار الفناء.

Desde sus lugares seguros arriba, esperaban para observar el espectáculo.

ومن أماكنهم الآمنة في الأعلى، انتظروا لمشاهدة هذا المنظر.

Buck se abalanzó sobre la madera astillada, mordiéndola y sacudiéndola ferozmente.

انقض باك على الخشب المكسور، يعض ويهتز بشدة.

Cada vez que el hacha golpeaba la jaula, Buck estaba allí para atacarla.

في كل مرة ضربت فيها الفأس القفص، كان باك هناك لمهاجمته.

Gruñó y chasqueó los dientes con furia salvaje, ansioso por ser liberado.

لقد هدّر وأطلق العنان لغضبه الشديد، راغبًا في التحرر.

El hombre que estaba afuera estaba tranquilo y firme, concentrado en su tarea.

كان الرجل بالخارج هادئًا وثابتًا، يركز على مهمته.

"Muy bien, demonio de ojos rojos", dijo cuando el agujero fue grande.

" حسنًا، أيها الشيطان ذو العيون الحمراء"، قال ذلك عندما أصبح الثقب كبيرًا.

Dejó caer el hacha y tomó el garrote con su mano derecha.

ألقى الفأس وأخذ النادي بيده اليمنى.

Buck realmente parecía un demonio; con los ojos inyectados en sangre y llameantes.

لقد بدا باك حقا مثل الشيطان؛ عيناه حمراء ومشتعلة.

Su pelaje se erizó, le salía espuma por la boca y sus ojos brillaban.

كان معطفه منتفخًا، وكانت الرغوة تزبد على فمه، وكانت عيناه تلمعان.

Tensó los músculos y se lanzó directamente hacia el suéter rojo.

لقد جمع عضلاته وقفز مباشرة نحو السترة الحمراء.

Ciento cuarenta libras de furia volaron hacia el hombre tranquilo.

مائة وأربعون رطلاً من الغضب طارت نحو الرجل الهادئ.

Justo antes de que sus mandíbulas se cerraran, un golpe terrible lo golpeó.

قبل أن يغلق فكيه، ضربته ضربة رهيبة.

Sus dientes chasquearon al chocar contra nada más que el aire.

اصطدمت أسنانه ببعضها البعض على الهواء فقط

Una sacudida de dolor resonó a través de su cuerpo

تردد صدى الألم في جسده

Dio una vuelta en el aire y se estrelló sobre su espalda y su costado.

انقلب في الهواء وسقط على ظهره وجانبه.

Nunca antes había sentido el golpe de un garrote y no podía agarrarlo.

لم يسبق له أن شعر بضربة مضرب ولم يستطع استيعابها.

Con un gruñido estridente, mitad ladrido, mitad grito, saltó de nuevo.

مع صرخة قوية، جزء منها نباح، وجزء منها صراخ، قفز مرة أخرى.

Otro golpe brutal lo alcanzó y lo arrojó al suelo.

ضربة وحشية أخرى أصابته وألقته على الأرض.

Esta vez Buck lo entendió: era el pesado garrote del hombre.

هذه المرة فهم باك - كانت هذه هي الهراوة الثقيلة التي يحملها الرجل.

Pero la rabia lo cegó y no pensó en retirarse.

لكن الغضب أعماه، ولم يفكر في التراجع.

Doce veces se lanzó y doce veces cayó.

لقد ألقى بنفسه اثنتي عشرة مرة، وسقط اثنتي عشرة مرة.

El palo de madera lo golpeaba cada vez con una fuerza despiadada y aplastante.

كانت الهراوة الخشبية تضربه في كل مرة بقوة ساحقة لا هوادة فيها.

Después de un golpe feroz, se tambaleó hasta ponerse de pie, aturdido y lento.

وبعد ضربة عنيفة واحدة، تعثر على قدميه، مذهولاً وبطيئًا.

Le salía sangre de la boca, de la nariz y hasta de las orejas.

كان الدم يسيل من فمه، ومن أنفه، وحتى من أذنيه.

Su pelaje, otrora hermoso, estaba manchado de espuma sanguinolenta.

كان معطفه الجميل في السابق ملطخًا برغوة دموية.

Entonces el hombre se adelantó y le dio un golpe tremendo en la nariz.

ثم تقدم الرجل وضرب ضربة شريرة على الأنف.

La agonía fue más aguda que cualquier cosa que Buck hubiera sentido jamás.

كان الألم أشد من أي شيء شعر به باك على الإطلاق.

Con un rugido más de bestia que de perro, saltó nuevamente para atacar.

مع زئير أكثر وحشية من الكلب، قفز مرة أخرى للهجوم.

Pero el hombre se agarró la mandíbula inferior y la torció hacia atrás.

لكن الرجل أمسك بفكه السفلي وأداره إلى الخلف.

Buck se dio una vuelta de cabeza y volvió a caer con fuerza.

انقلب باك على رأسه فوق الكعب، وسقط بقوة مرة أخرى.

Una última vez, Buck cargó contra él, ahora apenas capaz de mantenerse en pie.

في المرة الأخيرة، انقض عليه باك، وهو الآن بالكاد قادر على الوقوف.

El hombre atacó con una sincronización experta, dando el golpe final.

لقد ضرب الرجل بمهارة عالية، ووجه الضربة النهائية.

Buck se desplomó en un montón, inconsciente e inmóvil.

انهار باك في كومة، فاقدًا للوعي وغير قادر على الحركة.

"No es ningún inútil a la hora de domar perros, eso es lo que digo", gritó un hombre.

"إنه ليس سيئًا في تدريب الكلاب، هذا ما أقوله"، صرخ أحد الرجال.

"Druther puede quebrar la voluntad de un perro cualquier día de la semana".

"يستطيع درثر أن يكسر إرادة كلب الصيد في أي يوم من أيام الأسبوع."

"¡Y dos veces el domingo!" añadió el conductor.

ومرتين يوم الأحد. "أضاف السائق."

Se subió al carro y tiró de las riendas para partir.

صعد إلى العربة وفتح اللجام ليغادر.

Buck recuperó lentamente el control de su conciencia.

استعاد باك السيطرة على وعيه ببطء

Pero su cuerpo todavía estaba demasiado débil y roto para moverse.

لكن جسده كان لا يزال ضعيفًا جدًا ومكسورًا لدرجة أنه لم يتمكن من الحركة.

Se quedó donde había caído, observando al hombre del suéter rojo.

كان مستلقيا حيث سقط، وهو يراقب الرجل ذو السترة الحمراء.

"Responde al nombre de Buck", dijo el hombre, leyendo en voz alta.

"إنه يجيب على اسم باك"، قال الرجل وهو يقرأ بصوت عالٍ."

Citó la nota enviada con la caja de Buck y los detalles.

واقتبس من المذكرة المرسلة مع صندوق باك والتفاصيل.

—Bueno, Buck, muchacho —continuó el hombre con tono amistoso—.

"حسنًا، باك، يا بني، "تابع الرجل بنبرة ودية"،

"Hemos tenido nuestra pequeña pelea y ahora todo ha terminado entre nosotros".

"لقد كان لدينا قتالنا الصغير، والآن انتهى الأمر بيننا."

"Tú has aprendido cuál es tu lugar y yo he aprendido cuál es el mío", añadió.

"لقد تعلمت مكانك، وتعلمت مكاني"، أضاف.

"Sé bueno y todo irá bien y la vida será placentera".

"كن جيدًا، وسوف يكون كل شيء على ما يرام، وستكون الحياة ممتعة."

"Pero si te portas mal, te daré una paliza, ¿entiendes?"

"لكن كن سيئًا، وسأضربك حتى الموت، هل فهمت؟"

Mientras hablaba, extendió la mano y acarició la cabeza dolorida de Buck.

وبينما كان يتحدث، مد يده وربّت على رأس باك المؤلم.

El cabello de Buck se erizó ante el toque del hombre, pero no se resistió.

ارتفع شعر باك عند لمسة الرجل، لكنه لم يقاوم.

El hombre le trajo agua, que Buck bebió a grandes tragos.

أحضر الرجل له الماء، فشربه باك في دفعات كبيرة.

Luego vino la carne cruda, que Buck devoró trozo a trozo.

ثم جاء اللحم النيء، الذي التهمه باك قطعة قطعة.

Sabía que estaba derrotado, pero también sabía que no estaba roto.

لقد عرف أنه تعرض للضرب، لكنه عرف أيضًا أنه لم ينكسر.

No tenía ninguna posibilidad contra un hombre armado con un garrote.

لم تكن لديه أي فرصة ضد رجل مسلح بهراوة.

Había aprendido la verdad y nunca olvidó esa lección.

لقد تعلم الحقيقة، ولم ينس هذا الدرس أبدًا.

Esa arma fue el comienzo de la ley en el nuevo mundo de Buck.

كان هذا السلاح بمثابة بداية القانون في عالم باك الجديد.

Fue el comienzo de un orden duro y primitivo que no podía negar.

لقد كانت بداية نظام قاسٍ وبدائي لا يستطيع إنكاره.

Aceptó la verdad; sus instintos salvajes ahora estaban despiertos.

لقد تقبل الحقيقة، وأصبحت غرائزه الجامحة مستيقظة الآن.

El mundo se había vuelto más duro, pero Buck lo afrontó con valentía.

لقد أصبح العالم أكثر قسوة، لكن باك واجهه بشجاعة.

Afrontó la vida con nueva cautela, astucia y fuerza silenciosa.

لقد واجه الحياة بحذر جديد، ومكر، وقوة هادئة.

Llegaron más perros, atados con cuerdas o cajas como había estado Buck.

وصل المزيد من الكلاب، مربوطة بالحبال أو الصناديق مثلما كان باك.

Algunos perros llegaron con calma, otros se enfurecieron y pelearon como bestias salvajes.

بعض الكلاب جاءت بهدوء، والبعض الآخر ثار وقاتل مثل الوحوش البرية.

Todos ellos quedaron bajo el dominio del hombre del suéter rojo.

لقد أصبحوا جميعهم تحت حكم الرجل ذو السترة الحمراء.

Cada vez, Buck observaba y veía cómo se desarrollaba la misma lección.

في كل مرة، كان باك يراقب ويرى نفس الدرس يتكشف.

El hombre con el garrote era la ley, un amo al que había que obedecer.

كان الرجل الذي يحمل النادي هو القانون، وهو سيد يجب طاعته.

No necesitaba ser querido, pero sí obedecido.

لم يكن بحاجة إلى أن يكون محبوبًا، لكن كان لا بد من طاعته.

Buck nunca adulaba ni meneaba la cola como lo hacían los perros más débiles.

لم يتملق باك أو يهز جسده أبدًا كما تفعل الكلاب الأضعف.

Vio perros que estaban golpeados y todavía lamían la mano del hombre.

فرأى الكلاب مضروبة ولا تزال تلعق يد الرجل.

Vio un perro que no obedecía ni se sometía en absoluto.

لقد رأى كلبًا واحدًا لا يطيع ولا يخضع على الإطلاق.

Ese perro luchó hasta que murió en la batalla por el control.

لقد حارب هذا الكلب حتى قُتل في معركة السيطرة.

A veces, desconocidos venían a ver al hombre del suéter rojo.

في بعض الأحيان كان يأتي الغرباء لرؤية الرجل ذو السترة الحمراء.

Hablaban en tonos extraños, suplicando, negociando y riendo.

لقد تحدثوا بنبرة غريبة، متوسلين، ومساومين، وضاحكين.

Cuando se intercambiaba dinero, se iban con uno o más perros.

وعندما تم تبادل الأموال، غادروا مع كلب واحد أو أكثر.

Buck se preguntó a dónde habían ido esos perros, pues ninguno regresaba jamás.

وتساءل باك عن المكان الذي ذهبت إليه هذه الكلاب، لأنه لم يعد أي منها أبدًا.

El miedo a lo desconocido llenaba a Buck cada vez que un hombre extraño se acercaba.

كان الخوف من المجهول يملأ باك في كل مرة يأتي فيها رجل غريب

Se alegraba cada vez que se llevaban a otro perro en lugar de a él mismo.

كان سعيدًا في كل مرة يتم فيها أخذ كلب آخر، بدلاً من نفسه.

Pero finalmente, llegó el turno de Buck con la llegada de un hombre extraño.

ولكن في النهاية جاء دور باك مع وصول رجل غريب.

Era pequeño, fibroso y hablaba un inglés deficiente y decía palabrotas.

كان قصيرًا، نحيلًا، ويتحدث الإنجليزية المكسورة ويلعن.

—¡Sacredam! —gritó cuando vio el cuerpo de Buck.

يا إلهي. "صرخ عندما رأى جسد باك."

—¡Qué perro tan bravucón! ¿Eh? ¿Cuánto? —preguntó en voz alta.

يا له من كلب شرس. هاه؟ كم ثمنه؟ "سأل بصوتٍ عالٍ."

"Trescientos, y es un regalo a ese precio".

"ثلاثمائة، وهو هدية بهذا السعر"

—Como es dinero del gobierno, no deberías quejarte, Perrault.

"بما أن هذه أموال حكومية، فلا ينبغي لك أن تشتكي، بيرولت."

Perrault sonrió ante el trato que acababa de hacer con aquel hombre.

ابتسم بيرولت بسبب الصفقة التي أبرمها للتو مع الرجل.

El precio de los perros se disparó debido a la repentina demanda.

ارتفعت أسعار الكلاب بسبب الطلب المفاجئ.

Trescientos dólares no era injusto para una bestia tan bella.

ثلاثمائة دولار لم تكن مبلغًا غير عادل بالنسبة لحيوان جميل كهذا.

El gobierno canadiense no perdería nada con el acuerdo

لن تخسر الحكومة الكندية أي شيء في هذه الصفقة

Además sus despachos oficiales tampoco sufrirían demoras en el tránsito.

ولن تتأخر إرسالياتهم الرسمية أثناء النقل.

Perrault conocía bien a los perros y podía ver que Buck era algo raro.

كان بيرولت يعرف الكلاب جيدًا، وكان بإمكانه أن يرى أن باك كان شيئًا نادرًا.

"Uno entre diez diez mil", pensó mientras estudiaba la complexión de Buck.

"واحد من عشرة آلاف"، فكر، بينما كان يدرس بنية باك."

Buck vio que el dinero cambiaba de manos, pero no mostró sorpresa.

رأى باك أن الأموال تنتقل من يد إلى أخرى، لكنه لم يظهر أي مفاجأة.

Pronto él y Curly, un gentil Terranova, fueron llevados lejos.

وبعد قليل تم اقتياده هو وكيرلي، وهو كلب نيوفاوندلاند لطيف، بعيدًا.

Siguieron al hombrecito desde el patio del suéter rojo.

لقد تبعوا الرجل الصغير من ساحة السترة الحمراء.

Esa fue la última vez que Buck vio al hombre con el garrote de madera.

كانت تلك آخر مرة رأى فيها باك الرجل الذي يحمل الهراوة الخشبية.

Desde la cubierta del Narwhal vio cómo Seattle se desvanecía en la distancia.

من سطح السفينة النروال ، شاهد سياتل تتلاشى في المسافة.

También fue la última vez que vio las cálidas tierras del Sur.

وكانت هذه أيضًا المرة الأخيرة التي رأى فيها منطقة الجنوب الدافئة.

Perrault los llevó bajo cubierta y los dejó con François.

أخذهم بيرولت إلى أسفل سطح السفينة، وتركهم مع فرانسوا.

François era un gigante de cara negra y manos ásperas y callosas.

كان فرانسوا عملاقًا أسود الوجه وذو يدين خشنتين ومتصلبتين.

Era oscuro y moreno, un mestizo francocanadiense.

كان داكن البشرة وبشرته سمراء، وهو من أصول مختلطة فرنسية كندية.

Para Buck, estos hombres eran de un tipo que nunca había visto antes.

بالنسبة لباك، هؤلاء الرجال كانوا من النوع الذي لم يره من قبل.

En los días venideros conocería a muchos hombres así.

وسوف يتعرف على العديد من هؤلاء الرجال في الأيام القادمة.

No llegó a encariñarse con ellos, pero llegó a respetarlos.

لم يكن يحبهم، لكنه أصبح يحترمهم.

Eran justos y sabios, y no se dejaban engañar fácilmente por ningún perro.

لقد كانوا عادلين وحكماء، ولم يخدعهم أي كلب بسهولة.

Juzgaban a los perros con calma y castigaban sólo cuando lo merecían.

لقد حكموا على الكلاب بهدوء، وعاقبوها فقط عندما تستحق العقاب.

En la cubierta inferior del Narwhal, Buck y Curly se encontraron con dos perros.

في الطابق السفلي من سفينة النروال ، التقى باكو كيرلي بكلبين.

Uno de ellos era un gran perro blanco procedente de la lejana y gélida región de Spitzbergen.

كان أحدهما كلبًا أبيضًا كبيرًا من مكان بعيد، من جزيرة سفالبارد الجليدية.

Una vez navegó con un ballenero y se unió a un grupo de investigación.

لقد أبحر ذات مرة مع سفينة صيد الحيتان وانضم إلى مجموعة مسح.

Era amigable de una manera astuta, deshonesta y tramposa.

لقد كان ودودًا بطريقة ماكرة ومخادعة وماكرة.

En su primera comida, robó un trozo de carne de la sartén de Buck.

في وجبتهم الأولى، سرق قطعة لحم من مقلاة باك.

Buck saltó para castigarlo, pero el látigo de François golpeó primero.

قفز باك لمعاقبته، لكن سوط فرانسوا ضربه أولاً.

El ladrón blanco gritó y Buck recuperó el hueso robado.

صرخ اللص الأبيض، واستعاد باك العظمة المسروقة.

Esa imparcialidad impresionó a Buck y François se ganó su respeto.

لقد أثار هذا الإنصاف إعجاب باك، وكسب فرانسوا احترامه.

El otro perro no saludó y no quiso recibir saludos a cambio.

أما الكلب الآخر فلم يقدم أي تحية، ولم يرغب في أي تحية في المقابل.

No robaba comida ni olfateaba con interés a los recién llegados.

لم يسرق الطعام، ولم ينظر إلى الوافدين الجدد باهتمام.

Este perro era sombrío y silencioso, melancólico y de movimientos lentos.

كان هذا الكلب متجهمًا وهادئًا، كئيبًا وبطيئ الحركة.

Le advirtió a Curly que se mantuviera alejada simplemente mirándola fijamente.

حذر كيرلي من الابتعاد عنها بمجرد التحديق فيها.

Su mensaje fue claro: déjenme en paz o habrá problemas.

كانت رسالته واضحة: اتركوني وحدي وإلا ستكون هناك مشكلة.

Se llamaba Dave y apenas se fijaba en su entorno.

كان اسمه ديف، وكان بالكاد يلاحظ ما يحيط به.

Dormía a menudo, comía tranquilamente y bostezaba de vez en cuando.

كان ينام كثيرًا، ويأكل بهدوء، ويتثاءب بين الحين والآخر.

El barco zumbaba constantemente con la hélice golpeando debajo.

كانت السفينة تطن باستمرار بسبب نبض المروحة في الأسفل.

Los días pasaron con pocos cambios, pero el clima se volvió más frío.

مرت الأيام دون تغيير يذكر، لكن الطقس أصبح أكثر برودة.

Buck podía sentirlo en sus huesos y notó que los demás también lo sentían.

كان باك يشعر بذلك في عظامه، ولاحظ أن الآخرين فعلوا ذلك أيضًا.

Entonces, una mañana, la hélice se detuvo y todo quedó en silencio.

ثم في صباح أحد الأيام، توقفت المروحة وظل كل شيء ساكنًا.

Una energía recorrió la nave; algo había cambiado.

انتشرت طاقة عبر السفينة؛ لقد تغير شيء ما.

François bajó, les puso las correas y los trajo arriba.

نزل فرانسوا، وربطهم بالمقود، ورفعهم.

Buck salió y encontró el suelo suave, blanco y frío.

خرج باك ليجد الأرض ناعمة، بيضاء، وباردة.

Saltó hacia atrás alarmado y resopló totalmente confundido.

قفز إلى الوراء في حالة من الذعر وشخر في ارتباك تام.

Una extraña sustancia blanca caía del cielo gris.

كانت هناك أشياء بيضاء غريبة تتساقط من السماء الرمادية.

Se sacudió, pero los copos blancos seguían cayendo sobre él.

لقد هز نفسه، لكن الرقاقات البيضاء استمرت في الهبوط عليه.

Olió con cuidado la sustancia blanca y lamió algunos
trocitos helados.

استنشق المادة البيضاء بعناية ولعق بعض القطع الجليدية.

El polvo ardió como fuego y luego desapareció de su lengua.

أحرق المسحوق مثل النار، ثم اختفى مباشرة من على لسانه.

Buck lo intentó de nuevo, desconcertado por la extraña
frialdad que desaparecía.

حاول باك مرة أخرى، في حيرة من البرودة المتلاشيه الغريبه.

Los hombres que lo rodeaban se rieron y Buck se sintió
avergonzado.

ضحك الرجال من حوله، وشعر باك بالحرج.

No sabía por qué, pero le avergonzaba su reacción.

لم يكن يعرف السبب، لكنه كان يخجل من رد فعله.

Fue su primera experiencia con la nieve y le confundió.

لقد كانت هذه تجربته الأولى مع الثلج، وقد أربكته.

La ley del garrote y el colmillo
قانون النادي والناب

El primer día de Buck en la playa de Dyea se sintió como una terrible pesadilla.

كان اليوم الأول لباك على شاطئ دايا أشبه بكابوس رهيب۔

Cada hora traía nuevas sorpresas y cambios inesperados para Buck.

كل ساعة جلبت صدمات جديدة وتغييرات غير متوقعة لباك۔

Lo habían sacado de la civilización y lo habían arrojado a un caos salvaje.

لقد تم سحبه من الحضارة وإلقائه في حالة من الفوضى العارمة۔

Aquella no era una vida soleada y tranquila, llena de aburrimiento y descanso.

لم تكن هذه حياة مشمسة وكسولة مليئة بالملل والراحة۔

No había paz, ni descanso, ni momento sin peligro.

لم يكن هناك سلام، ولا راحة، ولا لحظة خالية من الخطر۔

La confusión lo dominaba todo y el peligro siempre estaba cerca.

كان الارتباك يسيطر على كل شيء، وكان الخطر دائمًا قريبًا۔

Buck tuvo que mantenerse alerta porque estos hombres y perros eran diferentes.

كان على باك أن يبقى متيقظًا لأن هؤلاء الرجال والكلاب كانوا مختلفين۔

No eran de pueblos; eran salvajes y sin piedad.

لم يكونوا من المدن، بل كانوا متوحشين وبلا رحمة۔

Estos hombres y perros sólo conocían la ley del garrote y el colmillo.

هؤلاء الرجال والكلاب لم يعرفوا إلا قانون الهراوة والأنياب۔

Buck nunca había visto perros pelear como estos salvajes huskies.

لم يسبق لباك أن رأى كلابًا تقاتل مثل هذه الكلاب الهاسكي المتوحشة۔

Su primera experiencia le enseñó una lección que nunca olvidaría.

لقد علمته تجربته الأولى درسًا لن ينساه أبدًا۔

Tuvo suerte de que no fuera él, o habría muerto también.

لقد كان محظوظا أنه لم يكن هو، وإلا لكان قد مات أيضا۔

Curly fue el que sufrió mientras Buck observaba y aprendía.

كان كيرلي هو الشخص الذي عانى بينما كان باك يشاهد ويتعلم.

Habían acampado cerca de una tienda construida con troncos.

لقد أقاموا مخيمًا بالقرب من متجر مبني من جذوع الأشجار.

Curly intentó ser amigable con un husky grande, parecido a un lobo.

حاول كيرلي أن يكون ودودًا مع كلب الهاسكي الكبير الذي يشبه الذئب.

El husky era más pequeño que Curly, pero parecía salvaje y malvado.

كان الهاسكي أصغر من كيرلي، لكنه بدا متوحشًا وخبيثًا.

Sin previo aviso, saltó y le abrió el rostro.

بدون سابق إنذار، قفز وفتح وجهها.

Sus dientes la atravesaron desde el ojo hasta la mandíbula en un solo movimiento.

قطعت أسنانه من عينها إلى فكها بحركة واحدة.

Así era como peleaban los lobos: golpeaban rápido y saltaban.

هكذا كانت الذئاب تقاتل - تضرب بسرعة وتقفز بعيدًا.

Pero había mucho más que aprender de ese único ataque.

ولكن كان هناك المزيد لنتعلمه من ذلك الهجوم الواحد.

Decenas de huskies entraron corriendo y formaron un círculo silencioso.

اندفعت العشرات من كلاب الهاسكي وشكلوا دائرة صامتة.

Observaron atentamente y se lamieron los labios con hambre.

لقد راقبوا عن كثب ولحسوا شفاههم من الجوع.

Buck no entendió su silencio ni sus miradas ansiosas.

لم يفهم باك صمتهم أو عيونهم المتلهفة.

Curly se apresuró a atacar al husky por segunda vez.

هرع كيرلي لمهاجمة الهاسكي للمرة الثانية.

Él usó su pecho para derribarla con un movimiento fuerte.

استخدم صدره ليطرحها أرضًا بحركة قوية.

Ella cayó de lado y no pudo levantarse más.

سقطت على جانبها ولم تتمكن من النهوض مرة أخرى.

Eso era lo que los demás habían estado esperando todo el tiempo.

وهذا ما كان ينتظره الآخرون طوال الوقت.

Los perros esquimales saltaron sobre ella, aullando y gruñendo frenéticamente.

قفز عليها الهاسكي، وهم ينبحون ويزمجرون في حالة من الهياج.

Ella gritó cuando la enterraron bajo una pila de perros.

صرخت عندما دفنوها تحت كومة من الكلاب.

El ataque fue tan rápido que Buck se quedó paralizado por la sorpresa.

كان الهجوم سريعًا جدًا لدرجة أن باك تجمد في مكانه من الصدمة.

Vio a Spitz sacar la lengua de una manera que parecía una risa.

لقد رأى سبيتز يخرج لسانه بطريقة تبدو وكأنها ضحكة.

François cogió un hacha y corrió directamente hacia el grupo de perros.

أمسك فرانسوا بفأس وركض مباشرة نحو مجموعة الكلاب.

Otros tres hombres usaron palos para ayudar a ahuyentar a los perros esquimales.

ثلاثة رجال آخرين استخدموا الهراوات لمساعدتهم في ضرب الكلاب الهاسكي.

En sólo dos minutos, la pelea terminó y los perros desaparecieron.

في دقيقتين فقط، انتهى القتال واختفت الكلاب.

Curly yacía muerta en la nieve roja y pisoteada, con su cuerpo destrozado.

كانت كيرلي ملقاة ميتة في الثلج الأحمر المدوس، وكان جسدها ممزقًا.

Un hombre de piel oscura estaba de pie sobre ella, maldiciendo la brutal escena.

كان هناك رجل ذو بشرة داكنة يقف فوقها، وهو يلعن المشهد الوحشي.

El recuerdo permaneció con Buck y atormentó sus sueños por la noche.

ظلت الذكرى عالقة في ذهن باك وطاردته في أحلامه ليلاً.

Así era aquí: sin justicia, sin segundas oportunidades.

كانت هذه هي الطريقة هنا؛ لا عدالة، ولا فرصة ثانية.

Una vez que un perro caía, los demás lo mataban sin piedad.

عندما يسقط كلب، فإن الآخرين سوف يقتلونه بلا رحمة.

Buck decidió entonces que nunca se permitiría caer.

قرر باك حينها أنه لن يسمح لنفسه بالسقوط أبدًا.

Spitz volvió a sacar la lengua y se rió de la sangre.

أخرج سبيتز لسانه مرة أخرى وضحك على الدم.

Desde ese momento, Buck odió a Spitz con todo su corazón.

منذ تلك اللحظة، أصبح باك يكره سبيتز من كل قلبه.

Antes de que Buck pudiera recuperarse de la muerte de Curly, sucedió algo nuevo.

قبل أن يتمكن باك من التعافي من وفاة كيرلي، حدث شيء جديد.

François se acercó y ató algo alrededor del cuerpo de Buck.

جاء فرانسوا وربط شيئًا حول جسد باك.

Era un arnés como los que usaban los caballos en el rancho.

كان عبارة عن حزام مثل الذي يستخدم على الخيول في المزرعة.

Así como Buck había visto trabajar a los caballos, ahora él también estaba obligado a trabajar.

كما رأى باك الخيول تعمل، فقد أُجبر الآن على العمل أيضًا.

Tuvo que arrastrar a François en un trineo hasta el bosque cercano.

كان عليه أن يسحب فرانسوا على مزلجة إلى الغابة القريبة.

Después tuvo que arrastrar una carga de leña pesada.

ثم كان عليه أن يسحب حمولة من الحطب الثقيل.

Buck era orgulloso, por eso le dolía que lo trataran como a un animal de trabajo.

كان باك فخورًا، لذلك كان يؤلمه أن يتم التعامل معه كحيوان عمل.

Pero él era sabio y no intentó luchar contra la nueva situación.

ولكنه كان حكيما ولم يحاول محاربة الوضع الجديد.

Aceptó su nueva vida y dio lo mejor de sí en cada tarea.

تقبل حياته الجديدة وأعطى أفضل ما لديه في كل مهمة.

Todo en la obra le resultaba extraño y desconocido.

كان كل شيء في العمل غريبًا وغير مألوف بالنسبة له.

Francisco era estricto y exigía obediencia sin demora.

كان فرانسوا صارمًا ويطالب بالطاعة دون تأخير.

Su látigo garantizaba que cada orden fuera seguida al instante.

كان سوطه يضمن تنفيذ كل الأوامر على الفور.

Dave era el que conducía el trineo, el perro que estaba más cerca de él, detrás de Buck.

كان ديف هو سائق الزلاجة، وكان الكلب الأقرب إلى الزلاجة خلف باك.

Dave mordió a Buck en las patas traseras si cometía un error.

ديف يعض باك على رجليه الخلفيتين إذا ارتكب خطأ.

Spitz era el perro líder, hábil y experimentado en su función.

كان سبيتز هو الكلب الرائد، وكان ماهرًا وذو خبرة في الدور.

Spitz no pudo alcanzar a Buck fácilmente, pero aún así lo corrigió.

لم يتمكن سبيتز من الوصول إلى باك بسهولة، لكنه مع ذلك قام بتصحيحه.

Gruñó con dureza o tiró del trineo de maneras que le enseñaron a Buck.

كان يزأر بشدة أو يسحب الزلاجة بطرق علمت باك.

Con este entrenamiento, Buck aprendió más rápido de lo que cualquiera de ellos esperaba.

بفضل هذا التدريب، تعلم باك أسرع مما توقعه أي منهم.

Trabajó duro y aprendió tanto de François como de los otros perros.

لقد عمل بجد وتعلم من فرانسوا والكلاب الأخرى.

Cuando regresaron, Buck ya conocía los comandos clave.

بحلول الوقت الذي عادوا فيه، كان باك يعرف بالفعل الأوامر الرئيسية.

Aprendió a detenerse al oír la palabra "ho" gracias a François.

لقد تعلم التوقف عند صوت "هو "من فرانسوا.

Aprendió cuando tenía que tirar del trineo y correr.

لقد تعلم عندما كان عليه سحب الزلاجة والركض.

Aprendió a girar abiertamente en las curvas del camino sin problemas.

لقد تعلم كيفية الانعطاف بشكل واسع عند المنعطفات في الطريق دون مشكلة.

También aprendió a evitar a Dave cuando el trineo descendía rápidamente.

وتعلم أيضًا كيفية تجنب ديف عندما تنحدر الزلاجة بسرعة.

"Son perros muy buenos", le dijo orgulloso François a Perrault.

إنهم كلاب جيدة جدًا"، قال فرانسوا بفخر لبيرولت."

"Ese Buck tira como un demonio. Le enseño rapidísimo".

"هذا باك يسحب مثل الجحيم - أعلمه بسرعة مثل أي شيء."

Más tarde ese día, Perrault regresó con dos perros husky más.

وفي وقت لاحق من ذلك اليوم، عاد بيرولت مع اثنين آخرين من كلاب الهاسكي.

Se llamaban Billee y Joe y eran hermanos.

كان اسمهم بيلي وجو، وكانوا أخوة.

Venían de la misma madre, pero no se parecían en nada.

لقد جاءوا من نفس الأم، ولكن لم يكونوا متشابهين على الإطلاق.

Billee era de carácter dulce y muy amigable con todos.

كان بيلي لطيفًا جدًا وودودًا مع الجميع.

Joe era todo lo contrario: tranquilo, enojado y siempre gruñendo.

كان جو على العكس تمامًا - هادئًا، غاضبًا، ودائمًا ما يزأر.

Buck los saludó de manera amigable y se mostró tranquilo con ambos.

استقبلهم باك بطريقة ودية وكان هادئًا مع كليهما.

Dave no les prestó atención y permaneció en silencio como siempre.

لم يهتم ديف بهم وظل صامتًا كعادته.

Spitz atacó primero a Billee, luego a Joe, para demostrar su dominio.

هاجم سبيتز بيلي أولاً، ثم جو، لإظهار سيطرته.

Billee movió la cola y trató de ser amigable con Spitz.

حرك بيلي ذيله وحاول أن يكون ودودًا مع سبيتز.

Cuando eso no funcionó, intentó huir.

وعندما لم ينجح ذلك، حاول الهرب بدلاً من ذلك.

Lloró tristemente cuando Spitz lo mordió fuerte en el costado.

لقد بكى بحزن عندما عضه سبيتز بقوة على جانبه.

Pero Joe era muy diferente y se negaba a dejarse intimidar.

لكن جو كان مختلفًا جدًا ورفض أن يتعرض للتنمر.

Cada vez que Spitz se acercaba, Joe giraba rápidamente para enfrentarlo.

في كل مرة كان سبيتز يقترب، كان جو يستدير لمواجهته بسرعة.

Su pelaje se erizó, sus labios se curvaron y sus dientes chasquearon salvajemente.

كان فراءه منتصبا، وشفتاه ملتفة، وأسنانه تكسر بعنف.

Los ojos de Joe brillaron de miedo y rabia, desafiando a Spitz a atacar.

كانت عينا جو تلمعان بالخوف والغضب، متحديًا سبيتز بالضرب.

Spitz abandonó la lucha y se alejó, humillado y enojado.

استسلم سبيتز للقتال واستدار بعيدًا، مهانًا وغاضبًا.

Descargó su frustración en el pobre Billee y lo ahuyentó.

أخرج إحباطه على بيلي المسكين وطارده بعيدًا.

Esa noche, Perrault añadió un perro más al equipo.

وفي ذلك المساء، أضاف بيرولت كلبًا آخر إلى الفريق.

Este perro era viejo, delgado y cubierto de cicatrices de batalla.

كان هذا الكلب عجوزًا ونحيفًا ومغطى بندوب المعركة.

Le faltaba un ojo, pero el otro brillaba con poder.

كانت إحدى عينيه مفقودة، لكن الأخرى كانت تتألق بقوة.

El nombre del nuevo perro era Solleks, que significaba "el enojado".

وكان اسم الكلب الجديد هو سولييكس، والذي يعني الغاضب.

Al igual que Dave, Solleks no pidió nada a los demás y no dio nada a cambio.

مثل ديف، لم يطلب سوليكس أي شيء من الآخرين، ولم يقدم أي شيء في المقابل.

Cuando Solleks entró lentamente al campamento, incluso Spitz se mantuvo alejado.

عندما دخل سولييكس المخيم ببطء، حتى سبيتز بقي بعيدًا.

Tenía un hábito extraño que Buck tuvo la mala suerte de descubrir.

كان لديه عادة غريبة لم يكن باك محظوظًا باكتشافها.

A Solleks le disgustaba que se acercaran a él por el lado donde estaba ciego.

كان سولييكس يكره أن يقترب منه أحد من الجانب الذي كان أعمى فيه.

Buck no sabía esto y cometió ese error por accidente.

لم يكن باك يعلم هذا وارتكب هذا الخطأ عن طريق الصدفة.

Solleks se dio la vuelta y cortó el hombro de Buck profunda y rápidamente.

استدار سولييكس وضرب كتف باك بقوة وسرعة.

A partir de ese momento, Buck nunca se acercó al lado ciego de Solleks.

منذ تلك اللحظة، لم يقترب باك أبدًا من الجانب الأعمى لسوليكس.

Nunca volvieron a tener problemas durante el resto del tiempo que estuvieron juntos.

لم يواجهوا أي مشاكل مرة أخرى طوال الفترة التي قضوها معًا.

Solleks sólo quería que lo dejaran solo, como el tranquilo Dave.

أراد سوليكس فقط أن يُترك وحيدًا، مثل ديف الهادئ.

Pero Buck se enteraría más tarde de que cada uno tenía otro objetivo secreto.

لكن باك علم لاحقًا أن كل واحد منهما كان لديه هدف سري آخر.

Esa noche, Buck se enfrentó a un nuevo y preocupante desafío: cómo dormir.

في تلك الليلة واجه باك تحديًا جديدًا ومزعجًا – كيفية النوم.

La tienda brillaba cálidamente con la luz de las velas en el campo nevado.

أضاءت الخيمة بدفء على ضوء الشموع في الحقل الثلجي.

Buck entró, pensando que podría descansar allí como antes.

دخل باك إلى الداخل، معتقدًا أنه يستطيع الراحة هناك كما كان من قبل.

Pero Perrault y François le gritaron y le lanzaron sartenes.

لكن بيرولت وفرانسوا صرخوا عليه وألقوا عليه الأواني.

Sorprendido y confundido, Buck corrió hacia el frío helado.

صُدم باك وارتبك، فركض إلى البرد القارس.

Un viento amargo le azotó el hombro herido y le congeló las patas.

لسعته ريح مريرة في كتفه المجروح وجمدت كفوفه.

Se tumbó en la nieve y trató de dormir al aire libre.

استلقى في الثلج وحاول النوم في العراء.

Pero el frío pronto le obligó a levantarse de nuevo, temblando mucho.

لكن البرد سرعان ما أجبره على النهوض مرة أخرى، وكان يرتجف بشدة.

Deambuló por el campamento intentando encontrar un lugar más cálido.

تجول في المخيم، محاولاً العثور على مكان أكثر دفئًا.

Pero cada rincón estaba tan frío como el anterior.

لكن كل زاوية كانت باردة تمامًا مثل الزاوية التي قبلها.

A veces, perros salvajes saltaban sobre él desde la oscuridad.

في بعض الأحيان كانت الكلاب المتوحشة تقفز عليه من الظلام.

Buck erizó su pelaje, mostró los dientes y gruñó en señal de
advertencia.

انتفض باك من شدة الغضب، وكشف عن أسنانه، وزأر محذرًا.

Estaba aprendiendo rápido y los otros perros se alejaban
rápidamente.

لقد كان يتعلم بسرعة، والكلاب الأخرى تراجعت بسرعة.

Aún así, no tenía dónde dormir ni idea de qué hacer.

ومع ذلك، لم يكن لديه مكان للنوم، ولم تكن لديه أي فكرة عما يجب فعله.

Por fin se le ocurrió una idea: ver cómo estaban sus
compañeros de equipo.

وأخيرًا، خطرت في ذهنه فكرة وهي الاطمئنان على زملائه في الفريق.

Regresó a su zona y se sorprendió al descubrir que habían
desaparecido.

عاد إلى منطقتهم وفوجئ باختفائهم.

Nuevamente buscó por todo el campamento, pero todavía no
pudo encontrarlos.

فبحث مرة أخرى في المخيم، لكنه لم يتمكن من العثور عليهم.

Sabía que ellos no podían estar en la tienda, o él también lo
estaría.

لقد علم أنه لا يمكنهما التواجد في الخيمة، وإلا فإنه سيكون هناك أيضًا.

Entonces ¿a dónde se habían ido todos los perros en este
campamento helado?

إذن، أين ذهبت كل الكلاب في هذا المخيم المتجمد؟

Buck, frío y miserable, caminó lentamente alrededor de la
tienda.

كان باك باردًا وبائسًا، وكان يدور ببطء حول الخيمة.

De repente, sus patas delanteras se hundieron en la nieve
blanda y lo sobresaltó.

وفجأة، غرقت ساقيه الأماميتان في الثلج الناعم، مما أثار دهشته.

Algo se movió bajo sus pies y saltó hacia atrás asustado.

كان هناك شيء يتحرك تحت قدميه، فقفز إلى الوراء خوفًا.

Gruñó y rugió sin saber qué había debajo de la nieve.

لقد هدّر وهدر، وهو لا يعرف ما الذي يكمن تحت الثلج.

Entonces oyó un ladrido amistoso que alivió su miedo.

ثم سمع نباحًا صغيرًا ودودًا خفف من خوفه.

Olfateó el aire y se acercó para ver qué estaba oculto.

استنشق الهواء واقترب ليرى ما كان مخفيًا.

Bajo la nieve, acurrucada en una bola cálida, estaba la pequeña Billee.

تحت الثلج، كانت بيلي الصغيرة ملتفة على شكل كرة دافئة.

Billee movió la cola y lamió la cara de Buck para saludarlo.

حرك بيلي ذيله ولعق وجه باك للترحيب به.

Buck vio cómo Billee había hecho un lugar para dormir en la nieve.

رأى باك كيف صنع بيلي مكانًا للنوم في الثلج.

Había cavado y usado su propio calor para mantenerse caliente.

لقد حفر بعمق واستخدم حرارته الخاصة ليبقى دافئًا.

Buck había aprendido otra lección: así era como dormían los perros.

لقد تعلم باك درسًا آخر - هكذا تنام الكلاب.

Eligió un lugar y comenzó a cavar su propio hoyo en la nieve.

اختار مكانًا وبدأ بحفر حفرة خاصة به في الثلج.

Al principio, se movía demasiado y desperdiciaba energía.

في البداية، كان يتحرك كثيرًا ويهدر طاقته.

Pero pronto su cuerpo calentó el espacio y se sintió seguro.

ولكن سرعان ما أصبح جسده دافئًا في المكان، وشعر بالأمان.

Se acurrucó fuertemente y al poco tiempo estaba profundamente dormido.

لقد التفت بإحكام، وبعد فترة وجيزة كان نائماً بسرعة.

El día había sido largo y duro, y Buck estaba exhausto.

لقد كان اليوم طويلاً وشاقًا، وكان باك مرهقًا.

Durmió profundamente y cómodamente, aunque sus sueños fueron salvajes.

لقد نام بعمق وبشكل مريح، على الرغم من أن أحلامه كانت جامحة.

Gruñó y ladró mientras dormía, retorciéndose mientras soñaba.

كان يزأر وينبح أثناء نومه، ويتلوى أثناء حلمه.

Buck no se despertó hasta que el campamento ya estaba cobrando vida.

لم يستيقظ باك إلا عندما بدأ المخيم ينبض بالحياة بالفعل.

Al principio, no sabía dónde estaba ni qué había sucedido.

في البداية، لم يكن يعرف أين هو أو ماذا حدث.

Había nevado durante la noche y había enterrado completamente su cuerpo.

تساقطت الثلوج طوال الليل ودفنت جسده بالكامل.

La nieve lo apretaba por todos lados.

كان الثلج يضغط عليه من جميع الجوانب.

De repente, una ola de miedo recorrió todo el cuerpo de Buck.

فجأة، موجة من الخوف اجتاحت جسد باك بأكمله.

Era el miedo a quedar atrapado, un miedo que provenía de instintos profundos.

كان الخوف من الوقوع في الفخ، خوفًا من الغرائز العميقة.

Aunque nunca había visto una trampa, el miedo vivía dentro de él.

رغم أنه لم يرى فخًا قط، إلا أن الخوف عاش بداخله.

Era un perro domesticado, pero ahora sus viejos instintos salvajes estaban despertando.

لقد كان كلبًا أليفًا، لكن غرائزه البرية القديمة كانت تستيقظ الآن.

Los músculos de Buck se tensaron y se le erizó el pelaje por toda la espalda.

توترت عضلات باك، ووقف فروه على ظهره بالكامل.

Gruñó ferozmente y saltó hacia arriba a través de la nieve.

لقد هدر بشدة وقفز مباشرة عبر الثلج.

La nieve voló en todas direcciones cuando estalló la luz del día.

تطايرت الثلوج في كل اتجاه عندما انفجر في ضوء النهار.

Incluso antes de aterrizar, Buck vio el campamento extendido ante él.

حتى قبل الهبوط، رأى باك المخيم منتشرًا أمامه.

Recordó todo del día anterior, de repente.

لقد تذكر كل شيء من اليوم السابق، دفعة واحدة.

Recordó pasear con Manuel y terminar en ese lugar.

تذكر أنه كان يتجول مع مانويل وينتهي به الأمر في هذا المكان.

Recordó haber cavado el hoyo y haberse quedado dormido en el frío.

تذكر أنه حفر الحفرة ونام في البرد.

Ahora estaba despierto y el mundo salvaje que lo rodeaba
estaba claro.

والآن أصبح مستيقظًا، والعالم البري من حوله أصبح واضحًا.

Un grito de François saludó la repentina aparición de Buck.

صرخة من فرانسوا ترحب بظهور باك المفاجئ.

—¿Qué te dije? —gritó en voz alta el conductor del perro a
Perrault.

ماذا قلت؟ "صرخ سائق الكلب بصوت عالٍ إلى بيرولت."

"Ese Buck sin duda aprende muy rápido", añadió François.

وأضاف فرانسوا "من المؤكد أن باك يتعلم بسرعة أكبر من أي شيء
آخر".

Perrault asintió gravemente, claramente satisfecho con el
resultado.

أومأ بيرولت برأسه بجدية، وكان سعيدًا بوضوح بالنتيجة.

Como mensajero del gobierno canadiense, transportaba
despachos.

وباعتباره رسولًا للحكومة الكندية، فقد كان يحمل الإرساليات.

Estaba ansioso por encontrar los mejores perros para su
importante misión.

وكان حريصًا على العثور على أفضل الكلاب لمهمته المهمة.

Se sintió especialmente complacido ahora que Buck era
parte del equipo.

لقد شعر بسعادة خاصة الآن لأن باك أصبح جزءًا من الفريق.

Se agregaron tres huskies más al equipo en una hora.

تمت إضافة ثلاثة كلاب هاسكي أخرى إلى الفريق خلال ساعة.

Eso elevó el número total de perros en el equipo a nueve.

وبذلك أصبح العدد الإجمالي للكلاب في الفريق تسعة.

En quince minutos todos los perros estaban en sus arneses.

في غضون خمسة عشر دقيقة كانت جميع الكلاب في أحزمةهم.

El equipo de trineos avanzaba por el sendero hacia Dyea
Cañón.

كان فريق الزلاجات يتأرجح على طول الطريق نحو ديا كانون.

Buck se sintió contento de partir, incluso si el trabajo que
tenía por delante era duro.

شعر باك بالسعادة لمغادرته، حتى لو كان العمل الذي ينتظره صعبًا.

Descubrió que no despreciaba especialmente el trabajo ni el
frío.

لقد اكتشف أنه لا يحتقر العمل أو البرد بشكل خاص.

Le sorprendió el entusiasmo que llenaba a todo el equipo.

لقد تفاجأ بالحماس الذي ملأ الفريق بأكمله.

Aún más sorprendente fue el cambio que se produjo en Dave y Solleks.

وكان الأمر الأكثر إثارة للدهشة هو التغيير الذي طرأ على ديف وسوليكس.

Estos dos perros eran completamente diferentes cuando estaban enjaezados.

كان هذان الكلبان مختلفين تمامًا عندما تم تسخيرهما.

Su pasividad y falta de preocupación habían desaparecido por completo.

لقد اختفى سلبيتهم وعدم اهتمامهم تمامًا.

Estaban alertas y activos, y ansiosos por hacer bien su trabajo.

وكانوا متيقظين ونشيطين ومتحمسين للقيام بعملهم على أكمل وجه.

Se irritaban ferozmente ante cualquier cosa que causara retraso o confusión.

لقد أصبحوا منزعجين بشدة من أي شيء يسبب التأخير أو الارتباك.

El duro trabajo en las riendas era el centro de todo su ser.

كان العمل الشاق على اللجام هو مركز وجودهم بأكمله.

Tirar del trineo parecía ser lo único que realmente disfrutaban.

يبدو أن سحب الزلاجات كان الشيء الوحيد الذي يستمتعون به حقًا.

Dave estaba en la parte de atrás del grupo, más cerca del trineo.

وكان ديف في مؤخرة المجموعة، الأقرب إلى الزلاجة نفسها.

Buck fue colocado delante de Dave, y Solleks se adelantó a Buck.

تم وضع باك أمام ديف، وسوليكس متقدمًا على باك.

El resto de los perros estaban dispersos adelante, en una sola fila.

تم تجميع بقية الكلاب في صف واحد في المقدمة.

La posición de cabeza en la parte delantera quedó ocupada por Spitz.

شغل سبيتز منصب القائد في المقدمة.

Buck había sido colocado entre Dave y Solleks para recibir instrucción.

تم وضع باك بين ديف وسوليكس للحصول على التعليمات.

Él aprendía rápido y sus profesores eran firmes y capaces.

لقد كان سريع التعلم، وكانوا معلمين حازمين وقادرين.

Nunca permitieron que Buck permaneciera en el error por mucho tiempo.

لم يسمحوا لباك أبدًا بالبقاء في الخطأ لفترة طويلة.

Enseñaron sus lecciones con dientes afilados cuando era necesario.

لقد قاموا بتدريس دروسهم بأسنان حادة عندما كان ذلك ضروريا.

Dave era justo y mostraba un tipo de sabiduría tranquila y seria.

كان ديف عادلاً وأظهر نوعًا من الحكمة الهادئة والجادة.

Él nunca mordió a Buck sin una buena razón para hacerlo.

لم يعض باك أبدًا دون سبب وجيه للقيام بذلك.

Pero nunca dejó de morder cuando Buck necesitaba corrección.

ولكنه لم يفشل أبدًا في العض عندما كان باك بحاجة إلى التصحيح.

El látigo de Francisco estaba siempre listo y respaldaba su autoridad.

وكان سوط فرانسوا جاهزًا دائمًا ويدعم سلطتهم.

Buck pronto descubrió que era mejor obedecer que defenderse.

سرعان ما أدرك باك أنه من الأفضل أن يطيع بدلاً من أن يقاتل.

Una vez, durante un breve descanso, Buck se enredó en las riendas.

ذات مرة، أثناء فترة راحة قصيرة، تشابك باك في اللجام.

Retrasó el inicio y confundió los movimientos del equipo.

أدى إلى تأخير البداية وإرباك حركة الفريق.

Dave y Solleks se abalanzaron sobre él y le dieron una paliza brutal.

طار ديف وسوليكس نحوه وضربوه بشدة.

El enredo sólo empeoró, pero Buck aprendió bien la lección.

لقد أصبح التشابك أسوأ، لكن باك تعلم درسه جيدًا.

A partir de entonces, mantuvo las riendas tensas y trabajó con cuidado.

ومنذ ذلك الحين، أبقى زمام الأمور مشدودة، وعمل بعناية.

Antes de que terminara el día, Buck había dominado gran parte de su tarea.

قبل أن ينتهي اليوم، كان باك قد أتقن جزءًا كبيرًا من مهمته.

Sus compañeros casi dejaron de corregirlo y morderlo.

كاد زملاؤه في الفريق أن يتوقفوا عن تصحيحه أو عضه.

El látigo de François resonaba cada vez con menos frecuencia en el aire.

أصبح صوت سوط فرانسوا يتكسر في الهواء بشكل أقل وأقل.

Perrault incluso levantó los pies de Buck y examinó cuidadosamente cada pata.

حتى أن بيرولت رفع قدمي باك وفحص كل مخلب بعناية.

Había sido un día de carrera duro, largo y agotador para todos ellos.

لقد كان يومًا شاقًا، طويلًا ومضنيًا بالنسبة لهم جميعًا.

Viajaron por el Cañón, atravesando Sheep Camp y pasando por Scales.

لقد سافروا عبر الوادي، عبر معسكر الأغنام، وبعد ذلك عبر المقاييس.

Cruzaron la línea de árboles, luego glaciares y bancos de nieve de muchos metros de profundidad.

لقد عبروا خط الأشجار، ثم عبروا الأنهار الجليدية والثلوج التي يصل عمقها إلى عدة أقدام.

Escalaron la gran, fría y prohibitiva divisoria de Chilkoot.

لقد تسلقوا منحدر تشيلكوت البارد والشديد القسوة.

Esa alta cresta se encontraba entre el agua salada y el interior helado.

كانت تلك التلال المرتفعة تقع بين المياه المالحة والداخل المتجمد.

Las montañas custodiaban con hielo y empinadas subidas el triste y solitario Norte.

تحرس الجبال الشمال الحزين والوحيد بالجليد والمنحدرات الشديدة.

Avanzaron a buen ritmo por una larga cadena de lagos debajo de la divisoria.

لقد حققوا وقتًا جيدًا في النزول عبر سلسلة طويلة من البحيرات أسفل التقسيم.

Esos lagos llenaban los antiguos cráteres de volcanes extintos.

كانت تلك البحيرات تملأ فوهات البراكين المنقرضة القديمة.

Tarde esa noche, llegaron a un gran campamento en el lago Bennett.

وفي وقت متأخر من تلك الليلة، وصلوا إلى معسكر كبير في بحيرة بينيت.

Miles de buscadores de oro estaban allí, construyendo barcos para la primavera.

كان هناك آلاف الباحثين عن الذهب، يقومون ببناء القوارب للربيع.

El hielo se rompería pronto y tenían que estar preparados.

كان الجليد على وشك أن يتكسر قريبًا، وكان عليهم أن يكونوا مستعدين.

Buck cavó su hoyo en la nieve y cayó en un sueño profundo.

حفر باك حفرته في الثلج وسقط في نوم عميق.

Durmió como un trabajador, exhausto por la dura jornada de trabajo.

لقد نام كرجل عامل، منهكًا من يوم العمل الشاق.

Pero demasiado pronto, en la oscuridad, fue sacado del sueño.

ولكن في وقت مبكر جدًا من الظلام، تم سحبه من النوم.

Fue enganchado nuevamente con sus compañeros y sujeto al trineo.

تم ربطه مع زملائه مرة أخرى وربطه بالزلاجة.

Aquel día hicieron cuarenta millas, porque la nieve estaba muy pisoteada.

في ذلك اليوم قطعوا أربعين ميلاً، لأن الثلج كان ممطراً بشكل كبير.

Al día siguiente, y durante muchos días más, la nieve estaba blanda.

وفي اليوم التالي، ولعدة أيام بعد ذلك، كان الثلج ناعمًا.

Tuvieron que hacer el camino ellos mismos, trabajando más duro y moviéndose más lento.

كان عليهم أن يصنعوا الطريق بأنفسهم، ويبذلوا جهدًا أكبر ويتحركوا ببطء.

Por lo general, Perrault caminaba delante del equipo con raquetas de nieve palmeadas.

عادة، كان بيرولت يمشي أمام الفريق مرتديًا أحذية الثلج المزودة بشبكة.

Sus pasos compactaron la nieve, facilitando el movimiento del trineo.

كانت خطواته تضغط على الثلج، مما يجعل من السهل على الزلاجة التحرك.

François, que dirigía el barco desde la dirección, a veces tomaba el relevo.

كان فرانسوا، الذي كان يقود من اتجاه الجي، يتولى القيادة في بعض الأحيان.

Pero era raro que François tomara la iniciativa.

ولكن كان من النادر أن يتولى فرانسوا زمام المبادرة

porque Perrault tenía prisa por entregar las cartas y los paquetes.

لأن بيرولت كان في عجلة من أمره لتسليم الرسائل والطرود.

Perrault estaba orgulloso de su conocimiento de la nieve, y especialmente del hielo.

كان بيرولت فخوراً بمعرفته بالثلج، وخاصة الجليد.

Ese conocimiento era esencial porque el hielo en otoño era peligrosamente delgado.

كانت هذه المعرفة ضرورية، لأن الجليد في الخريف كان رقيقًا بشكل خطير.

Allí donde el agua fluía rápidamente bajo la superficie, no había hielo en absoluto.

حيث كان الماء يتدفق بسرعة تحت السطح، ولم يكن هناك جليد على الإطلاق.

Día tras día, la misma rutina se repetía sin fin.

يوما بعد يوم، نفس الروتين يتكرر بلا نهاية.

Buck trabajó incansablemente en las riendas desde el amanecer hasta la noche.

كان باك يتعب بلا نهاية في قيادة الحصان من الفجر حتى الليل.

Abandonaron el campamento en la oscuridad, mucho antes de que saliera el sol.

غادروا المخيم في الظلام، قبل وقت طويل من شروق الشمس.

Cuando amaneció, ya habían recorrido muchos kilómetros.

وبحلول ضوء النهار، كانوا قد قطعوا أميالاً عديدة بالفعل.

Acamparon después del anochecer, comieron pescado y excavaron en la nieve.

أقاموا المخيم بعد حلول الظلام، وأكلوا الأسماك وحفروا في الثلوج.

Buck siempre tenía hambre y nunca estaba realmente satisfecho con su ración.

كان باك دائمًا جائعًا ولم يكن راضيًا أبدًا عن حصته.

Recibía una libra y media de salmón seco cada día.

كان يتلقى رطلاً ونصفًا من سمك السلمون المجفف يوميًا.

Pero la comida parecía desaparecer dentro de él, dejando atrás el hambre.

لكن الطعام بدا وكأنه يختفي بداخله، تاركا الجوع خلفه.

Sufría constantes dolores de hambre y soñaba con más comida.

كان يعاني من نوبات الجوع المستمرة، ويحلم بالمزيد من الطعام.

Los otros perros sólo ganaron una libra, pero se mantuvieron fuertes.

حصلت الكلاب الأخرى على رطل واحد فقط من الطعام، لكنها ظلت قوية.

Eran más pequeños y habían nacido en la vida del norte.

لقد كانوا أصغر حجمًا، وولدوا في الحياة الشمالية.

Perdió rápidamente la meticulosidad que había caracterizado su antigua vida.

لقد فقد بسرعة الصرامة التي ميزت حياته القديمة.

Había sido un comensal delicado, pero ahora eso ya no era posible.

لقد كان يأكل طعامًا لذيذًا، لكن الآن لم يعد ذلك ممكنًا.

Sus compañeros terminaron primero y le robaron su ración sobrante.

انتهى أصدقاؤه أولاً وسرقوا منه حصته غير المكتملة.

Una vez que empezaron, no había forma de defender su comida de ellos.

بمجرد أن بدأوا لم يكن هناك طريقة للدفاع عن طعامه منهم.

Mientras él luchaba contra dos o tres perros, los otros le robaron el resto.

بينما كان يقاتل كلبين أو ثلاثة، قام الآخرون بسرقة الباقي.

Para solucionar esto, comenzó a comer tan rápido como los demás.

ولإصلاح ذلك، بدأ يأكل بسرعة مثل الآخرين.

El hambre lo empujó tan fuerte que incluso tomó comida que no era suya.

كان الجوع يدفعه بقوة إلى أن يتناول طعامًا ليس من حقه.

Observó a los demás y aprendió rápidamente de sus acciones.

لقد راقب الآخرين وتعلم بسرعة من أفعالهم.

Vio a Pike, un perro nuevo, robarle una rebanada de tocino a Perrault.

لقد رأى بايك، وهو كلب جديد، يسرق شريحة من لحم الخنزير المقدد من بيرولت.

Pike había esperado hasta que Perrault se dio la espalda para robarle el tocino.

انتظر بايك حتى أصبح ظهر بيرولت بعيدًا لسرقة لحم الخنزير المقدد.

Al día siguiente, Buck copió a Pike y robó todo el trozo.

في اليوم التالي، قام باك بنسخ بايك وسرق القطعة بأكملها.

Se produjo un gran alboroto, pero no se sospechó de Buck.

وقد أعقب ذلك ضجة كبيرة، لكن لم يكن هناك أي شك في باك.

Dub, un perro torpe que siempre era atrapado, fue castigado.

دب، الكلب الأخرق الذي يتم القبض عليه دائمًا، تم معاقبته بدلاً من ذلك.

Ese primer robo marcó a Buck como un perro apto para sobrevivir en el Norte.

كانت تلك السرقة الأولى بمثابة إشارة إلى أن باك هو الكلب المناسب للبقاء على قيد الحياة في الشمال.

Demostró que podía adaptarse a nuevas condiciones y aprender rápidamente.

وأظهر أنه قادر على التكيف مع الظروف الجديدة والتعلم بسرعة.

Sin esa adaptabilidad, habría muerto rápida y gravemente.

ولولا هذه القدرة على التكيف لكان قد مات بسرعة وبصورة سيئة.

También marcó el colapso de su naturaleza moral y de sus valores pasados.

كما أنها كانت بمثابة انهيار لطبيعته الأخلاقية وقيمه الماضية.

En el Sur, había vivido bajo la ley del amor y la bondad.

لقد عاش في الجنوب تحت قانون الحب واللطف.

Allí tenía sentido respetar la propiedad y los sentimientos de los otros perros.

هناك كان من المنطقي احترام الممتلكات ومشاعر الكلاب الأخرى.

Pero en el Norte se aplicaba la ley del garrote y la ley del colmillo.

لكن سكان نورثلاند اتبعوا قانون النادي وقانون الأنياب.

Quienquiera que respetara los viejos valores aquí sería un tonto y fracasaría.

من احترم القيم القديمة هنا كان أحمقًا وسوف يفشل.

Buck no razonó todo esto en su mente.

لم يكن باك قادراً على تفسير كل هذا في ذهنه.

Estaba en forma y se adaptó sin necesidad de pensar.

لقد كان لائقًا، لذا فقد تكيف دون الحاجة إلى التفكير.

Durante toda su vida, nunca había huido de una pelea.

طوال حياته، لم يهرب أبدًا من القتال.

Pero el garrote de madera del hombre del suéter rojo cambió esa regla.

لكن الهراوة الخشبية للرجل ذو السترة الحمراء غيّرت هذه القاعدة.

Ahora seguía un código más profundo y antiguo escrito en su ser.

والآن أصبح يتبع قانونًا أعمق وأقدم مكتوبًا في كيانه.

No robó por placer sino por el dolor del hambre.

لم يسرق من أجل المتعة، بل من أجل ألم الجوع.

Él nunca robaba abiertamente, sino que hurtaba con astucia y cuidado.

لم يسرق علانيةً قط، بل سرق بمكر وحرص.

Actuó por respeto al garrote de madera y por miedo al colmillo.

لقد تصرف بدافع الاحترام للنادي الخشبي والخوف من الناب.

En resumen, hizo lo que era más fácil y seguro que no hacerlo.

باختصار، لقد فعل ما كان أسهل وأكثر أمانًا من عدم فعله.

Su desarrollo —o quizás su regreso a los viejos instintos— fue rápido.

وكان تطوره - أو ربما عودته إلى غرائزه القديمة - سريعًا.

Sus músculos se endurecieron hasta sentirse tan fuertes como el hierro.

تصلبت عضلاته حتى أصبح شعرها قويا مثل الحديد.

Ya no le importaba el dolor, a menos que fuera grave.

لم يعد يهتم بالألم، إلا إذا كان خطيرًا.

Se volvió eficiente por dentro y por fuera, sin desperdiciar nada.

لقد أصبح فعالاً من الداخل والخارج، ولم يهدر أي شيء على الإطلاق.

Podía comer cosas viles, podridas o difíciles de digerir.

كان بإمكانه أن يأكل أشياء كريهة، أو فاسدة، أو صعبة الهضم.

Todo lo que comía, su estómago aprovechaba hasta el último vestigio de valor.

مهما كان ما يأكله، فإن معدته تستهلك كل ما فيه من قيمة.

Su sangre transportaba los nutrientes a través de su poderoso cuerpo.

حمل دمه العناصر الغذائية إلى كل أنحاء جسده القوي.

Esto creó tejidos fuertes que le dieron una resistencia increíble.

لقد أدى ذلك إلى بناء أنسجة قوية أعطته قدرة تحمل لا تصدق.

Su vista y su olfato se volvieron mucho más sensibles que antes.

أصبحت حاسة البصر والشم لديه أكثر حساسية من ذي قبل.

Su audición se agudizó tanto que podía detectar sonidos débiles durante el sueño.

لقد أصبح سمعه حادًا لدرجة أنه كان قادرًا على اكتشاف الأصوات الخافتة أثناء النوم.

Sabía en sueños si los sonidos significaban seguridad o peligro.

كان يعرف في أحلامه ما إذا كانت الأصوات تعني الأمان أم الخطر.

Aprendió a morder el hielo entre los dedos de los pies con los dientes.

لقد تعلم كيفية قضم الجليد بين أصابع قدميه بأسنانه.

Si un charco de agua se congelaba, rompía el hielo con las piernas.

إذا تجمدت حفرة الماء، فإنه يكسر الجليد بساقيه.

Se encabritó y golpeó con fuerza el hielo con sus rígidas patas delanteras.

نهض وضرب الجليد بقوة بأطرافه الأمامية الصلبة.

Su habilidad más sorprendente era predecir los cambios del viento durante la noche.

كانت قدرته الأبرز هي التنبؤ بتغيرات الرياح أثناء الليل.

Incluso cuando el aire estaba quieto, elegía lugares protegidos del viento.

حتى عندما كان الهواء ساكنًا، اختار أماكن محمية من الرياح.

Dondequiera que cavaba su nido, el viento del día siguiente lo pasaba de largo.

أينما حفر عشه، مرت به رياح اليوم التالي.

Siempre acababa abrigado y protegido, a sotavento de la brisa.

لقد انتهى به الأمر دائمًا إلى أن يكون مرتاحًا ومحميًا، في مأمن من النسيم.

Buck no sólo aprendió con la experiencia: sus instintos también regresaron.

لم يتعلم باك من خلال الخبرة فحسب، بل عادت غرائزه أيضًا.

Los hábitos de las generaciones domesticadas comenzaron a desaparecer.

بدأت عادات الأجيال المستأنسة في التلاشي.

De manera vaga, recordaba los tiempos antiguos de su raza.

وبطرق غامضة، تذكر العصور القديمة لسلالاته.

Recordó cuando los perros salvajes corrían en manadas por los bosques.

لقد فكر في الوقت الذي كانت فيه الكلاب البرية تركض في مجموعات عبر الغابات.

Habían perseguido y matado a su presa mientras la perseguían.

لقد طاردوا فريستهم وقتلوها أثناء مطاردتها.

Para Buck fue fácil aprender a pelear con dientes y velocidad.

لقد كان من السهل على باك أن يتعلم كيفية القتال بقوة وسرعة.

Utilizaba cortes, tajos y chasquidos rápidos igual que sus antepasados.

لقد استخدم القطع والتشريح والالتقاطات السريعة تمامًا مثل أسلافه.

Aquellos antepasados se agitaron dentro de él y despertaron su naturaleza salvaje.

لقد تحرك هؤلاء الأجداد في داخله وأيقظوا طبيعته البرية.

Sus antiguas habilidades habían pasado a él a través de la línea de sangre.

لقد انتقلت مهاراتهم القديمة إليه من خلال سلالة الدم.

Sus trucos ahora eran suyos, sin necesidad de práctica ni esfuerzo.

أصبحت حيلهم الآن بين يديه، دون الحاجة إلى التدريب أو بذل الجهد.

En las noches frías y quietas, Buck levantaba la nariz y aullaba.

في الليالي الباردة الهادئة، كان باك يرفع أنفه ويصرخ.

Aulló largo y profundamente, como lo hacían los lobos antaño.

عوى طويلاً وعميقاً، كما فعل الذئاب منذ زمن بعيد.

A través de él, sus antepasados muertos apuntaron sus narices y aullaron.

ومن خلاله أشار أسلافه الموتى بأنوفهم وعووا.

Aullaron a través de los siglos con su voz y su forma.

لقد صرخوا عبر القرون بصوته وشكلته.

Sus cadencias eran las de ellos, viejos gritos que hablaban de dolor y frío.

كانت إيقاعاته هي إيقاعاتهم، صرخات قديمة تحكي عن الحزن والبرد.

Cantaron sobre la oscuridad, el hambre y el significado del invierno.

لقد غنوا عن الظلام، والجوع، ومعنى الشتاء.

Buck demostró cómo la vida está determinada por fuerzas ajenas a uno mismo.

أثبت باك كيف تتشكل الحياة من خلال قوى خارج الذات،

La antigua canción se elevó a través de Buck y se apoderó de su alma.

ارتفعت الأغنية القديمة عبر باك واستولت على روحه.

Se encontró a sí mismo porque los hombres habían encontrado oro en el Norte.

لقد وجد نفسه لأن الرجال وجدوا الذهب في الشمال.

Y se encontró porque Manuel, el ayudante del jardinero, necesitaba dinero.

ووجد نفسه لأن مانويل، مساعد البستاني، كان يحتاج إلى المال.

La Bestia Primordial Dominante
الوحش البدائي المسيطر

La bestia primordial dominante era tan fuerte como siempre en Buck.

كان الوحش البدائي المهيمن قويًا كما كان دائمًا في باك.

Pero la bestia primordial dominante yacía latente en él.

لكن الوحش البدائي المسيطر كان كامنًا بداخله.

La vida en el camino era dura, pero fortalecía a la bestia que Buck llevaba dentro.

كانت حياة الطريق قاسية، لكنها عززت الوحش داخل باك.

En secreto, la bestia se hacía cada día más fuerte.

في الخفاء، أصبح الوحش أقوى وأقوى كل يوم.

Pero ese crecimiento interior permaneció oculto para el mundo exterior.

لكن هذا النمو الداخلي بقي مخفيا عن العالم الخارجي.

Una fuerza primordial, tranquila y calmada se estaba construyendo dentro de Buck.

كانت هناك قوة بدائية هادئة وساكنة تتراكم داخل باك.

Una nueva astucia le proporcionó a Buck equilibrio, calma, control y aplomo.

لقد أعطى المكر الجديد باك التوازن والتحكم الهادئ والاتزان.

Buck se concentró mucho en adaptarse, sin sentirse nunca totalmente relajado.

ركز باك بشدة على التكيف، ولم يشعر بالاسترخاء التام أبدًا.

Él evitaba los conflictos, nunca iniciaba peleas ni buscaba problemas.

كان يتجنب الصراع، ولا يبدأ القتال أبدًا، ولا يسعى إلى المتاعب.

Una reflexión lenta y constante moldeó cada movimiento de Buck.

كان التفكير البطيء والثابت هو الذي شكل كل تحركات باك.

Evitó las elecciones precipitadas y las decisiones repentinas e imprudentes.

كان يتجنب الاختيارات المتهورة والقرارات المفاجئة المتهورة.

Aunque Buck odiaba profundamente a Spitz, no le mostró ninguna agresión.

على الرغم من أن باك كان يكره سبيتز بشدة، إلا أنه لم يظهر له أي عدوان.

Buck nunca provocó a Spitz y mantuvo sus acciones moderadas.

لم يستفز باك سبيتز أبدًا، وحافظ على أفعاله مقيدة.

Spitz, por otro lado, percibió el creciente peligro en Buck.

ومن ناحية أخرى، شعر سبيتز بالخطر المتزايد في باك.

Él veía a Buck como una amenaza y un serio desafío a su poder.

لقد رأى باك كتهديد وتحدي خطير لسلطته.

Aprovechó cada oportunidad para gruñir y mostrar sus afilados dientes.

لقد استغل كل فرصة للهجوم وإظهار أسنانه الحادة.

Estaba tratando de iniciar la pelea mortal que estaba por venir.

لقد كان يحاول بدء القتال المميت الذي كان لا بد أن يأتي.

Al principio del viaje casi se desató una pelea entre ellos.

وفي وقت مبكر من الرحلة، كاد قتال أن يندلع بينهما.

Pero un accidente inesperado detuvo la pelea.

ولكن حادث غير متوقع منع حدوث القتال.

Esa tarde acamparon en el gélido lago Le Barge.

وفي ذلك المساء أقاموا مخيمهم على بحيرة لو بارج شديدة البرودة.

La nieve caía con fuerza y el viento cortaba como un cuchillo.

كان الثلج يتساقط بغزارة، والريح تقطع مثل السكين.

La noche había llegado demasiado rápido y la oscuridad los rodeaba.

لقد جاء الليل سريعًا جدًا، والظلام يحيط بهم.

Difícilmente podrían haber elegido un peor lugar para descansar.

لم يكن بإمكانهم اختيار مكان أسوأ للراحة.

Los perros buscaban desesperadamente un lugar donde tumbarse.

بحثت الكلاب بشكل يائس عن مكان للاستلقاء.

Detrás del pequeño grupo se alzaba una alta pared de roca.

ارتفع جدار صخري طويل بشكل حاد خلف المجموعة الصغيرة.

La tienda de campaña había sido abandonada en Dyea para aligerar la carga.

لقد تم ترك الخيمة في دايا لتخفيف الحمل.

No les quedó más remedio que hacer el fuego sobre el propio hielo.

لم يكن أمامهم خيار سوى إشعال النار على الجليد نفسه.

Extendieron sus batas para dormir directamente sobre el lago helado.

قاموا بنشر أردية نومهم مباشرة على البحيرة المتجمدة.

Unos cuantos palitos de madera flotante les dieron un poco de fuego.

أعطتهم بضعة أعواد من الخشب الطافي القليل من النار.

Pero el fuego se construyó sobre el hielo y se descongeló a través de él.

لكن النار اشتعلت على الجليد، وذابت من خلاله.

Al final, estaban comiendo su cena en la oscuridad.

وفي النهاية كانوا يتناولون عشاءهم في الظلام.

Buck se acurrucó junto a la roca, protegido del viento frío.

انحنى باك بجانب الصخرة، محميًا من الرياح الباردة.

El lugar era tan cálido y seguro que Buck odiaba mudarse.

كان المكان دافئًا وآمنًا لدرجة أن باك كان يكره الانتقال بعيدًا.

Pero François había calentado el pescado y estaba repartiendo raciones.

لكن فرانسوا قام بتسخين الأسماك وقام بتوزيع الحصص.

Buck terminó de comer rápidamente y regresó a su cama.

انتهى باك من تناول الطعام بسرعة، وعاد إلى سريره.

Pero Spitz ahora estaba acostado donde Buck había hecho su cama.

لكن سبيتز كان مستلقيًا الآن حيث صنع باك سريره.

Un gruñido bajo advirtió a Buck que Spitz se negaba a moverse.

حذرت صرخة منخفضة باك من أن سبيتز رفض التحرك.

Hasta ahora, Buck había evitado esta pelea con Spitz.

حتى الآن، كان باك يتجنب هذه المعركة مع سبيتز.

Pero en lo más profundo de Buck la bestia finalmente se liberó.

ولكن في أعماق باك، انطلق الوحش أخيرًا.

El robo de su lugar para dormir era algo demasiado difícil de tolerar.

لقد كانت سرقة مكان نومه أمراً لا يطاق.

Buck se lanzó hacia Spitz, lleno de ira y rabia.

انقض باك على سبيتز، وكان مليئًا بالغضب والغضب.

Hasta ahora Spitz había pensado que Buck era sólo un perro grande.

حتى ذلك الوقت كان سبيتز يعتقد أن باك كان مجرد كلب كبير.

No creía que Buck hubiera sobrevivido a través de su espíritu.

لم يعتقد أن باك قد نجا من خلال روحه.

Esperaba miedo y cobardía, no furia y venganza.

كان يتوقع الخوف والجبن، وليس الغضب والانتقام.

François se quedó mirando mientras los dos perros salían del nido en ruinas.

حدق فرانسوا بينما خرج الكلبان من العش المدمر.

Comprendió de inmediato lo que había iniciado la salvaje lucha.

لقد فهم على الفور سبب بدء الصراع الوحشي.

—¡Ah! —gritó François en apoyo del perro marrón.

آه-آه. "صرخ فرانسوا دعماً للكلب البني."

¡Dale una paliza! ¡Por Dios, castiga a ese ladrón astuto!

"اضربوه. والله، عاقبوا هذا اللص الماكر."

Spitz mostró la misma disposición y un entusiasmo salvaje por luchar.

وأظهر سبيتز استعدادًا مماثلاً وحماسًا شديدًا للقتال.

Gritó de rabia mientras giraba rápidamente en busca de una abertura.

صرخ بغضب وهو يدور بسرعة، باحثًا عن فرصة.

Buck mostró el mismo hambre de luchar y la misma cautela.

وأظهر باك نفس الرغبة في القتال، ونفس الحذر.

También rodeó a su oponente, intentando obtener la ventaja en la batalla.

كما حاصر خصمه أيضًا، محاولًا كسب اليد العليا في المعركة.

Entonces sucedió algo inesperado y lo cambió todo.

ثم حدث شيء غير متوقع وغير كل شيء.

Ese momento retrasó la eventual lucha por el liderazgo.

لقد أدت تلك اللحظة إلى تأخير المعركة النهائية على القيادة.

Muchos kilómetros de camino y lucha aún nos esperaban antes del final.

لا تزال أميال عديدة من الطريق والنضال تنتظر قبل النهاية.

Perrault gritó un juramento cuando un garrote impactó contra el hueso.

صرخ بيرولت بقسم بينما كانت الهراوة تصطدم بالعظم.

Se escuchó un agudo grito de dolor y luego el caos explotó por todas partes.

تبع ذلك صرخة حادة من الألم، ثم انفجرت الفوضى في كل مكان.

En el campamento se movían figuras oscuras: perros esquimales salvajes, hambrientos y feroces.

تحركت الأشكال المظلمة في المخيم؛ كلاب الهاسكي البرية، الجائعة والشرسة.

Cuatro o cinco docenas de perros esquimales habían olfateado el campamento desde lejos.

كان هناك أربعة أو خمسة عشرات من الكلاب الهاسكي تشم المخيم من بعيد.

Se habían colado sigilosamente mientras los dos perros peleaban cerca.

لقد تسللوا بهدوء بينما كان الكلبان يتقاتلان في مكان قريب.

François y Perrault atacaron con garrotes a los invasores.

هاجم فرانسوا وبيرو الغزاة، ولوحوا بالهراوات في وجههم.

Los perros esquimales hambrientos mostraron los dientes y contraatacaron frenéticamente.

أظهرت الكلاب الهاسكي الجائعة أسنانها وقاتلت بشراسة.

El olor a carne y a pan les había hecho perder todo miedo.

لقد دفعتهم رائحة اللحوم والخبز إلى تجاوز كل الخوف.

Perrault golpeó a un perro que había enterrado su cabeza en el cajón de comida.

ضرب بيرولت كلبًا دفن رأسه في صندوق الطعام.

El golpe fue muy fuerte y la caja se volcó, derramándose comida.

كانت الضربة قوية، وانقلب الصندوق، وتناثر الطعام خارجه.

En cuestión de segundos, una veintena de bestias salvajes destrozaron el pan y la carne.

في ثوانٍ، هاجمت مجموعة من الوحوش البرية الخبز واللحم.

Los garrotes de los hombres asestaron golpe tras golpe, pero ningún perro se apartó.

وسددت أندية الرجال ضربة تلو الأخرى، لكن لم يتراجع أحد.

Aullaron de dolor, pero lucharon hasta que no quedó comida.

لقد صرخوا من الألم، لكنهم قاتلوا حتى لم يبق طعام.

Mientras tanto, los perros de trineo habían saltado de sus camas nevadas.

وفي هذه الأثناء، قفزت كلاب الزلاجات من أسرتها الثلجية.

Fueron atacados instantáneamente por los feroces y hambrientos huskies.

لقد تعرضوا على الفور لهجوم من قبل الكلاب الهاسكي الجائعة الشرسة.

Buck nunca había visto criaturas tan salvajes y hambrientas antes.

لم يسبق لباك أن رأى مثل هذه المخلوقات البرية والجائعة من قبل.

Su piel colgaba suelta, ocultando apenas sus esqueletos.

كانت جلودهم متدلية، بالكاد تخفي هياكلهم العظمية.

Había un fuego en sus ojos, de hambre y locura.

وكان في عيونهم نار من الجوع والجنون.

No había manera de detenerlos, de resistirse a su ataque salvaje.

لم يكن هناك ما يوقفهم، ولا ما يقاوم اندفاعهم الوحشي.

Los perros de trineo fueron empujados hacia atrás y presionados contra la pared del acantilado.

تم دفع كلاب الزلاجات إلى الخلف، وضغطها على جدار الجرف.

Tres perros esquimales atacaron a Buck a la vez, desgarrando su carne.

هاجم ثلاثة كلاب هاسكي باك في وقت واحد، وقاموا بتمزيق لحمه.

La sangre le brotaba de la cabeza y de los hombros, donde había recibido el corte.

تدفق الدم من رأسه وكتفيه حيث تم قطعه.

El ruido llenó el campamento: gruñidos, aullidos y gritos de dolor.

امتلأ المخيم بالضجيج؛ هدير، صراخ، وصراخ الألم.

Billee gritó fuerte, como siempre, atrapada en la pelea y el pánico.

بكت بيلي بصوت عالٍ، كعادتها، وهي عالقة في المعركة والذعر.

Dave y Solleks estaban uno al lado del otro, sangrando pero desafiantes.

كان ديف وسوليكس واقفين جنبًا إلى جنب، ينزفان ولكنهما متحدان.

Joe peleó como un demonio, mordiendo todo lo que se acercaba.

كان جو يقاتل مثل الشيطان، يعض أي شيء يقترب منه.

Aplastó la pata de un husky con un brutal chasquido de sus mandíbulas.

لقد سحق ساق الهاسكي بضربة وحشية من فكيه.

Pike saltó sobre el husky herido y le rompió el cuello instantáneamente.

قفز بايك على الهاسكي الجريح وكسر رقبته على الفور.

Buck agarró a un husky por el cuello y le arrancó la vena.

أمسك باك كلب الهاسكي من حلقه ومزقه من خلال الوريد.

La sangre salpicó y el sabor cálido llevó a Buck al frenesí.

تناثر الدم، والطعم الدافئ دفع باك إلى الجنون.

Se abalanzó sobre otro atacante sin dudarlo.

ألقى بنفسه على مهاجم آخر دون تردد.

En ese mismo momento, unos dientes afilados se clavaron en la garganta de Buck.

وفي نفس اللحظة، حفرت أسنان حادة في حلق باك.

Spitz había atacado desde un costado, sin previo aviso.

لقد ضرب سبيتز من الجانب، مهاجمًا دون سابق إنذار.

Perrault y François habían derrotado a los perros robando la comida.

تمكن بيرولت وفرانسوا من هزيمة الكلاب التي كانت تسرق الطعام.

Ahora se apresuraron a ayudar a sus perros a luchar contra los atacantes.

والآن سارعوا لمساعدة كلابهم في محاربة المهاجمين.

Los perros hambrientos se retiraron mientras los hombres blandían sus garrotes.

تراجعت الكلاب الجائعة بينما كان الرجال يهزون هراواتهم.

Buck se liberó del ataque, pero el escape fue breve.

تمكّن باك من الهروب من الهجوم، لكن الهروب كان قصيرًا.

Los hombres corrieron a salvar a sus perros, y los huskies volvieron a atacarlos.

ركض الرجال لإنقاذ كلابهم، وهاجمتهم الكلاب الهاسكي مرة أخرى.

Billee, aterrorizado y valiente, saltó hacia la jauría de perros.

بيلي، خائفًا من الشجاعة، قفز إلى مجموعة الكلاب.

Pero luego huyó a través del hielo, presa del terror y el pánico.

لكن بعد ذلك هرب عبر الجليد، في حالة من الرعب والذعر.

Pike y Dub los siguieron de cerca, corriendo para salvar sus vidas.

وتبعهما بايك ودب عن كثب، يركضان لإنقاذ حياتهما.

El resto del equipo se separó y se dispersó, siguiéndolos.

بقية الفريق انكسر وتشتت، وتبعهم.

Buck reunió sus fuerzas para correr, pero entonces vio un destello.

جمع باك قوته للركض، ولكن بعد ذلك رأى وميضًا.

Spitz se abalanzó sobre el costado de Buck, intentando derribarlo al suelo.

انقض سبيتز على جانب باك، محاولاً إسقاطه على الأرض.

Bajo esa turba de perros esquimales, Buck no habría tenido escapatoria.

تحت هذا الحشد من الكلاب الهاسكي، لم يكن لدى باك أي فرصة للهروب.

Pero Buck se mantuvo firme y se preparó para el golpe de Spitz.

لكن باك صمد وقاوم الضربة التي وجهها له سبيتز.

Luego se dio la vuelta y salió corriendo al hielo con el equipo que huía.

ثم استدار وركض إلى الجليد مع الفريق الهارب.

Más tarde, los nueve perros de trineo se reunieron al abrigo del bosque.

وفي وقت لاحق، تجمعت الكلاب التسعة في ملجأ الغابة.

Ya nadie los perseguía, pero estaban maltratados y heridos.

لم يعد أحد يطاردهم، لكنهم تعرضوا للضرب والجرح.

Cada perro tenía heridas: cuatro o cinco cortes profundos en cada cuerpo.

كان لدى كل كلب جروح؛ أربعة أو خمسة جروح عميقة في كل جسم.

Dub tenía una pata trasera herida y ahora le costaba caminar.

كان لدى داب إصابة في ساقه الخلفية وكان يكافح من أجل المشي الآن.

Dolly, la perrita más nueva de Dyea, tenía la garganta cortada.

دوللي، أحدث كلب من دايا، أصيب بجرح في الحلق.

Joe había perdido un ojo y la oreja de Billee estaba cortada en pedazos.

لقد فقد جو إحدى عينيه، وقُطعت أذن بيلي إلى قطع.

Todos los perros lloraron de dolor y derrota durante toda la noche.

بكت كل الكلاب من الألم والهزيمة طوال الليل.

Al amanecer regresaron al campamento doloridos y destrozados.

وعند الفجر، تسللوا عائدين إلى المخيم، متألمين ومكسورين.

Los perros esquimales habían desaparecido, pero el daño ya estaba hecho.

لقد اختفت الكلاب الهاسكي، لكن الضرر كان قد وقع.

Perrault y François estaban de mal humor ante las ruinas.

كان بيرولت وفرانسوا واقفين في مزاج سيئ فوق الأنقاض.

La mitad de la comida había desaparecido, robada por los ladrones hambrientos.

لقد اختفى نصف الطعام، وسرقه اللصوص الجائعون.

Los perros esquimales habían destrozado las ataduras y la lona del trineo.

لقد مزقت الكلاب الهاسكي أربطة الزلاجات والقماش.

Todo lo que tenía olor a comida había sido devorado por completo.

لقد تم التهام أي شيء له رائحة الطعام بالكامل.

Se comieron un par de botas de viaje de piel de alce de Perrault.

لقد أكلوا زوجًا من أحذية السفر المصنوعة من جلد الموظ الخاصة بـ بيرولت.

Masticaban correas de cuero y arruinaban las correas hasta dejarlas inservibles.

لقد قاموا بمضغ الريس الجلدي وإتلاف الأشرطة حتى أصبحت غير صالحة للاستخدام.

François dejó de mirar el látigo roto para revisar a los perros.

توقف فرانسوا عن النظر إلى الرموش الممزقة للتحقق من الكلاب.

—Ah, amigos míos —dijo en voz baja y llena de preocupación.

آه، أصدقائي، "قال بصوت منخفض ومليء بالقلق."

"Tal vez todas estas mordeduras os conviertan en bestias locas."

"ربما كل هذه اللدغات سوف تحولك إلى وحوش مجنونة."

—¡Quizás todos sean perros rabiosos, sacredam! ¿Qué opinas, Perrault?

ربما كل الكلاب المسعورة، يا إلهي. ما رأيك يا بيرولت؟

Perrault meneó la cabeza; sus ojos estaban oscuros por la preocupación y el miedo.

هز بيرولت رأسه، وكانت عيناه مظلمتين بالقلق والخوف.

Todavía había cuatrocientas millas entre ellos y Dawson.

لا يزال هناك أربعمائة ميل بينهم وبين داوسون.

La locura canina ahora podría destruir cualquier posibilidad de supervivencia.

جنون الكلب الآن قد يدمر أي فرصة للبقاء على قيد الحياة.

Pasaron dos horas maldiciendo y tratando de arreglar el engranaje.

لقد أمضوا ساعتين في الشتائم ومحاولة إصلاح المعدات.

El equipo herido finalmente abandonó el campamento, destrozado y derrotado.

وأخيراً غادر الفريق الجريح المعسكر مكسوراً ومهزوماً.

Éste fue el camino más difícil hasta ahora y cada paso era doloroso.

لقد كان هذا هو الطريق الأصعب حتى الآن، وكل خطوة كانت مؤلمة.

El río Treinta Millas no se había congelado y su caudal corría con fuerza.

لم يتجمد نهر الثلاثين ميلاً، وكان يتدفق بعنف.

Sólo en los lugares tranquilos y en los remolinos el hielo logró retenerse.

لم يتمكن الجليد من الصمود إلا في الأماكن الهادئة والتيارات الدوامية.

Pasaron seis días de duro trabajo hasta recorrer las treinta millas.

لقد مرت ستة أيام من العمل الشاق حتى تم قطع الثلاثين ميلاً.

Cada kilómetro del camino traía consigo peligro y amenaza de muerte.

كان كل ميل من الطريق يحمل خطرًا وتهديدًا بالموت.

Los hombres y los perros arriesgaban sus vidas con cada doloroso paso.

لقد خاطر الرجال والكلاب بحياتهم مع كل خطوة مؤلمة.

Perrault rompió delgados puentes de hielo una docena de veces diferentes.

نجح بيرولت في اختراق الجسور الجليدية الرقيقة عشرات المرات المختلفة.

Llevó un palo y lo dejó caer sobre el agujero que había hecho su cuerpo.

حمل عمودًا وتركه يسقط على الحفرة التي صنعها جسده.

Más de una vez ese palo salvó a Perrault de ahogarse.

لقد أنقذ هذا العمود بيرولت من الغرق أكثر من مرة.

La ola de frío se mantuvo firme y el aire estaba a cincuenta grados bajo cero.

ظلت موجة البرد قوية، وكانت درجة حرارة الهواء خمسين درجة تحت الصفر.

Cada vez que se caía, Perrault tenía que encender un fuego para sobrevivir.

في كل مرة كان يسقط فيها، كان على بيرولت أن يشعل النار ليتمكن من البقاء على قيد الحياة.

La ropa mojada se congelaba rápidamente, por lo que la secaba cerca del calor abrasador.

تجمدت الملابس المبللة بسرعة، لذا قام بتجفيفها بالقرب من الحرارة الشديدة.

Ningún miedo afectó jamás a Perrault, y eso lo convirtió en mensajero.

لم يكن الخوف يمس بيرولت على الإطلاق، وهذا ما جعله رسولاً.

Fue elegido para el peligro y lo afrontó con tranquila resolución.

لقد تم اختياره لمواجهة الخطر، وقابله بهدوء وتصميم.

Avanzó contra el viento, con el rostro arrugado y congelado.

تقدم للأمام في مواجهة الريح، وكان وجهه المتجعد مغطى بالصقيع.

Desde el amanecer hasta el anochecer, Perrault los condujo hacia adelante.

من الفجر الخافت حتى حلول الليل، قادهم بيرولت إلى الأمام.

Caminó sobre un estrecho borde de hielo que se agrietaba con cada paso.

كان يمشي على حافة الجليد الضيقة التي كانت تتشقق مع كل خطوة.

No se atrevieron a detenerse: cada pausa suponía el riesgo de un colapso mortal.

لم يجرؤوا على التوقف ـ كل توقف كان يهدد بانهيار مميت.

Una vez, el trineo se abrió paso y arrastró a Dave y Buck.

في إحدى المرات، اخترقت الزلاجة الطريق، وسحبت ديف وبوك إلى الداخل.

Cuando los liberaron, ambos estaban casi congelados.

بحلول الوقت الذي تم فيه سحبهما بحرية، كان كلاهما متجمدين تقريبًا.

Los hombres hicieron un fuego rápidamente para mantener con vida a Buck y Dave.

قام الرجال بإشعال النار بسرعة لإبقاء باك وديف على قيد الحياة.

Los perros estaban cubiertos de hielo desde la nariz hasta la cola, rígidos como madera tallada.

كانت الكلاب مغطاة بالجليد من الأنف إلى الذيل، صلبة مثل الخشب المنحوت.

Los hombres los hicieron correr en círculos cerca del fuego para descongelar sus cuerpos.

قام الرجال بتدويرهم في دوائر بالقرب من النار لتذويب أجسادهم.

Se acercaron tanto a las llamas que su pelaje se quemó.

لقد اقتربوا من النيران لدرجة أن فرائهم احترق.

Luego Spitz rompió el hielo y arrastró al equipo detrás de él.

ثم اخترق سبيتز الجليد، وسحب الفريق خلفه.

La ruptura llegó hasta donde Buck estaba tirando.

وصل الكسر إلى كل الطريق حتى حيث كان باك يسحب.

Buck se reclinó con fuerza hacia atrás, sus patas resbalaron y temblaron en el borde.

انحنى باك إلى الخلف بقوة، وكانت كفوفه تنزلق وترتجف على الحافة.

Dave también se esforzó hacia atrás, justo detrás de Buck en la línea.

كما بذل ديف جهدًا كبيرًا في التراجع إلى الخلف، خلف باك مباشرة على الخط.

François tiró del trineo; sus músculos crujían por el esfuerzo.

سحب فرانسوا الزلاجة، وكانت عضلاته تتكسر من شدة الجهد.

En otra ocasión, el borde del hielo se agrietó delante y detrás del trineo.

في مرة أخرى، تصدع الجليد على الحافة أمام الزلاجة وخلفها.

No tenían otra salida que escalar una pared del acantilado congelado.

لم يكن لديهم أي وسيلة للخروج سوى تسلق جدار الجرف المتجمد.

De alguna manera Perrault logró escalar el muro; un milagro lo mantuvo con vida.

تمكن بيرولت بطريقة ما من تسلق الجدار؛ وأبقته معجزة على قيد الحياة.

François se quedó abajo, rezando por tener la misma suerte.

وبقي فرانسوا في الأسفل، وهو يصلي من أجل نفس النوع من الحظ.

Ataron todas las correas, amarres y tirantes hasta formar una cuerda larga.

قاموا بربط كل حزام، وربط، وأثر في حبل واحد طويل.

Los hombres subieron cada perro, uno a uno, hasta la cima.

سحب الرجال كل كلب على حدة إلى الأعلى.

François subió el último, después del trineo y toda la carga.

تسلق فرانسوا أخيرًا، بعد الزلاجة والحمولة بأكملها.

Entonces comenzó una larga búsqueda de un camino para bajar de los acantilados.

ثم بدأ بحث طويل عن طريق للنزول من المنحدرات.

Finalmente descendieron usando la misma cuerda que habían hecho.

نزلوا أخيرا باستخدام نفس الحبل الذي صنعوه.

La noche cayó cuando regresaron al lecho del río, exhaustos y doloridos.

حل الليل عندما عادوا إلى مجرى النهر، مرهقين ومتألمين.

El día completo les había proporcionado sólo un cuarto de milla de ganancia.

لقد حصلوا على ربع ميل فقط من المكسب خلال اليوم الكامل.

Cuando llegaron a Hootalinqua, Buck estaba agotado.

بحلول الوقت الذي وصلوا فيه إلى هوتالينكوا، كان باك مرهقًا.

Los demás perros sufrieron igual de mal las condiciones del sendero.

عانت الكلاب الأخرى بنفس القدر من سوء حالة الطريق.

Pero Perrault necesitaba recuperar tiempo y los presionaba cada día.

لكن بيرولت كان بحاجة إلى استعادة الوقت، وضغط عليهم كل يوم.

El primer día viajaron treinta millas hasta Big Salmon.

في اليوم الأول سافروا مسافة ثلاثين ميلاً إلى بيج سالمون.

Al día siguiente viajaron treinta y cinco millas hasta Little Salmon.

وفي اليوم التالي سافروا خمسة وثلاثين ميلاً إلى ليتل سالمون.

Al tercer día avanzaron a través de cuarenta largas y heladas millas.

وفي اليوم الثالث، تمكنوا من قطع مسافة أربعين ميلاً متجمداً.

Para entonces, se estaban acercando al asentamiento de Five Fingers.

وبحلول ذلك الوقت، كانوا يقتربون من مستوطنة فايف فينجرز.

Los pies de Buck eran más suaves que los duros pies de los huskies nativos.

كانت أقدام باك أكثر نعومة من أقدام الكلاب الهاسكي الأصلية الصلبة.

Sus patas se habían vuelto tiernas a lo largo de muchas generaciones civilizadas.

لقد أصبحت أقدامه رقيقة على مر الأجيال المتحضرة.

Hace mucho tiempo, sus antepasados habían sido domesticados por hombres del río o cazadores.

منذ زمن بعيد، تم ترويض أسلافه من قبل رجال النهر أو الصيادين.

Todos los días Buck cojeaba de dolor, caminando sobre sus patas doloridas y en carne viva.

كان باك يعرج كل يوم من الألم، ويمشي على أقدامه الخام المؤلمة.

En el campamento, Buck cayó como un cuerpo sin vida sobre la nieve.

في المخيم، سقط باك مثل جسد بلا حياة على الثلج.

Aunque estaba hambriento, Buck no se levantó a comer su cena.

على الرغم من الجوع، لم ينهض باك لتناول وجبة العشاء.

François le trajo a Buck su ración, poniendo pescado junto a su hocico.

أحضر فرانسوا لبوك حصته من السمك، ووضعه على فمه.

Cada noche, el conductor frotaba los pies de Buck durante media hora.

كل ليلة كان السائق يدلك قدمي باك لمدة نصف ساعة.

François incluso cortó sus propios mocasines para hacer calzado para perros.

حتى أن فرانسوا قام بتقطيع أحذية الموكاسين الخاصة به لصنع أحذية للكلاب.

Cuatro zapatos cálidos le dieron a Buck un gran y bienvenido alivio.

أربعة أحذية دافئة منحت باك راحة كبيرة ومرحب بها.

Una mañana, François olvidó los zapatos y Buck se negó a levantarse.

في صباح أحد الأيام، نسي فرانسوا الأحذية، ورفض باك النهوض.

Buck yacía de espaldas, con los pies en el aire, agitándolos lastimeramente.

استلقى باك على ظهره، وقدميه في الهواء، ولوح بهما بشكل مثير للشفقة.

Incluso Perrault sonrió al ver la dramática súplica de Buck.

حتى بيرولت ابتسم عندما رأى نداء باك الدرامي.

Pronto los pies de Buck se endurecieron y los zapatos pudieron desecharse.

وسرعان ما أصبحت أقدام باك قاسية، وأصبح من الممكن التخلص من الأحذية.

En Pelly, durante el periodo de uso del arnés, Dolly emitió un aullido terrible.

في بيلي، أثناء وقت التسخير، أطلقت دوللي عواءً مروعًا.

El grito fue largo y lleno de locura, sacudiendo a todos los perros.

كانت الصرخة طويلة ومليئة بالجنون، تهز كل كلب.

Cada perro se erizaba de miedo sin saber el motivo.

كان كل كلب يشعر بالخوف دون أن يعرف السبب.

Dolly se volvió loca y se arrojó directamente hacia Buck.

لقد جن جنون دوللي وألقت بنفسها على باك مباشرة.

Buck nunca había visto la locura, pero el horror llenó su corazón.

لم يرى باك الجنون أبدًا، لكن الرعب ملأ قلبه.

Sin pensarlo, se dio la vuelta y huyó presa del pánico absoluto.

وبدون تفكير، استدار وهرب في حالة من الذعر المطلق.

Dolly lo persiguió con los ojos desorbitados y la saliva saliendo de sus mandíbulas.

طاردته دوللي، وكانت عيناها متوحشتين، وكان اللعاب يطير من فكيها۔

Ella se mantuvo justo detrás de Buck, sin ganar terreno ni quedarse atrás.

لقد بقيت خلف باك مباشرة، ولم تكسب أبدًا ولم تتراجع أبدًا۔

Buck corrió a través del bosque, bajó por la isla y cruzó el hielo irregular.

ركض باك عبر الغابات، أسفل الجزيرة، عبر الجليد المتعرج۔

Cruzó hacia una isla, luego hacia otra, dando la vuelta nuevamente hasta el río.

عبر إلى جزيرة، ثم إلى أخرى، ثم عاد في اتجاه النهر۔

Aún así Dolly lo persiguió, con su gruñido detrás de cada paso.

لا تزال دوللي تطارده، وهديرها قريب من خلفه في كل خطوة۔

Buck podía oír su respiración y su rabia, aunque no se atrevía a mirar atrás.

كان باك يستطيع سماع أنفاسها وغضبها، على الرغم من أنه لم يجرؤ على النظر إلى الوراء۔

François gritó desde lejos y Buck se giró hacia la voz.

صرخ فرانسوا من بعيد، والتفت باك نحو الصوت۔

Todavía jadeando en busca de aire, Buck pasó corriendo, poniendo toda su esperanza en François.

مازال يلهث لالتقاط أنفاسه، ركض باك، واضعًا كل أمله في فرانسوا۔

El conductor del perro levantó un hacha y esperó mientras Buck pasaba volando.

رفع سائق الكلب فأسًا وانتظر بينما طار باك۔

El hacha cayó rápidamente y golpeó la cabeza de Dolly con una fuerza mortal.

نزل الفأس بسرعة وضرب رأس دوللي بقوة مميتة۔

Buck se desplomó cerca del trineo, jadeando e incapaz de moverse.

انهار باك بالقرب من الزلاجة، وكان يلهث وغير قادر على الحركة۔

Ese momento le dio a Spitz la oportunidad de golpear a un enemigo exhausto.

أعطت تلك اللحظة لسبيتز فرصته لضرب عدو منهك۔

Mordió a Buck dos veces, desgarrando la carne hasta el hueso blanco.

لقد عض باك مرتين، مما أدى إلى تمزيق لحمه حتى العظم الأبيض۔

El látigo de François hizo chasquear el látigo y golpeó a Spitz con toda su fuerza y furia.

انطلق سوط فرانسوا، وضرب سبيتز بقوة شديدة وعنيفة.

Buck observó con alegría cómo Spitz recibía la paliza más dura que había recibido hasta entonces.

كان باك يراقب بفرح بينما تلقى سبيتز أقسى الضربات التي تلقاها حتى الآن.

"Es un demonio ese Spitz", murmuró Perrault para sí mismo.

إنه شيطان، ذلك سبيتز، "تمتم بيرولت في نفسه بصوت قاتم."

"Algún día, ese maldito perro matará a Buck, lo juro".

"في يوم قريب، سوف يقتل هذا الكلب الملعون باك ـ أقسم بذلك."

—Ese Buck tiene dos demonios dentro —respondió François asintiendo.

هذا باك لديه شيطانان بداخله"، أجاب فرانسوا مع إيماءة."

"Cuando veo a Buck, sé que algo feroz le aguarda dentro".

"عندما أشاهد باك، أعلم أن هناك شيئًا شرسًا ينتظره."

"Un día se pondrá furioso y destrozará a Spitz".

"في يوم من الأيام، سوف يجن جنونه كالنار ويمزق سبيتز إلى أشلاء."

"Masticará a ese perro y lo escupirá en la nieve congelada".

"سيقوم بمضغ هذا الكلب وبصقه على الثلج المتجمد."

"Estoy seguro de que lo sé en lo más profundo de mi ser".

"من المؤكد أنني أعرف هذا في أعماق عظامي."

A partir de ese momento los dos perros quedaron en guerra.

منذ تلك اللحظة، أصبح الكلبان في حالة حرب.

Spitz lideró al equipo y mantuvo el poder, pero Buck lo desafió.

كان سبيتز قائدًا للفريق ويحتفظ بالسلطة، لكن باك تحدى ذلك.

Spitz vio su rango amenazado por este extraño extraño de Southland.

رأى سبيتز أن رتبته مهددة من قبل هذا الغريب من ساوثلاند.

Buck no se parecía a ningún otro perro sureño que Spitz hubiera conocido antes.

كان باك مختلفًا عن أي كلب جنوبي عرفه سبيتز من قبل.

La mayoría de ellos fracasaron: eran demasiado débiles para sobrevivir al frío y al hambre.

لقد فشل معظمهم ـ كانوا ضعفاء للغاية لدرجة أنهم لم يتمكنوا من العيش في البرد والجوع.

Murieron rápidamente bajo el trabajo, las heladas y el lento ardor del hambre.

لقد ماتوا بسرعة بسبب العمل، والصقيع، والحرق البطيء للمجاعة.

Buck se destacó: cada día más fuerte, más inteligente y más salvaje.

لقد كان باك يقف منفردًا ـ أقوى وأذكى وأكثر وحشية كل يوم.

Prosperó a pesar de las dificultades y creció hasta alcanzar el nivel de los perros esquimales del norte.

لقد ازدهر في ظل المشقة، ونما ليصبح منافسًا لكلاب الهاسكي الشمالية.

Buck tenía fuerza, habilidad salvaje y un instinto paciente y mortal.

كان باك يتمتع بالقوة والمهارة البرية وغريزة قاتلة وصبر.

El hombre con el garrote había golpeado la temeridad de Buck.

لقد ضرب الرجل الذي يحمل النادي باك حتى خرج من حالة التهور.

La furia ciega desapareció y fue reemplazada por una astucia silenciosa y control.

لقد ذهب الغضب الأعمى، وتم استبداله بالمكر الهادئ والسيطرة.

Esperó, tranquilo y primario, observando el momento adecuado.

كان ينتظر بهدوء وتلقائية، يبحث عن اللحظة المناسبة.

Su lucha por el mando se hizo inevitable y clara.

لقد أصبح صراعهم على القيادة أمراً لا مفر منه وواضحاً.

Buck deseaba el liderazgo porque su espíritu lo exigía.

لقد رغب باك في القيادة لأن روحه طالبت بذلك.

Lo impulsaba el extraño orgullo nacido del camino y del arnés.

لقد كان مدفوعًا بالفخر الغريب الذي ولد من الدرب والحزام.

Ese orgullo hizo que los perros tiraran hasta caer sobre la nieve.

هذا الفخر جعل الكلاب تسحب نفسها حتى انهارت على الثلج.

El orgullo los llevó a dar toda la fuerza que tenían.

لقد أغرتهم الكبرياء بإعطاء كل القوة التي لديهم.

El orgullo puede atraer a un perro de trineo incluso hasta el punto de la muerte.

يمكن للكبرياء أن يغري كلب الزلاجة حتى الموت.

La pérdida del arnés dejó a los perros rotos y sin propósito.

فقدان الحزام يترك الكلاب مكسورة وبدون هدف.

El corazón de un perro de trineo puede quedar aplastado por la vergüenza cuando se retira.

يمكن أن يُسحق قلب كلب الزلاجة بالخجل عندما يتقاعد.

Dave vivió con ese orgullo mientras arrastraba el trineo desde atrás.

لقد عاش ديف بهذا الفخر بينما كان يسحب الزلاجة من الخلف.

Solleks también lo dio todo con fuerza y lealtad.

كما أعطى سوليكس كل ما لديه من قوة وإخلاص.

Cada mañana, el orgullo los transformaba de amargados a decididos.

في كل صباح، كان الكبرياء يحولهم من مريرين إلى مصممين.

Empujaron todo el día y luego se quedaron en silencio al final del campamento.

لقد دفعوا طوال اليوم، ثم ساد الصمت في نهاية المخيم.

Ese orgullo le dio a Spitz la fuerza para poner a raya a los evasores.

لقد أعطى هذا الكبرياء سبيتز القوة للتغلب على المتقاعسين.

Spitz temía a Buck porque Buck tenía ese mismo orgullo profundo.

كان سبيتز يخشى باك لأن باك كان يحمل نفس الفخر العميق.

El orgullo de Buck ahora se agitó contra Spitz, y no se detuvo.

لقد تحرك كبرياء باك الآن ضد سبيتز، ولم يتوقف.

Buck desafió el poder de Spitz y le impidió castigar a los perros.

تحدى باك قوة سبيتز ومنعه من معاقبة الكلاب.

Cuando otros fallaron, Buck se interpuso entre ellos y su líder.

عندما فشل الآخرون، تدخل باك بينهم وبين زعيمهم.

Lo hizo con intención, dejando claro y abierto su desafío.

لقد فعل ذلك عن قصد، مما جعل تحديه مفتوحًا وواضحًا.

Una noche, una fuerte nevada cubrió el mundo con un profundo silencio.

في إحدى الليالي، غطت الثلوج الكثيفة العالم بصمت عميق.

A la mañana siguiente, Pike, perezoso como siempre, no se levantó para ir a trabajar.

في صباح اليوم التالي، لم يستيقظ بايك للذهاب إلى العمل، كعادته، لأنه كان كسولاً.

Se quedó escondido en su nido bajo una gruesa capa de nieve.

لقد بقي مختبئًا في عشه تحت طبقة سميكة من الثلج.

François gritó y buscó, pero no pudo encontrar al perro.

نادى فرانسوا وبحث، لكنه لم يتمكن من العثور على الكلب.

Spitz se puso furioso y atravesó furioso el campamento cubierto de nieve.

لقد أصبح سبيتز غاضبًا واقتحم المخيم المغطى بالثلوج.

Gruñó y olfateó, cavando frenéticamente con ojos llameantes.

لقد هدّر وشمّ، وحفر بجنون مع عيون مشتعلة.

Su rabia era tan feroz que Pike tembló de miedo bajo la nieve.

كان غضبه شديدًا لدرجة أن بايك كان يرتجف تحت الثلج من الخوف.

Cuando finalmente encontraron a Pike, Spitz se abalanzó sobre él para castigar al perro que estaba escondido.

عندما تم العثور على بايك أخيرًا، انقض سبيتز لمعاقبة الكلب المختبئ.

Pero Buck saltó entre ellos con una furia igual a la de Spitz.

لكن باك اندفع بينهما بغضب مماثل لغضب سبيتز.

El ataque fue tan repentino e inteligente que Spitz cayó al suelo.

كان الهجوم مفاجئًا وذكيًا لدرجة أن سبيتز سقط على قدميه.

Pike, que estaba temblando, se animó ante este desafío.

لقد استمد بايك، الذي كان يرتجف، الشجاعة من هذا التحدي.

Saltó sobre el Spitz caído, siguiendo el audaz ejemplo de Buck.

لقد قفز على سبيتز الساقط، متبعًا مثال باك الجريء.

Buck, que ya no estaba obligado por la justicia, se unió a la huelga de Spitz.

انضم باك، الذي لم يعد ملزمًا بالعدالة، إلى الإضراب ضد سبيتز.

François, divertido pero firme en su disciplina, blandió su pesado látigo.

كان فرانسوا مسليًا ولكنه حازم في الانضباط، وهو يلوح بسوطه الثقيل.

Golpeó a Buck con todas sus fuerzas para acabar con la pelea.

ضرب باك بكل قوته لفض القتال.

Buck se negó a moverse y se quedó encima del líder caído.

رفض باك التحرك وبقي فوق الزعيم الساقط.

François entonces utilizó el mango del látigo y golpeó con fuerza a Buck.

ثم استخدم فرانسوا مقبض السوط، وضرب باك بقوة.

Tambaleándose por el golpe, Buck cayó hacia atrás bajo el asalto.

ترنح باك من الضربة، وسقط إلى الخلف تحت الهجوم.

François golpeó una y otra vez mientras Spitz castigaba a Pike.

ضرب فرانسوا مرارا وتكرارا بينما عاقب سبيتز بايك.

Pasaron los días y Dawson City estaba cada vez más cerca.

ومرت الأيام، وأصبحت مدينة داوسون أقرب فأقرب.

Buck seguía interfiriendo, interponiéndose entre Spitz y otros perros.

استمر باك في التدخل، والانزلاق بين سبيتز والكلاب الأخرى.

Elegía bien sus momentos, esperando siempre que François se marchase.

لقد اختار لحظاته جيدًا، وكان دائمًا ينتظر رحيل فرانسوا.

La rebelión silenciosa de Buck se extendió y el desorden se arraigó en el equipo.

انتشرت ثورة باك الهادئة، وترسخت الفوضى في الفريق.

Dave y Solleks se mantuvieron leales, pero otros se volvieron rebeldes.

ظل ديف وسوليكس مخلصين، لكن الآخرين أصبحوا غير منضبطين.

El equipo empeoró: se volvió inquieto, pendenciero y fuera de lugar.

أصبح الفريق أسوأ - مضطربًا، ومتشاجرًا، وخارجًا عن المسار.

Ya nada funcionaba con fluidez y las peleas se volvieron algo habitual.

لم يعد أي شيء يعمل بسلاسة، وأصبحت المعارك أمرًا شائعًا.

Buck permaneció en el corazón del problema, provocando siempre malestar.

وبقي باك في قلب المشكلة، مثيرًا للاضطرابات دائمًا.

François se mantuvo alerta, temeroso de la pelea entre Buck y Spitz.

ظل فرانسوا متيقظًا، خائفًا من القتال بين باك وسبيتز.

Cada noche, las peleas lo despertaban, temiendo que finalmente llegara el comienzo.

في كل ليلة، كانت المشاجرات توقظه، خوفًا من أن تكون البداية قد وصلت أخيرًا.

Saltó de su túnica, dispuesto a detener la pelea.

قفز من ردائه، مستعدًا لفض القتال.

Pero el momento nunca llegó y finalmente llegaron a Dawson.

ولكن اللحظة لم تأت أبدًا، ووصلوا إلى داوسون أخيرًا.

El equipo entró en la ciudad una tarde sombría, tensa y silenciosa.

دخل الفريق إلى المدينة في فترة ما بعد الظهيرة الكئيبة، وكان الجو متوترًا وهادئاً.

La gran batalla por el liderazgo todavía estaba suspendida en el aire.

لا تزال المعركة الكبرى على القيادة معلقة في الهواء المتجمد.

Dawson estaba lleno de hombres y perros de trineo, todos ocupados con el trabajo.

كانت داوسون مليئة بالرجال والكلاب المزلجة، وكان الجميع مشغولين بالعمل.

Buck observó a los perros tirar cargas desde la mañana hasta la noche.

كان باك يراقب الكلاب وهي تسحب الأحمال من الصباح حتى الليل.

Transportaban troncos y leña y transportaban suministros a las minas.

قاموا بنقل الأخشاب والحطب، ونقلوا الإمدادات إلى المناجم.

Donde antes trabajaban los caballos en las tierras del sur, ahora trabajaban los perros.

حيث كانت الخيول تعمل في السابق في منطقة الجنوب، أصبحت الكلاب تعمل الآن.

Buck vio algunos perros del sur, pero la mayoría eran huskies parecidos a lobos.

رأى باك بعض الكلاب من الجنوب، لكن معظمها كانت من نوع الهاسكي التي تشبه الذئاب.

Por la noche, como un reloj, los perros alzaban sus voces cantando.

في الليل، كالعادة، كانت الكلاب ترفع أصواتها بالغناء.

A las nueve, a las doce y de nuevo a las tres, empezó el canto.

وفي الساعة التاسعة، وفي منتصف الليل، ومرة أخرى في الساعة الثالثة، بدأ الغناء.

A Buck le encantaba unirse a su canto misterioso, de sonido salvaje y antiguo.

كان باك يحب الانضمام إلى ترانيمهم الغريبة، البرية والقديمة في الصوت.

La aurora llameó, las estrellas bailaron y la nieve cubrió la tierra.

اشتعلت الأضواء الشمالية، ورقصت النجوم، وغطى الثلج الأرض.

El canto de los perros se elevó como un grito contra el silencio y el frío intenso.

وارتفعت أغنية الكلاب كصرخة ضد الصمت والبرد القارس.

Pero su aullido contenía tristeza, no desafío, en cada larga nota.

لكن عواءهم كان يحمل الحزن، وليس التحدي، في كل نغمة طويلة.

Cada grito lamentable estaba lleno de súplica: el peso de la vida misma.

كانت كل صرخة عويل مليئة بالتوسل، وكان ذلك عبء الحياة نفسها.

Esa canción era vieja, más vieja que las ciudades y más vieja que los incendios.

كانت تلك الأغنية قديمة ـ أقدم من المدن، وأقدم من الحرائق.

Aquella canción era más antigua incluso que las voces de los hombres.

كانت تلك الأغنية أقدم حتى من أصوات الرجال.

Era una canción del mundo joven, cuando todas las canciones eran tristes.

كانت أغنية من عالم الشباب، عندما كانت كل الأغاني حزينة.

La canción transportaba el dolor de incontables generaciones de perros.

حملت الأغنية الحزن من أجيال لا تعد ولا تحصى من الكلاب.

Buck sintió la melodía profundamente, gimiendo por un dolor arraigado en los siglos.

أحس باك باللحن بعمق، وكان يتأوه من الألم المتجذر في العصور.

Sollozaba por un dolor tan antiguo como la sangre salvaje en sus venas.

لقد بكى من حزن قديم مثل الدم البري في عروقه.

El frío, la oscuridad y el misterio tocaron el alma de Buck.

لقد لمس البرد والظلام والغموض روح باك.

Esa canción demostró hasta qué punto Buck había regresado a sus orígenes.

لقد أثبتت هذه الأغنية مدى عودة باك إلى أصوله.

Entre la nieve y los aullidos había encontrado el comienzo de su propia vida.

ومن خلال الثلوج والعويل، وجد بداية حياته الخاصة.

Siete días después de llegar a Dawson, partieron nuevamente.

وبعد سبعة أيام من وصولهم إلى داوسون، انطلقوا مرة أخرى.

El equipo descendió del cuartel hasta el sendero Yukon.

نزل الفريق من الثكنات إلى طريق يوكون.

Comenzaron el viaje de regreso hacia Dyea y Salt Water.

بدأوا الرحلة عائدين نحو دايا والمياه المالحة.

Perrault llevaba despachos aún más urgentes que antes.

كان بيرولت يحمل رسائل أكثر إلحاحًا من ذي قبل.

También se sintió dominado por el orgullo por el sendero y se propuso establecer un récord.

وقد استولى عليه أيضًا كبرياء المسار وهدف إلى تسجيل رقم قياسي.

Esta vez, varias ventajas estaban del lado de Perrault.

هذه المرة، كانت هناك عدة مزايا لصالح بيرولت.

Los perros habían descansado durante una semana entera y recuperaron su fuerza.

لقد استراحت الكلاب لمدة أسبوع كامل واستعادت قوتها.

El camino que ellos habían abierto ahora estaba compactado por otros.

لقد كان الطريق الذي فتحوه الآن ممهداً من قبل الآخرين.

En algunos lugares, la policía había almacenado comida tanto para perros como para hombres.

وفي بعض الأماكن، قامت الشرطة بتخزين الطعام للكلاب والرجال على حد سواء.

Perrault viajaba ligero, moviéndose rápido y con poco que lo pesara.

كان بيرولت يسافر بخفة، ويتحرك بسرعة مع القليل من الأشياء التي تثقله.

Llegaron a Sixty-Mile, un recorrido de cincuenta millas, en la primera noche.

وصلوا إلى مسافة الستين ميلاً، وهي مسافة خمسين ميلاً، في الليلة الأولى.

El segundo día, se apresuraron a subir por el Yukón hacia Pelly.

وفي اليوم الثاني، سارعوا إلى يوكون باتجاه بيلي.

Pero estos grandes avances implicaron un gran esfuerzo para François.

لكن هذا التقدم الرائع جاء مصحوبًا بقدر كبير من الضغط على فرانسوا.

La rebelión silenciosa de Buck había destrozado la disciplina del equipo.

لقد أدى تمرد باك الهادئ إلى تحطيم انضباط الفريق.

Ya no tiraban juntos como una sola bestia bajo las riendas.

لم يعودوا متحدين مثل وحش واحد في اللجام.

Buck había llevado a otros al desafío mediante su valiente ejemplo.

لقد قاد باك الآخرين إلى التحدي من خلال مثاله الجريء.

La orden de Spitz ya no fue recibida con miedo ni respeto.

لم يعد أمر سبيتز يُقابل بالخوف أو الاحترام.

Los demás perdieron el respeto que le tenían y se atrevieron a resistirse a su gobierno.

لقد فقد الآخرون رهبتهم منه وتجرأوا على مقاومة حكمه.

Una noche, Pike robó medio pescado y se lo comió bajo la mirada de Buck.

في إحدى الليالي، سرق بايك نصف سمكة وأكلها تحت عين باك.

Otra noche, Dub y Joe pelearon contra Spitz y quedaron impunes.

في ليلة أخرى، خاض داب وجو معركة ضد سبيتز ولم يتعرضا للعقاب.

Incluso Billee se quejó con menos dulzura y mostró una nueva agudeza.

حتى بيلي أصبح يتذمر بشكل أقل حلاوة، وأظهر حدة جديدة.

Buck le gruñó a Spitz cada vez que se cruzaban.

كان باك يزأر في وجه سبيتز في كل مرة عبروا فيها مساراتهم.

La actitud de Buck se volvió audaz y amenazante, casi como la de un matón.

أصبح موقف باك جريئًا ومهددًا، تقريبًا مثل المتنمر.

Caminó delante de Spitz con arrogancia, lleno de amenaza burlona.

كان يسير جيئة وذهابا أمام سبيتز بتبختر، مليئا بالتهديد الساخر.

Ese colapso del orden se extendió también entre los perros de trineo.

وانتشر انهيار النظام أيضًا بين كلاب الزلاجات.

Pelearon y discutieron más que nunca, llenando el campamento de ruido.

لقد قاتلوا وتجادلوا أكثر من أي وقت مضى، مما ملأ المخيم بالضوضاء.

La vida en el campamento se convertía cada noche en un caos salvaje y aullante.

تحولت حياة المخيم إلى فوضى عارمة وصاخبة كل ليلة.

Sólo Dave y Solleks permanecieron firmes y concentrados.

فقط ديف وسوليكس بقيا ثابتين ومركزين.

Pero incluso ellos se enojaron por las peleas constantes.

ولكن حتى هم أصبحوا سريعي الانفعال بسبب المشاجرات المستمرة.

François maldijo en lenguas extrañas y pisoteó con frustración.

شتم فرانسوا بألسنة غريبة وداس على الأرض بإحباط.

Se tiró del pelo y gritó mientras la nieve volaba bajo sus pies.

مزق شعره وصرخ بينما كان الثلج يطير تحت قدميه.

Su látigo azotó a la manada, pero apenas logró mantenerlos bajo control.

انطلق سوطه عبر المجموعة لكنه بالكاد نجح في إبقاءهم في خط واحد.

Cada vez que él le daba la espalda, la lucha estallaba de nuevo.

كلما أدار ظهره اندلعت المعارك مرة أخرى.

François utilizó el látigo para azotar a Spitz, mientras Buck lideraba a los rebeldes.

استخدم فرانسوا السوط ضد سبيتز، بينما قاد باك المتمردين.

Cada uno conocía el papel del otro, pero Buck evitó cualquier culpa.

كان كل واحد منهما يعرف دور الآخر، لكن باك تجنب أي لوم.

François nunca sorprendió a Buck iniciando una pelea o eludiendo su trabajo.

لم يتمكن فرانسوا أبدًا من رؤية باك وهو يبدأ قتالًا أو يتهرب من وظيفته.

Buck trabajó duro con el arnés; el trabajo ahora emocionaba su espíritu.

كان باك يعمل بجد في السرج - وكان العمل الشاق الآن يثير روحه.

Pero encontró aún más alegría al provocar peleas y caos en el campamento.

ولكنه وجد متعة أكبر في إثارة المعارك والفوضى في المخيم.

Una noche, en la desembocadura del Tahkeena, Dub asustó a un conejo.

في أحد الأمسيات، عند فم تاكينا، فاجأ داب أرنبًا.

Falló el tiro y el conejo con raquetas de nieve saltó lejos.

لقد أخطأ في الصيد، وقفز أرنب الثلج بعيدًا.

En cuestión de segundos, todo el equipo de trineo los persiguió con gritos salvajes.

في ثوانٍ، قام فريق الزلاجات بأكمله بمطاردته مع صرخات برية.

Cerca de allí, un campamento de la Policía del Noroeste albergaba cincuenta perros husky.

وفي مكان قريب، كان معسكر شرطة الشمال الغربي يضم خمسين كلبًا من فصيلة الهاسكي.

Se unieron a la caza y navegaron juntos por el río helado.

انضموا إلى الصيد، واندفعوا معًا عبر النهر المتجمد.

El conejo se desvió del río y huyó hacia el lecho congelado del arroyo.

انحرف الأرنب عن النهر، وهرب إلى مجرى مائي متجمد.

El conejo saltaba suavemente sobre la nieve mientras los perros se abrían paso con dificultad.

قفز الأرنب بخفة فوق الثلج بينما كانت الكلاب تكافح من أجل العبور.

Buck lideró la enorme manada de sesenta perros en cada curva.

قاد باك المجموعة الضخمة المكونة من ستين كلبًا حول كل منعطف ملتوٍ.

Avanzó lentamente y con entusiasmo, pero no pudo ganar terreno.

لقد دفع إلى الأمام، منخفضًا ومتحمسًا، لكنه لم يتمكن من كسب الأرض.

Su cuerpo brillaba bajo la pálida luna con cada poderoso salto.

كان جسده يلمع تحت ضوء القمر الشاحب مع كل قفزة قوية.

Más adelante, el conejo se movía como un fantasma, silencioso y demasiado rápido para atraparlo.

أمامًا، كان الأرنب يتحرك مثل الشبح، صامتًا وسريعًا جدًا بحيث لا يمكن الإمساك به.

Todos esos viejos instintos —el hambre, la emoción— se apoderaron de Buck.

كل تلك الغرائز القديمة - الجوع، الإثارة - تسارعت في باك.

Los humanos a veces sienten este instinto y se ven impulsados a cazar con armas de fuego y balas.

يشعر البشر بهذه الغريزة في بعض الأحيان، مما يدفعهم إلى الصيد بالبنادق والرصاص.

Pero Buck sintió este sentimiento a un nivel más profundo y personal.

لكن باك شعر بهذا الشعور على مستوى أعمق وأكثر شخصية.

No podían sentir lo salvaje en su sangre como Buck podía sentirlo.

لم يتمكنوا من الشعور بالبرية في دمائهم بالطريقة التي شعر بها باك.

Persiguió carne viva, dispuesto a matar con los dientes y saborear la sangre.

كان يطارد اللحوم الحية، مستعدًا للقتل بأسنانه وتذوق الدم.

Su cuerpo se tensó de alegría, queriendo bañarse en la cálida vida roja.

كان جسده متوتراً من الفرح، راغباً في الاستحمام في حياة حمراء دافئة.

Una extraña alegría marca el punto más alto que la vida puede alcanzar.

فرحة غريبة تمثل أعلى نقطة يمكن أن تصل إليها الحياة على الإطلاق.

La sensación de una cima donde los vivos olvidan que están vivos.

شعور بالذروة حيث ينسى الأحياء أنهم على قيد الحياة.

Esta alegría profunda conmueve al artista perdido en una inspiración ardiente.

هذا الفرح العميق يلمس الفنان الضائع في الإلهام المشتعل.

Esta alegría se apodera del soldado que lucha salvajemente y no perdona a ningún enemigo.

هذه الفرحة تسيطر على الجندي الذي يقاتل بضراوة ولا يرحم أحداً من الأعداء.

Esta alegría ahora se apoderó de Buck mientras lideraba la manada con hambre primaria.

لقد استحوذ هذا الفرح الآن على باك عندما قاد المجموعة في الجوع البدائي.

Aulló con el antiguo grito del lobo, emocionado por la persecución en vida.

عوى بصرخة الذئب القديمة، منبهرًا بالمطاردة الحية.

Buck recurrió a la parte más antigua de sí mismo, perdida en la naturaleza.

استغل باك الجزء الأقدم من نفسه، المفقود في البرية.

Llegó a lo más profundo, más allá de la memoria, al tiempo crudo y antiguo.

لقد وصل إلى أعماق الذاكرة الماضية، إلى الزمن الخام القديم.

Una ola de vida pura recorrió cada músculo y tendón.

تدفقت موجة من الحياة النقية عبر كل عضلة ووتر.

Cada salto gritaba que vivía, que avanzaba a través de la muerte.

كل قفزة كانت تصرخ بأنه عاش، وأنه تحرك عبر الموت.

Su cuerpo se elevaba alegremente sobre una tierra quieta y fría que nunca se movía.

ارتفع جسده بفرح فوق أرض باردة ثابتة لا تتحرك أبدًا.

Spitz se mantuvo frío y astuto, incluso en sus momentos más salvajes.

ظل سبيتز باردًا وماكرًا، حتى في أكثر لحظاته جنونًا.

Dejó el sendero y cruzó el terreno donde el arroyo se curvaba ampliamente.

ترك المسار وعبر الأرض حيث انحنى الخور على نطاق واسع.

Buck, sin darse cuenta de esto, permaneció en el sinuoso camino del conejo.

لم يكن باك على علم بهذا، وبقي على المسار المتعرج للأرنب.

Entonces, cuando Buck dobló una curva, el conejo fantasmal estaba frente a él.

ثم، عندما انعطف باك حول المنعطف، كان الأرنب الشبح أمامه.

Vio una segunda figura saltar desde la orilla delante de la presa.

لقد رأى شخصية ثانية تقفز من البنك أمام الفريسة.

La figura era Spitz, aterrizando justo en el camino del conejo que huía.

كان هذا الشكل هو سبيتز، الذي هبط مباشرة في طريق الأرنب الهارب.

El conejo no pudo girar y se encontró con las fauces de Spitz en el aire.

لم يتمكن الأرنب من الدوران والتقى بفكي سبيتز في الهواء.

La columna vertebral del conejo se rompió con un chillido tan agudo como el grito de un humano moribundo.

انكسر عمود الأرنب الفقري مع صرخة حادة مثل صرخة إنسان يحتضر.

Ante ese sonido, la caída de la vida a la muerte, la manada aulló fuerte.

عند هذا الصوت ـ السقوط من الحياة إلى الموت ـ عوت المجموعة بصوت عالٍ.

Un coro salvaje se elevó detrás de Buck, lleno de oscuro deleite.

ارتفعت جوقة وحشية من خلف باك، مليئة بالبهجة المظلمة.

Buck no emitió ningún grito ni sonido y se lanzó directamente hacia Spitz.

لم يصدر باك أي صرخة أو صوت، واندفع مباشرة نحو سبيتز.

Apuntó a la garganta, pero en lugar de eso golpeó el hombro.

كان يهدف إلى الحلق، لكنه ضرب الكتف بدلا من ذلك.

Cayeron sobre la nieve blanda; sus cuerpos trabados en combate.

لقد تدحرجوا عبر الثلج الناعم، وكانت أجسادهم متشابكة في قتال.

Spitz se levantó rápidamente, como si nunca lo hubieran derribado.

قفز سبيتز بسرعة، كما لو أنه لم يُسقط على الإطلاق.

Cortó el hombro de Buck y luego saltó para alejarse de la pelea.

لقد قطع كتف باك، ثم قفز بعيدًا عن القتال.

Sus dientes chasquearon dos veces como trampas de acero y sus labios se curvaron y fueron feroces.

انكسرت أسنانه مرتين مثل مصائد الفولاذ، شفتيه ملتفة وشرسة.

Retrocedió lentamente, buscando terreno firme bajo sus pies.

تراجع ببطء، باحثًا عن أرض ثابتة تحت قدميه.

Buck comprendió el momento instantánea y completamente.

لقد فهم باك اللحظة على الفور وبشكل كامل.

Había llegado el momento; la lucha iba a ser una lucha a muerte.

لقد حان الوقت، وكان القتال سيكون قتالًا حتى الموت.

Los dos perros daban vueltas, gruñendo, con las orejas planas y los ojos entrecerrados.

كان الكلبان يدوران، وهما يزأران، وآذانهما مسطحة، وعيونهما ضيقة.

Cada perro esperaba que el otro mostrara debilidad o un paso en falso.

كان كل كلب ينتظر من الآخر أن يظهر الضعف أو الخطأ.

Para Buck, la escena era inquietantemente conocida y recordada profundamente.

بالنسبة لباك، كان المشهد يبدو مألوفًا بشكل مخيف ولا يزال في الذاكرة بعمق.

El bosque blanco, la tierra fría, la batalla bajo la luz de la luna.

الغابات البيضاء، والأرض الباردة، والمعركة تحت ضوء القمر.

Un pesado silencio llenó la tierra, profundo y antinatural.

ملأ صمت ثقيل الأرض، عميق وغير طبيعي.

Ningún viento se agitó, ninguna hoja se movió, ningún sonido rompió la quietud.

لم تحرك الرياح، ولم تتحرك الأوراق، ولم يكسر الصمت أي صوت.

El aliento de los perros se elevaba como humo en el aire helado y silencioso.

ارتفعت أنفاس الكلاب مثل الدخان في الهواء المتجمد والهادئ.

El conejo fue olvidado hace mucho tiempo por la manada de bestias salvajes.

لقد نسي قطيع الوحوش البرية الأرنب منذ زمن طويل.

Estos lobos medio domesticados ahora permanecían quietos formando un amplio círculo.

الآن، وقفت هذه الذئاب نصف المروضة في دائرة واسعة.

Estaban en silencio, sólo sus ojos brillantes revelaban su hambre.

لقد كانوا هادئين، فقط عيونهم المتوهجة كشفت عن جوعهم.

Su respiración se elevó mientras observaban cómo comenzaba la pelea final.

ارتفع أنفاسهم إلى الأعلى، وهم يشاهدون بداية القتال النهائي.

Para Buck, esta batalla era vieja y esperada, nada extraña.

بالنسبة لباك، كانت هذه المعركة قديمة ومتوقعة، وليست غريبة على
الإطلاق.

Parecía el recuerdo de algo que siempre estuvo destinado a
suceder.

لقد شعرت وكأنها ذكرى لشيء كان من المفترض أن يحدث دائمًا.

Spitz era un perro de pelea entrenado, perfeccionado por
innumerables peleas salvajes.

كان سبيتز كلبًا مدربًا على القتال، وتم صقل مهاراته من خلال المشاركة
في عدد لا يحصى من المعارك البرية.

Desde Spitzbergen hasta Canadá, había vencido a muchos
enemigos.

من سبيتسبيرجن إلى كندا، كان قد تغلب على العديد من الأعداء.

Estaba lleno de furia, pero nunca dejó controlar la rabia.

لقد كان مليئًا بالغضب، لكنه لم يسمح أبدا بالسيطرة على الغضب.

Su pasión era aguda, pero siempre templada por un duro
instinto.

لقد كان شغفه حادًا، لكنه كان دائمًا مخففًا بالغريزة القاسية.

Nunca atacó hasta que su propia defensa estuvo en su lugar.

لم يهاجم أبدًا حتى أصبح دفاعه جاهزًا.

Buck intentó una y otra vez alcanzar el vulnerable cuello de
Spitz.

حاول باك مرارا وتكرارا الوصول إلى رقبة سبيتز الضعيفة.

Pero cada golpe era correspondido con un corte de los
afilados dientes de Spitz.

لكن كل ضربة قوبلت بضربة من أسنان سبيتز الحادة.

Sus colmillos chocaron y ambos perros sangraron por los
labios desgarrados.

تصادمت أنيابهما، وسقطت الدماء من شفتيهما الممزقتين.

No importaba cuánto se lanzara Buck, no podía romper la
defensa.

بغض النظر عن الطريقة التي انقض بها باك، فإنه لم يتمكن من اختراق
الدفاع.

Se puso más furioso y se abalanzó con salvajes ráfagas de
poder.

لقد أصبح أكثر غضبًا، واندفع نحوها بدفعات جامحة من القوة.

Una y otra vez, Buck atacó la garganta blanca de Spitz.

مرة تلو الأخرى، ضرب باك الحلق الأبيض لسبيتز.

Cada vez que Spitz esquivaba el ataque, contraatacaba con un mordisco cortante.

في كل مرة كان سبيتز يتجنب ويضرب بقوة.

Entonces Buck cambió de táctica y se abalanzó nuevamente hacia la garganta.

ثم غيّر باك تكتيكاته، واندفع كما لو كان يتجه نحو الحلق مرة أخرى.

Pero él retrocedió a mitad del ataque y se giró para atacar desde un costado.

ولكنه تراجع في منتصف الهجوم، وتحول لضرب من الجانب.

Le lanzó el hombro a Spitz con la intención de derribarlo.

ألقى بكتفه على سبيتز، بهدف إسقاطه.

Cada vez que lo intentaba, Spitz lo esquivaba y contraatacaba con un corte.

في كل مرة حاول فيها، كان سبيتز يتفادى الهجوم ويرد بضربة.

El hombro de Buck se enrojeció cuando Spitz saltó después de cada golpe.

أصبح كتف باك خامًا عندما قفز سبيتز بوضوح بعد كل ضربة.

Spitz no había sido tocado, mientras que Buck sangraba por muchas heridas.

لم يتأثر سبيتز، في حين كان باك ينزف من العديد من الجروح.

La respiración de Buck era rápida y pesada y su cuerpo estaba cubierto de sangre.

كان أنفاس باك سريعة وثقيلة، وكان جسده زلقًا بالدماء.

La pelea se volvió más brutal con cada mordisco y embestida.

أصبح القتال أكثر وحشية مع كل عضة وهجمة.

A su alrededor, sesenta perros silenciosos esperaban que cayera el primero.

حولهم، كان هناك ستون كلبًا صامتًا ينتظرون السقوط الأول.

Si un perro caía, la manada terminaría la pelea.

إذا سقط كلب واحد، فإن المجموعة سوف تنهي القتال.

Spitz vio que Buck se estaba debilitando y comenzó a presionar para atacar.

رأى سبيتز أن باك أصبح ضعيفًا، وبدأ في الضغط على الهجوم.

Mantuvo a Buck fuera de equilibrio, obligándolo a luchar para mantener el equilibrio.

لقد أبقى باك خارج التوازن، مما أجبره على القتال من أجل موطئ قدم.

Una vez Buck tropezó y cayó, y todos los perros se levantaron.

في إحدى المرات، تعثر باك وسقط، فنهضت كل الكلاب.

Pero Buck se enderezó a mitad de la caída y todos volvieron a caer.

لكن باك استعاد توازنه في منتصف السقوط، وسقط الجميع إلى الأسفل.

Buck tenía algo poco común: una imaginación nacida de un instinto profundo.

كان لدى باك شيئًا نادرًا ـ الخيال المولود من غريزة عميقة.

Peleó con impulso natural, pero también peleó con astucia.

لقد قاتل بدافع طبيعي، لكنه قاتل أيضًا بالمكر.

Cargó de nuevo como si repitiera su truco de ataque con el hombro.

لقد هاجم مرة أخرى كما لو كان يكرر خدعة هجوم كتفه.

Pero en el último segundo, se agachó y pasó por debajo de Spitz.

ولكن في اللحظة الأخيرة، هبط إلى مستوى منخفض وحلق تحت سبيتز.

Sus dientes se clavaron en la pata delantera izquierda de Spitz con un chasquido.

انغلقت أسنانه على الساق اليسرى الأمامية لسبيتز بقوة.

Spitz ahora estaba inestable, con su peso sobre sólo tres patas.

أصبح سبيتز الآن غير مستقر، وكان وزنه يعتمد على ثلاث أرجل فقط.

Buck atacó de nuevo e intentó derribarlo tres veces.

ضرب باك مرة أخرى، وحاول ثلاث مرات إسقاطه.

En el cuarto intento utilizó el mismo movimiento con éxito.

وفي المحاولة الرابعة استخدم نفس الحركة بنجاح.

Esta vez Buck logró morder la pata derecha de Spitz.

هذه المرة نجح باك في عض الساق اليمنى لسبيتز.

Spitz, aunque lisiado y en agonía, siguió luchando por sobrevivir.

على الرغم من إصابته بالشلل ومعاناته، ظل سبيتز يكافح من أجل البقاء.

Vio que el círculo de huskies se estrechaba, con las lenguas afuera y los ojos brillantes.

لقد رأى دائرة الهاسكي تتقلص، وألسنتها تخرج، وعيون متوهجة.

Esperaron para devorarlo, tal como habían hecho con los otros.

وانتظروا أن يلتهموه، كما فعلوا مع الآخرين.

Esta vez, él estaba en el centro; derrotado y condenado.

هذه المرة، وقف في الوسط؛ مهزومًا ومحكومًا عليه بالهلاك.

Ya no había opción de escapar para el perro blanco.

لم يعد هناك خيار للهروب بالنسبة للكلب الأبيض الآن.

Buck no mostró piedad, porque la piedad no pertenecía a la naturaleza.

لم يُظهر باك أي رحمة، لأن الرحمة لا تنتمي إلى البرية.

Buck se movió con cuidado, preparándose para la carga final.

تحرك باك بحذر، استعدادًا للهجوم النهائي.

El círculo de perros esquimales se cerró; sintió sus respiraciones cálidas.

اقتربت دائرة الهاسكي منه، وشعر بأنفاسهم الدافئة.

Se agacharon, preparados para saltar cuando llegara el momento.

انحنوا منخفضين، مستعدين للقفز عندما تأتي اللحظة.

Spitz temblaba en la nieve, gruñendo y cambiando su postura.

ارتجف سبيتز في الثلج، وهو يزأر ويغير من موقفه.

Sus ojos brillaban, sus labios se curvaron y sus dientes brillaron en una amenaza desesperada.

كانت عيناه متوهجتين، وشفتاه ملتفة، وأسنانه تتألق في تهديد يائس.

Se tambaleó, todavía intentando contener el frío mordisco de la muerte.

لقد ترنح، وهو لا يزال يحاول صد لدغة الموت الباردة.

Ya había visto esto antes, pero siempre desde el lado ganador.

لقد رأى هذا من قبل، ولكن دائمًا من الجانب المنتصر.

Ahora estaba en el bando perdedor; el derrotado; la presa; la muerte.

الآن أصبح على الجانب الخاسر؛ المهزوم؛ الفريسة؛ الموت.

Buck voló en círculos para asestar el golpe final, mientras el círculo de perros se acercaba cada vez más.

دار باك حول نفسه استعدادًا للضربة النهائية، وكانت مجموعة الكلاب تضغط عليه بشكل أقرب.

Podía sentir sus respiraciones calientes; listas para matar.

كان بإمكانه أن يشعر بأنفاسهم الساخنة؛ مستعدين للقتل.

Se hizo un silencio absoluto, todo estaba en su lugar, el tiempo se había detenido.

ساد الصمت؛ كل شيء كان في مكانه؛ توقف الزمن.

Incluso el aire frío entre ellos se congeló por un último momento.

حتى الهواء البارد بينهما تجمد للحظة أخيرة.

Sólo Spitz se movió, intentando contener su amargo final.

كان سبيتز هو الوحيد الذي تحرك، محاولاً صد نهايته المريرة.

El círculo de perros se iba cerrando a su alrededor, tal como era su destino.

كانت دائرة الكلاب تقترب منه، كما كان مصيره.

Ahora estaba desesperado, sabiendo lo que estaba a punto de suceder.

لقد كان يائسًا الآن، لأنه كان يعلم ما كان على وشك الحدوث.

Buck saltó y hombro con hombro chocó una última vez.

اندفع باك إلى الداخل، والتقى كتفه بكتفه للمرة الأخيرة.

Los perros se lanzaron hacia adelante, cubriendo a Spitz en la oscuridad nevada.

انطلقت الكلاب إلى الأمام، وغطت سبيتز بالظلام الثلجي.

Buck observaba, erguido, vencedor en un mundo salvaje.

كان باك يراقب، وهو يقف طويل القامة؛ المنتصر في عالم وحشي.

La bestia primordial dominante había cometido su asesinato, y fue bueno.

لقد حقق الوحش البدائي المهيمن هدفه، وكان جيدًا.

Aquel que ha alcanzado la maestría
هو الذي فاز بالسيادة

¿Eh? ¿Qué dije? Digo la verdad cuando digo que Buck es un demonio.

"إيه؟ ماذا قلت؟ صدقت عندما قلت إن باك شيطان."

François dijo esto a la mañana siguiente después de descubrir que Spitz había desaparecido.

قال فرانسوا هذا في صباح اليوم التالي بعد العثور على سبيتز في عداد المفقودين.

Buck permaneció allí, cubierto de heridas por la feroz pelea.

كان باك واقفا هناك، مغطى بالجروح من القتال الشرس.

François acercó a Buck al fuego y señaló las heridas.

سحب فرانسوا باك بالقرب من النار وأشار إلى الإصابات.

"Ese Spitz peleó como Devik", dijo Perrault, mirando los profundos cortes.

قال بيرولت وهو ينظر إلى الجروح العميقة: "لقد قاتل هذا الشبيتز مثل الديفيك".

—Y ese Buck peleó como dos demonios —respondió François inmediatamente.

وذلك باك قاتل مثل شيطانين"، أجاب فرانسوا على الفور."

"Ahora iremos a buen ritmo; no más Spitz, no más problemas".

الآن سوف نحقق الوقت المناسب؛ لا مزيد من سبيتز، لا مزيد من " المتاعب."

Perrault estaba empacando el equipo y cargando el trineo con cuidado.

كان بيرولت يحزم المعدات ويحمل الزلاجة بعناية.

François enjaezó a los perros para prepararlos para la carrera del día.

قام فرانسوا بتسخير الكلاب استعدادًا للركض في ذلك اليوم.

Buck trotó directamente a la posición de liderazgo que alguna vez ocupó Spitz.

انطلق باك مباشرة إلى موقع الصدارة الذي كان يحتله سبيتز.

Pero François, sin darse cuenta, condujo a Solleks hacia el frente.

ولكن فرانسوا، دون أن يلاحظ، قاد سوليكس إلى الأمام.

A juicio de François, Solleks era ahora el mejor perro guía.

في رأي فرانسوا، أصبح سولليكس الآن أفضل كلب قائد.

Buck se abalanzó furioso sobre Solleks y lo hizo retroceder en protesta.

اندفع باك نحو سولليكس بغضب ودفعه إلى الوراء احتجاجًا.

Se situó en el mismo lugar que una vez estuvo Spitz, ocupando la posición de liderazgo.

لقد وقف حيث كان سبيتز يقف ذات يوم، مدعيًا موقع القيادة.

—¿Eh? ¿Eh? —gritó François, dándose palmadas en los muslos, divertido.

إيه؟ إيه؟ "صرخ فرانسوا وهو يصفع فخذيه بمرح."

—Mira a Buck. Mató a Spitz y ahora quiere aceptar el trabajo.

"انظر إلى باك ـ لقد قتل سبيتز، والآن يريد أن يأخذ الوظيفة."

—¡Vete, Chook! —gritó, intentando ahuyentar a Buck.

اذهب بعيدًا يا تشوك. "صرخ محاولًا إبعاد باك."

Pero Buck se negó a moverse y se mantuvo firme en la nieve.

لكن باك رفض التحرك وظل ثابتًا في الثلج.

François agarró a Buck por la nuca y lo arrastró a un lado.

أمسك فرانسوا باك من قفاه، وسحبه جانبًا.

Buck gruñó bajo y amenazante, pero no atacó.

أطلق باك صوتًا منخفضًا وتهديديًا لكنه لم يهاجم.

François puso a Solleks de nuevo en cabeza, intentando resolver la disputa.

أعاد فرانسوا سولليكس إلى الصدارة، محاولًا تسوية النزاع.

El perro viejo mostró miedo de Buck y no quería quedarse.

أظهر الكلب العجوز خوفًا من باك ولم يرغب في البقاء.

Cuando François le dio la espalda, Buck expulsó nuevamente a Solleks.

عندما أدار فرانسوا ظهره، أخرج باك سولليكس مرة أخرى.

Solleks no se resistió y se hizo a un lado silenciosamente una vez más.

لم يقاوم سولليكس وتنحى جانبا بهدوء مرة أخرى.

François se enojó y gritó: "¡Por Dios, te arreglo!"

فغضب فرانسوا وصاح: والله إني أشفيك.

Se acercó a Buck sosteniendo un pesado garrote en su mano.

لقد جاء نحو باك وهو يحمل هراوة ثقيلة في يده.

Buck recordaba bien al hombre del suéter rojo.

تذكر باك الرجل ذو السترة الحمراء جيدًا۔

Se retiró lentamente, observando a François, pero gruñendo profundamente.

تراجع ببطء، وهو يراقب فرانسوا، لكنه كان يزأر بعمق۔

No se apresuró a regresar, incluso cuando Solleks ocupó su lugar.

ولم يسارع إلى العودة، حتى عندما وقف سوليكس في مكانه۔

Buck voló en círculos fuera de su alcance, gruñendo con furia y protesta.

كان باك يدور بعيدًا عن متناول يده، وهو يزأر بغضب واحتجاج۔

Mantuvo la vista fija en el palo, dispuesto a esquivarlo si François lanzaba.

لقد أبقى عينيه على النادي، مستعدًا للتهرب إذا رمى فرانسوا۔

Se había vuelto sabio y cauteloso en cuanto a las costumbres de los hombres con armas.

لقد أصبح حكيماً وحذراً في التعامل مع الرجال الذين يحملون الأسلحة۔

François se dio por vencido y llamó a Buck nuevamente a su antiguo lugar.

استسلم فرانسوا واستدعى باك إلى مكانه السابق مرة أخرى۔

Pero Buck retrocedió con cautela, negándose a obedecer la orden.

لكن باك تراجع بحذر، رافضًا تنفيذ الأمر۔

François lo siguió, pero Buck sólo retrocedió unos pasos más.

وتبعه فرانسوا، لكن باك لم يتراجع إلا بضع خطوات أخرى۔

Después de un tiempo, François arrojó el arma al suelo, frustrado.

وبعد مرور بعض الوقت، ألقى فرانسوا السلاح أرضًا في إحباط

Pensó que Buck tenía miedo de que le dieran una paliza y que iba a venir sin hacer mucho ruido.

اعتقد أن باك كان خائفًا من الضرب وكان سيأتي بهدوء۔

Pero Buck no estaba evitando el castigo: estaba luchando por su rango.

لكن باك لم يكن يتجنب العقاب، بل كان يقاتل من أجل رتبته۔

Se había ganado el puesto de perro líder mediante una pelea a muerte.

لقد حصل على مكان الكلب الرائد من خلال قتال حتى الموت

No iba a conformarse con nada menos que ser el líder.

لم يكن ليرضى بأقل من أن يكون الزعيم.

Perrault participó en la persecución para ayudar a atrapar al rebelde Buck.

أخذ بيرولت يده في المطاردة للمساعدة في القبض على باك المتمرد.

Juntos lo hicieron correr alrededor del campamento durante casi una hora.

قاموا معًا بحمله حول المخيم لمدة ساعة تقريبًا.

Le lanzaron garrotes, pero Buck los esquivó hábilmente.

لقد ألقوا عليه الهراوات، لكن باك تهرب من كل واحدة منها بمهارة.

Lo maldijeron a él, a sus padres, a sus descendientes y a cada cabello que tenía.

لعنوه، وآبائه، وذريته، وكل شعرة عليه.

Pero Buck sólo gruñó y se quedó fuera de su alcance.

لكن باك اكتفى بالهدير وظل بعيدًا عن متناولهم.

Nunca intentó huir, sino que rodeó el campamento deliberadamente.

لم يحاول الهروب أبدًا، بل كان يدور حول المخيم عمدًا.

Dejó claro que obedecería una vez que le dieran lo que quería.

وأوضح أنه سوف يطيع بمجرد أن يعطوه ما يريد.

François finalmente se sentó y se rascó la cabeza con frustración.

جلس فرانسوا أخيرًا وحك رأسه من الإحباط.

Perrault miró su reloj, maldijo y murmuró algo sobre el tiempo perdido.

تحقق بيرولت من ساعته، وأقسم، وتذمر بشأن الوقت الضائع.

Ya había pasado una hora cuando debían estar en el sendero.

لقد مرت ساعة بالفعل عندما كان من المفترض أن يكونوا على الطريق.

François se encogió de hombros tímidamente y miró al mensajero, quien suspiró derrotado.

هز فرانسوا كتفيه بخجل في وجه الرسول الذي تنهد هزيمة.

Entonces François se acercó a Solleks y llamó a Buck una vez más.

ثم ذهب فرانسوا إلى سوليكس ونادى على باك مرة أخرى.

Buck se rió como se ríe un perro, pero mantuvo una distancia cautelosa.

ضحك باك كما يضحك الكلب، لكنه أبقى على مسافة حذرة.

François le quitó el arnés a Solleks y lo devolvió a su lugar.

قام فرانسوا بإزالة حزام سوليكس وأعاده إلى مكانه.

El equipo de trineo estaba completamente arneses y solo había un lugar libre.

كان فريق الزلاجات جاهزًا بالكامل، مع وجود مكان واحد فقط شاغرًا.

La posición de liderazgo quedó vacía, claramente destinada solo para Buck.

ظل موقع الصدارة فارغًا، ومن الواضح أنه مخصص لباك وحده.

François volvió a llamar, y nuevamente Buck rió y se mantuvo firme.

نادى فرانسوا مرة أخرى، وضحك باك مرة أخرى وثبت على موقفه.

—Tira el garrote —ordenó Perrault sin dudarlo.

ألق بالنادي أرضًا"، أمر بيرولت دون تردد."

François obedeció y Buck inmediatamente trotó hacia adelante orgulloso.

أطاع فرانسوا، وركض باك على الفور إلى الأمام بفخر.

Se rió triunfante y asumió la posición de líder.

ضحك منتصرا وصعد إلى موقع القيادة.

François aseguró sus correajes y el trineo se soltó.

قام فرانسوا بتأمين آثاره، وتم تحرير الزلاجة.

Ambos hombres corrieron al lado del equipo mientras corrían hacia el sendero del río.

ركض الرجلان جنبًا إلى جنب بينما كان الفريق يتسابق نحو مسار النهر.

François tenía en alta estima a los "dos demonios" de Buck.

"كان فرانسوا قد فكر كثيرًا في "شيطاني باك

Pero pronto se dio cuenta de que en realidad había subestimado al perro.

ولكنه سرعان ما أدرك أنه في الواقع قد قلل من شأن الكلب.

Buck asumió rápidamente el liderazgo y trabajó con excelencia.

تولى باك القيادة بسرعة وأدى بشكل ممتاز.

En juicio, pensamiento rápido y acción veloz, Buck superó a Spitz.

في الحكم، والتفكير السريع، والتصرف السريع، تفوق باك على سبيتز.

François nunca había visto un perro igual al que Buck mostraba ahora.

لم يسبق لفرانسوا أن رأى كلبًا مساوٍ لما يعرضه باك الآن.

Pero Buck realmente sobresalía en imponer el orden e imponer respeto.

لكن باك كان متميزًا حقًا في فرض النظام وفرض الاحترام.

Dave y Solleks aceptaron el cambio sin preocupación ni protesta.

لقد تقبل ديف وسوليكس التغيير دون قلق أو احتجاج.

Se concentraron únicamente en el trabajo y en tirar con fuerza de las riendas.

لقد ركزوا فقط على العمل والضغط بقوة على زمام الأمور.

A ellos les importaba poco quién iba delante, siempre y cuando el trineo siguiera moviéndose.

لم يهتموا كثيرًا بمن يقود، طالما استمرت الزلاجة في الحركة.

Billee, la alegre, podría haber liderado todo lo que a ellos les importaba.

كان بإمكان بيلي، البشوش، أن يقود الجميع مهما كان الأمر.

Lo que les importaba era la paz y el orden en las filas.

ما كان يهمهم هو السلام والنظام في صفوفهم.

El resto del equipo se había vuelto rebelde durante la decadencia de Spitz.

أصبح بقية الفريق غير منضبط أثناء انحدار سبيتز.

Se sorprendieron cuando Buck inmediatamente los puso en orden.

لقد صدموا عندما أحضرهم باك على الفور إلى النظام.

Pike siempre había sido perezoso y arrastraba los pies detrás de Buck.

لقد كان بايك دائمًا كسولًا ويجر قدميه خلف باك.

Pero ahora el nuevo liderazgo lo ha disciplinado severamente.

لكن الآن تم تأديبه بشدة من قبل القيادة الجديدة.

Y rápidamente aprendió a aportar su granito de arena en el equipo.

وسرعان ما تعلم كيفية تحمل مسؤولياته في الفريق.

Al final del día, Pike trabajó más duro que nunca.

وبحلول نهاية اليوم، كان بايك يعمل بجهد أكبر من أي وقت مضى.

Esa noche en el campamento, Joe, el perro amargado, finalmente fue sometido.

في تلك الليلة في المخيم، تم إخضاع جو، الكلب الحامض، أخيرًا.

Spitz no logró disciplinarlo, pero Buck no falló.

لقد فشل سبيتز في تأديبه، لكن باك لم يفشل.

Utilizando su mayor peso, Buck superó a Joe en segundos.

وباستخدام وزنه الأكبر، تمكن باك من التغلب على جو في ثوانٍ.

Mordió y golpeó a Joe hasta que gimió y dejó de resistirse.

لقد عض جو وضربه حتى أنين وتوقف عن المقاومة.

Todo el equipo mejoró a partir de ese momento.

لقد تحسن الفريق بأكمله منذ تلك اللحظة.

Los perros recuperaron su antigua unidad y disciplina.

استعادت الكلاب وحدتها وانضباطها القديم.

En Rink Rapids, se unieron dos nuevos huskies nativos, Teek y Koona.

في رينك رابيدز، انضم اثنان من كلاب الهاسكي الأصلية الجديدة، تيك وكونا.

El rápido entrenamiento que Buck les dio sorprendió incluso a François.

لقد أذهل تدريب باك السريع لهم حتى فرانسوا.

"¡Nunca hubo un perro como ese Buck!" gritó con asombro.

لم يكن هناك قط كلب مثل هذا باك. "صرخ في دهشة."

¡No, jamás! ¡Vale mil dólares, por Dios!

لا، أبدًا. إنه يستحق ألف دولار، والله.

—¿Eh? ¿Qué dices, Perrault? —preguntó con orgullo.

إيه؟ ماذا تقول يا بيرولت؟ "سأل بفخر."

Perrault asintió en señal de acuerdo y revisó sus notas.

أومأ بيرولت برأسه موافقًا وراجع ملاحظاته.

Ya vamos por delante del cronograma y ganamos más cada día.

نحن بالفعل متقدمون على الجدول الزمني ونكتسب المزيد كل يوم.

El sendero estaba duro y liso, sin nieve fresca.

كان الطريق ممهدًا وواسعًا، ولم يكن به أي ثلوج جديدة.

El frío era constante, rondando los cincuenta grados bajo cero durante todo el tiempo.

كان البرد مستمرًا، حيث وصلت درجة الحرارة إلى خمسين درجة تحت الصفر في كل مكان.

Los hombres cabalgaban y corrían por turnos para entrar en calor y ganar tiempo.

ركب الرجال وركضوا بالتناوب للتدفئة وإيجاد الوقت.

Los perros corrían rápido, con pocas paradas y siempre avanzando.

ركضت الكلاب بسرعة مع توقفات قليلة، وكانت دائمًا تدفع إلى الأمام.

El río Thirty Mile estaba casi congelado y era fácil cruzarlo.

كان نهر الثلاثين ميلاً متجمدًا في معظمه وكان من السهل السفر عبره.

Salieron en un día lo que habían tardado diez días en llegar.

لقد خرجوا في يوم واحد ما استغرق دخوله عشرة أيام.

Hicieron una carrera de sesenta millas desde el lago Le Barge hasta White Horse.

لقد قاموا برحلة مسافتها ستين ميلاً من بحيرة لو بارج إلى وايت هورس.

A través de los lagos Marsh, Tagish y Bennett se movieron increíblemente rápido.

وعبروا بحيرات مارش وتاجيش وبينيت، تحركوا بسرعة لا تصدق.

El hombre corriendo remolcado detrás del trineo por una cuerda.

الرجل الذي يركض مسحوبًا خلف الزلاجة بحبل.

En la última noche de la segunda semana llegaron a su destino.

وفي الليلة الأخيرة من الأسبوع الثاني وصلوا إلى وجهتهم.

Habían llegado juntos a la cima del Paso Blanco.

لقد وصلوا إلى قمة وايت باس معًا.

Descendieron al nivel del mar con las luces de Skaguay debajo de ellos.

لقد هبطوا إلى مستوى سطح البحر مع أضواء سكاغواي تحتهم.

Había sido una carrera que estableció un récord a través de kilómetros de desierto frío.

لقد كان هذا سباقًا قياسيًا عبر أميال من البرية الباردة.

Durante catorce días seguidos, recorrieron un promedio de cuarenta millas.

على مدى أربعة عشر يومًا متواصلة، قطعوا مسافة أربعين ميلًا في المتوسط.

En Skaguay, Perrault y François transportaban mercancías
por la ciudad.

وفي سكاغواي، قام بيرولت وفرانسوا بنقل البضائع عبر المدينة.

Fueron aplaudidos y la multitud admirada les ofreció
muchas bebidas.

وقد تم الترحيب بهم وتزويدهم بالعديد من المشروبات من قبل الحشود
المعجبة.

Los cazadores de perros y los trabajadores se reunieron
alrededor del famoso equipo de perros.

تجمع صائدو الكلاب والعمال حول فريق الكلاب الشهير.

Luego, los forajidos del oeste llegaron a la ciudad y
sufrieron una derrota violenta.

ثم جاء الخارجون عن القانون الغربيون إلى المدينة وواجهوا هزيمة عنيفة.

La gente pronto se olvidó del equipo y se centró en un nuevo
drama.

سرعان ما نسي الناس الفريق وركزوا على الدراما الجديدة.

Luego vinieron las nuevas órdenes que cambiaron todo de
golpe.

ثم جاءت الأوامر الجديدة التي غيرت كل شيء دفعة واحدة.

François llamó a Buck y lo abrazó con orgullo entre lágrimas.

نادى فرانسوا باك عليه وعانقه بفخر دامع.

Ese momento fue la última vez que Buck volvió a ver a
François.

كانت تلك اللحظة هي المرة الأخيرة التي رأى فيها باك فرانسوا مرة
أخرى.

Como muchos hombres antes, tanto François como Perrault
se habían ido.

وكما حدث مع العديد من الرجال من قبل، فقد رحل كل من فرانسوا
وبيرو.

Un mestizo escocés se hizo cargo de Buck y sus compañeros
de equipo de perros de trineo.

تولى رجل من أصل اسكتلندي مختلط مسؤولية باك وزملائه في فريق
كلاب الزلاجات.

Con una docena de otros equipos de perros, regresaron por
el sendero hasta Dawson.

ومع اثني عشر فريقًا آخر من الكلاب، عادوا على طول الطريق إلى
داووسن.

Ya no era una carrera rápida, solo un trabajo duro con una carga pesada cada día.

لم يعد الأمر سريعًا الآن - فقط عمل شاق مع حمل ثقيل كل يوم.

Éste era el tren correo que llevaba noticias a los buscadores de oro cerca del Polo.

كان هذا قطار البريد، الذي ينقل الأخبار إلى صائدي الذهب بالقرب من القطب.

A Buck no le gustaba el trabajo, pero lo soportaba bien y se enorgullecía de su esfuerzo.

لم يكن باك يحب العمل، لكنه تحمله جيدًا، وكان فخوراً بجهوده.

Al igual que Dave y Solleks, Buck mostró devoción por cada tarea diaria.

مثل ديف وسوليكس، أظهر باك تفانيًا في كل مهمة يومية.

Se aseguró de que cada uno de sus compañeros hiciera su parte.

لقد تأكد من أن زملائه في الفريق قاموا بكل ما في وسعهم.

La vida en el sendero se volvió aburrida, repetida con la precisión de una máquina.

أصبحت حياة الدرب مملة، تتكرر بدقة الآلة.

Cada día parecía igual, una mañana se fundía con la siguiente.

كان كل يوم يبدو متشابهًا، كل صباح يمتزج بالصباح التالي.

A la misma hora, los cocineros se levantaron para hacer fogatas y preparar la comida.

وفي نفس الساعة، نهض الطهاة لإشعال النيران وإعداد الطعام.

Después del desayuno, algunos abandonaron el campamento mientras otros enjaezaron los perros.

بعد الإفطار، غادر البعض المخيم بينما قام آخرون بتسخير الكلاب.

Se pusieron en marcha antes de que la tenue señal del amanecer tocara el cielo.

لقد بدأوا رحلتهم قبل أن يلامس ضوء الفجر الخافت السماء.

Por la noche se detenían para acampar, cada hombre con una tarea determinada.

وفي الليل، توقفوا لإقامة المخيم، وكان لكل رجل منهم مهمة محددة.

Algunos montaron tiendas de campaña, otros cortaron leña y recogieron ramas de pino.

قام البعض بنصب الخيام، وقام آخرون بقطع الحطب وجمع أغصان الصنوبر.

Se llevaba agua o hielo a los cocineros para la cena.

تم نقل الماء أو الثلج إلى الطهاة لتناول وجبة العشاء.

Los perros fueron alimentados y esta fue la mejor parte del día para ellos.

تم إطعام الكلاب، وكان هذا أفضل جزء من اليوم بالنسبة لهم.

Después de comer pescado, los perros se relajaron y descansaron cerca del fuego.

بعد تناول السمك، استرخى الكلاب وجلسوا بالقرب من النار.

Había otros cien perros en el convoy con los que mezclarse.

وكان هناك مائة كلب آخر في القافلة ليختلطوا معهم.

Muchos de esos perros eran feroces y rápidos para pelear sin previo aviso.

وكان العديد من تلك الكلاب شرسة وسريعة القتال دون سابق إنذار.

Pero después de tres victorias, Buck dominó incluso a los luchadores más feroces.

لكن بعد ثلاثة انتصارات، تمكن باك من التغلب حتى على أقوى المقاتلين.

Cuando Buck gruñó y mostró los dientes, se hicieron a un lado.

والآن عندما زأر باك وأظهر أسنانه، تنحوا جانباً.

Quizás lo mejor de todo es que a Buck le encantaba tumbarse cerca de la fogata parpadeante.

وربما كان الأفضل من كل هذا هو أن باك كان يحب الاستلقاء بالقرب من نار المخيم المتوهجة.

Se agachó con las patas traseras dobladas y las patas delanteras estiradas hacia adelante.

كان يجلس القرفصاء مع رجليه الخلفيتين مطوية ورجليه الأماميتين ممتدة إلى الأمام.

Levantó la cabeza mientras parpadeaba suavemente ante las llamas brillantes.

رفع رأسه وهو يرمش بهدوء عند رؤية النيران المتوهجة.

A veces recordaba la gran casa del juez Miller en Santa Clara.

وفي بعض الأحيان كان يتذكر منزل القاضي ميلر الكبير في سانتا كلارا.

Pensó en la piscina de cemento, en Ysabel y en el pug llamado Toots.

كان يفكر في حوض الأسمنت، وفي إيزابيل، وفي الكلب الصغير الذي
يدعى توتس۔

Pero más a menudo recordaba el garrote del hombre del
suéter rojo.

لكن في أغلب الأحيان كان يتذكر الرجل ذو السترة الحمراء۔

Recordó la muerte de Curly y su feroz batalla con Spitz.

تذكر موت كيرلي ومعركته الشرسة مع سبيتز۔

También recordó la buena comida que había comido o con la
que aún soñaba.

وتذكر أيضًا الطعام اللذيذ الذي أكله أو ما زال يحلم به۔

Buck no sentía nostalgia: el cálido valle era distante e irreal.

لم يكن باك يشعر بالحنين إلى الوطن - كان الوادي الدافئ بعيدًا وغير
حقيقي۔

Los recuerdos de California ya no ejercían ninguna atracción
sobre él.

لم تعد ذكريات كاليفورنيا تشكل له أي تأثير حقيقي۔

Más fuertes que la memoria eran los instintos profundos en
su linaje.

كانت الغرائز العميقة في سلالته أقوى من الذاكرة۔

Los hábitos que una vez se habían perdido habían
regresado, revividos por el camino y la naturaleza.

لقد عادت العادات التي فقدناها ذات يوم، وأحيتها الطريق والبرية۔

Mientras Buck observaba la luz del fuego, a veces se
convertía en otra cosa.

بينما كان باك يراقب ضوء النار، كان أحيانًا يتحول إلى شيء آخر۔

Vio a la luz del fuego otro fuego, más antiguo y más
profundo que el actual.

رأى في ضوء النار نارًا أخرى، أقدم وأعمق من النار الحالية۔

Junto a ese otro fuego se agazapaba un hombre que no se
parecía en nada al cocinero mestizo.

بجانب تلك النار الأخرى كان يجلس رجل لا يشبه الطاهي الهجين۔

Esta figura tenía piernas cortas, brazos largos y músculos
duros y anudados.

كان لهذا الشكل أرجل قصيرة، وأذرع طويلة، وعضلات صلبة ومعقدة۔

Su cabello era largo y enmarañado, y caía hacia atrás desde
los ojos.

كان شعره طويلاً ومتشابكًا، وينحدر إلى الخلف بعيدًا عن العينين۔

Hizo ruidos extraños y miró con miedo hacia la oscuridad.

أصدر أصواتًا غريبة وحدق في الظلام بخوف.

Sostenía agachado un garrote de piedra, firmemente agarrado con su mano larga y áspera.

كان يحمل عصا حجرية منخفضة، ممسكًا بها بإحكام في يده الخشنة الطويلة.

El hombre vestía poco: sólo una piel carbonizada que le colgaba por la espalda.

كان الرجل يرتدي القليل؛ مجرد جلد متفحم يتدلى على ظهره.

Su cuerpo estaba cubierto de espeso vello en los brazos, el pecho y los muslos.

كان جسده مغطى بشعر كثيف على ذراعيه وصدره وفخذيه.

Algunas partes del cabello estaban enredadas en parches de pelaje áspero.

كانت بعض أجزاء الشعر متشابكة في بقع من الفراء الخشن.

No se mantenía erguido, sino inclinado hacia delante desde las caderas hasta las rodillas.

لم يكن يقف بشكل مستقيم بل كان ينحني للأمام من الوركين إلى الركبتين.

Sus pasos eran elásticos y felinos, como si estuviera siempre dispuesto a saltar.

وكانت خطواته مرنة وخطوات القطط، كما لو كان مستعدًا دائمًا للقفز.

Había un estado de alerta agudo, como si viviera con miedo constante.

كان هناك يقظة حادة، كما لو كان يعيش في خوف دائم.

Este hombre anciano parecía esperar el peligro, ya sea que lo viera o no.

يبدو أن هذا الرجل القديم كان يتوقع الخطر، سواء كان الخطر مرئيًا أم لا.

A veces, el hombre peludo dormía junto al fuego, con la cabeza metida entre las piernas.

في بعض الأحيان كان الرجل المشعر ينام بجانب النار، ورأسه بين ساقيه.

Sus codos descansaban sobre sus rodillas, sus manos entrelazadas sobre su cabeza.

كانت مرفقيه مستندة على ركبتيه، ويديه مضمومتين فوق رأسه.

Como un perro, usó sus brazos peludos para protegerse de la lluvia que caía.

مثل الكلب استخدم ذراعيه المشعرتين للتخلص من المطر المتساقط.

Más allá de la luz del fuego, Buck vio dos brasas brillando
en la oscuridad.

خلف ضوء النار، رأى باك جمرين متوهجين في الظلام.

Siempre de dos en dos, eran los ojos de las bestias rapaces al
acecho.

كانوا دائمًا اثنان اثنان، وكانوا بمثابة عيون الوحوش المفترسة المتسللة.

Escuchó cuerpos chocando contra la maleza y ruidos en la
noche.

سمع أصوات أجساد تتحطم وسط الشجيرات وأصواتًا تحدث في الليل.

Acostado en la orilla del Yukón, parpadeando, Buck soñaba
junto al fuego.

مستلقيا على ضفة نهر يوكون، يرمش، باك يحلم بالنار.

Las vistas y los sonidos de ese mundo salvaje le ponían los
pelos de punta.

إن مشاهد وأصوات هذا العالم البري جعلت شعره يقف.

El pelaje se le subió por la espalda, los hombros y el cuello.

ارتفع الفراء على طول ظهره، وكتفيه، ورقبته.

Él gimió suavemente o emitió un gruñido bajo y profundo
en su pecho.

كان يئن بهدوء أو يصدر صوت هدير منخفض عميق في صدره.

Entonces el cocinero mestizo gritó: "¡Oye, Buck, despierta!"

ثم صاح الطاهي ذو السلالة المختلطة، "يا باك، استيقظ"

El mundo de los sueños desapareció y la vida real regresó a
los ojos de Buck.

لقد اختفى عالم الأحلام، وعادت الحياة الحقيقية إلى عيون باك.

Iba a levantarse, estirarse y bostezar, como si acabara de
despertar de una siesta.

كان على وشك النهوض، والتمدد، والتثاؤب، وكأنه استيقظ من قيلولة.

El viaje fue duro, con el trineo del correo arrastrándose
detrás de ellos.

كانت الرحلة صعبة، وكان زلاجة البريد تجر خلفهم.

Las cargas pesadas y el trabajo duro agotaban a los perros
cada largo día.

كانت الأحمال الثقيلة والعمل الشاق يرهق الكلاب كل يوم طويل.

Llegaron a Dawson delgados, cansados y necesitando más de
una semana de descanso.

وصلوا إلى داوسون نحيفين، متعبين، ويحتاجون إلى أكثر من أسبوع من الراحة.

Pero sólo dos días después, emprendieron nuevamente el descenso por el Yukón.

ولكن بعد يومين فقط، انطلقوا في رحلة أخرى عبر نهر يوكون.

Estaban cargados con más cartas destinadas al mundo exterior.

لقد تم تحميلهم بالمزيد من الرسائل الموجهة إلى العالم الخارجي.

Los perros estaban exhaustos y los hombres se quejaban constantemente.

لقد كانت الكلاب منهكة وكان الرجال يشكون باستمرار.

La nieve caía todos los días, suavizando el camino y ralentizando los trineos.

كان الثلج يتساقط كل يوم، مما أدى إلى تليين المسار وإبطاء الزلاجات.

Esto provocó que el tirón fuera más difícil y hubo más resistencia para los corredores.

أدى هذا إلى زيادة صعوبة السحب وزيادة السحب على العدائين.

A pesar de eso, los pilotos fueron justos y se preocuparon por sus equipos.

وعلى الرغم من ذلك، كان السائقون منصفين وأهتموا بفرقهم.

Cada noche, los perros eran alimentados antes de que los hombres pudieran comer.

في كل ليلة، يتم إطعام الكلاب قبل أن يحصل الرجال على الطعام.

Ningún hombre duerme sin antes revisar las patas de su propio perro.

لم ينم رجل قبل أن يتفقد أقدام كلبه.

Aún así, los perros se fueron debilitando a medida que los kilómetros iban desgastando sus cuerpos.

ومع ذلك، أصبحت الكلاب أضعف مع مرور الأميال على أجسادها.

Habían viajado mil ochocientas millas durante el invierno.

لقد سافروا مسافة ألف وثمانمائة ميل خلال فصل الشتاء.

Tiraron de trineos a lo largo de cada milla de esa brutal distancia.

لقد سحبوا الزلاجات عبر كل ميل من تلك المسافة الوحشية.

Incluso los perros de trineo más resistentes sienten tensión después de tantos kilómetros.

حتى أقوى كلاب الزلاجات تشعر بالإجهاد بعد كل هذه الأميال.

Buck aguantó, mantuvo a su equipo trabajando y mantuvo la disciplina.

لقد صمد باك، وأبقى فريقه يعمل، وحافظ على الانضباط.

Pero Buck estaba cansado, al igual que los demás en el largo viaje.

لكن باك كان متعبًا، تمامًا مثل الآخرين في الرحلة الطويلة.

Billee gemía y lloraba mientras dormía todas las noches sin falta.

كان بيلي يئن وييكي أثناء نومه كل ليلة دون انقطاع.

Joe se volvió aún más amargado y Solleks se mantuvo frío y distante.

أصبح جو أكثر مرارة، وبقي سوليكس باردًا وبعيدًا.

Pero fue Dave quien sufrió más de todo el equipo.

لكن ديف هو الذي عانى أكثر من الفريق بأكمله.

Algo había ido mal dentro de él, aunque nadie sabía qué.

لقد حدث خطأ ما في داخله، على الرغم من أن لا أحد يعرف ما هو.

Se volvió más malhumorado y les gritaba a los demás con creciente enojo.

لقد أصبح متقلب المزاج وبدأ يهاجم الآخرين بغضب متزايد.

Cada noche iba directo a su nido, esperando ser alimentado.

كل ليلة كان يذهب مباشرة إلى عشه، في انتظار أن يتم إطعامه.

Una vez que cayó, Dave no se levantó hasta la mañana.

وبمجرد سقوطه، لم يتمكن ديف من النهوض مرة أخرى حتى الصباح.

En las riendas, tirones o arranques repentinos le hacían gritar de dolor.

على اللجام، الهزات المفاجئة أو الحركات المفاجئة جعلته يصرخ من الألم.

Su conductor buscó la causa, pero no encontró heridos.

قام سائقه بالبحث عن السبب، لكنه لم يعثر على أي إصابات.

Todos los conductores comenzaron a observar a Dave y discutieron su caso.

بدأ جميع السائقين بمراقبة ديف ومناقشة قضيته.

Hablaron durante las comidas y durante el último cigarrillo del día.

وتحدثوا أثناء تناول وجبات الطعام وأثناء تدخينهم الأخير في ذلك اليوم.

Una noche tuvieron una reunión y llevaron a Dave al fuego.

في أحد الليالي عقدوا اجتماعًا وأحضروا ديف إلى النار.

Le apretaron y le palparon el cuerpo, y él gritaba a menudo.

فضغطوا على جسده وفحصوه، وكان يصرخ كثيرًا.

Estaba claro que algo iba mal, aunque no parecía haber ningún hueso roto.

من الواضح أن هناك خطأ ما، على الرغم من عدم ظهور أي عظام مكسورة.

Cuando llegaron a Cassiar Bar, Dave se estaba cayendo.

بحلول الوقت الذي وصلوا فيه إلى بار كاسيار، كان ديف يسقط

El mestizo escocés pidió un alto y eliminó a Dave del equipo.

أوقف الفريق ذو السلالة المختلطة الاسكتلندية وأزال ديف من الفريق.

Sujetó a Solleks en el lugar de Dave, más cerca del frente del trineo.

قام بتثبيت سوليكس في مكان ديف، الأقرب إلى مقدمة الزلاجة.

Su intención era dejar que Dave descansara y corriera libremente detrás del trineo en movimiento.

كان يقصد أن يترك ديف يستريح ويركض بحرية خلف الزلاجة المتحركة.

Pero incluso estando enfermo, Dave odiaba que lo sacaran del trabajo que había tenido.

ولكن حتى عندما كان مريضًا، كان ديف يكره أن يتم إبعاده من الوظيفة التي كان يمتلكها.

Gruñó y gimió cuando le quitaron las riendas del cuerpo.

لقد هدّر وأنين عندما تم سحب اللجام من جسده.

Cuando vio a Solleks en su lugar, lloró con el corazón roto.

عندما رأى سوليكس في مكانه، بكى من الألم الشديد.

El orgullo por el trabajo en los senderos estaba profundamente arraigado en Dave, incluso cuando se acercaba la muerte.

كان فخر العمل على الطريق عميقًا في قلب ديف، حتى مع اقتراب الموت.

Mientras el trineo se movía, Dave se tambaleaba sobre la nieve blanda cerca del sendero.

وبينما كانت الزلاجة تتحرك، كان ديف يتخبط في الثلج الناعم بالقرب من الطريق.

Atacó a Solleks, mordiéndolo y empujándolo desde el costado del trineo.

هاجم سوليكس، فعضه ودفعه من جانب الزلاجة.

Dave intentó saltar al arnés y recuperar su lugar de trabajo.

حاول ديف القفز إلى الحزام واستعادة مكان عمله.

Gritó, se quejó y lloró, dividido entre el dolor y el orgullo
por el trabajo.

لقد صرخ، وتذمر، وبكى، ممزقًا بين الألم والفخر بالعمل.

El mestizo usó su látigo para intentar alejar a Dave del
equipo.

استخدم الهجين سوطه لمحاولة إبعاد ديف عن الفريق.

Pero Dave ignoró el látigo y el hombre no pudo golpearlo
más fuerte.

لكن ديف تجاهل السوط، ولم يتمكن الرجل من ضربه بقوة أكبر.

Dave rechazó el camino más fácil detrás del trineo, donde la
nieve estaba acumulada.

رفض ديف المسار الأسهل خلف الزلاجة، حيث كان الثلج كثيفًا.

En cambio, luchaba en la nieve profunda junto al sendero,
en la miseria.

وبدلاً من ذلك، كان يكافح في الثلوج العميقة بجانب الطريق، في بؤس.

Finalmente, Dave se desplomó, quedó tendido en la nieve y
aullando de dolor.

في النهاية، انهار ديف، مستلقيا على الثلج ويصرخ من الألم.

Gritó cuando el largo tren de trineos pasó a su lado uno por
uno.

صرخ عندما مر به قطار الزلاجات الطويل واحدًا تلو الآخر.

Aún con las fuerzas que le quedaban, se levantó y tropezó
tras ellos.

ومع ذلك، بما تبقى له من قوة، نهض وتعثر خلفهم.

Lo alcanzó cuando el tren se detuvo nuevamente y encontró
su viejo trineo.

لقد لحق به عندما توقف القطار مرة أخرى ووجد زلاجته القديمة.

Pasó junto a los otros equipos y se quedó de nuevo al lado
de Solleks.

لقد تخطى الفرق الأخرى ووقف بجانب سوليكس مرة أخرى.

Cuando el conductor se detuvo para encender su pipa, Dave
aprovechó su última oportunidad.

وبينما توقف السائق لإشعال غليونه، انتهز ديف فرصته الأخيرة.

Cuando el conductor regresó y gritó, el equipo no avanzó.

وعندما عاد السائق وصاح، لم يتحرك الفريق إلى الأمام.

Los perros habían girado la cabeza, confundidos por la
parada repentina.

لقد حركت الكلاب رؤوسها، في حيرة من التوقف المفاجئ.

El conductor también estaba sorprendido: el trineo no se había movido ni un centímetro hacia adelante.

لقد صدم السائق أيضًا ـ فالزلاجة لم تتحرك قيد أنملة إلى الأمام.

Llamó a los demás para que vinieran a ver qué había sucedido.

ودعا الآخرين إلى الحضور ورؤية ما حدث.

Dave había mordido las riendas de Solleks, rompiéndolas ambas.

كان ديف قد قضم زمام سوليكس، مما أدى إلى كسر كليهما.

Ahora estaba de pie frente al trineo, nuevamente en su posición correcta.

والآن وقف أمام الزلاجة، في مكانه الصحيح.

Dave miró al conductor y le rogó en silencio que se mantuviera en el carril.

نظر ديف إلى السائق، متوسلاً في صمت أن يبقى على المسار.

El conductor estaba desconcertado, sin saber qué hacer con el perro que luchaba.

كان السائق في حيرة من أمره، وغير متأكد مما يجب فعله للكلب الذي يعاني من صعوبات.

Los otros hombres hablaron de perros que habían muerto al ser sacados a la calle.

وتحدث الرجال الآخرون عن الكلاب التي ماتت بسبب إخراجها.

Contaron sobre perros viejos o heridos cuyo corazón se rompió al ser abandonados.

وتحدثوا عن الكلاب العجوز أو المصابة التي تحطمت قلوبها عندما تركت وراءها.

Estuvieron de acuerdo en que era una misericordia dejar que Dave muriera mientras aún estaba en su arnés.

واتفقوا على أنه من الرحمة أن يتركوا ديف يموت وهو لا يزال في حزامه.

Lo volvieron a sujetar al trineo y Dave tiró con orgullo.

تم ربطه مرة أخرى على الزلاجة، وسحبه ديف بفخر.

Aunque a veces gritaba, trabajaba como si el dolor pudiera ignorarse.

رغم أنه كان يبكي في بعض الأحيان، إلا أنه كان يعمل كما لو كان الألم يمكن تجاهله.

Más de una vez se cayó y fue arrastrado antes de levantarse de nuevo.

سقط أكثر من مرة وسُحِب قبل أن ينهض مرة أخرى۔

Un día, el trineo pasó por encima de él y desde ese momento empezó a cojear.

في إحدى المرات، انقلبت عليه الزلاجة، وأصبح يعرج منذ تلك اللحظة۔

Aún así, trabajó hasta llegar al campamento y luego se acostó junto al fuego.

ومع ذلك، فقد عمل حتى وصل إلى المخيم، ثم استلقى بجانب النار۔

Por la mañana, Dave estaba demasiado débil para viajar o incluso mantenerse en pie.

بحلول الصباح، كان ديف ضعيفًا جدًا بحيث لم يتمكن من السفر أو حتى الوقوف بشكل مستقيم۔

En el momento de preparar el arnés, intentó alcanzar a su conductor con un esfuerzo tembloroso.

عندما حان وقت ربط الحزام، حاول الوصول إلى سائقه بجهد مرتجف۔

Se obligó a levantarse, se tambaleó y se desplomó sobre el suelo nevado.

أجبر نفسه على النهوض، وتعثر، وانهار على الأرض الثلجية۔

Utilizando sus patas delanteras, arrastró su cuerpo hacia el área del arnés.

استخدم رجليه الأماميتين لسحب جسده نحو منطقة التسخير۔

Avanzó poco a poco, centímetro a centímetro, hacia los perros de trabajo.

لقد سحب نفسه إلى الأمام، بوصة بوصة، نحو الكلاب العاملة۔

Sus fuerzas se acabaron, pero siguió avanzando en su último y desesperado esfuerzo.

لقد انهارت قوته، لكنه استمر في التحرك في دفعته اليائسة الأخيرة۔

Sus compañeros de equipo lo vieron jadeando en la nieve, todavía deseando unirse a ellos.

لقد رأى زملاؤه في الفريق أنه يلهث في الثلج، ولا يزال يتوقون للانضمام إليهم۔

Lo oyeron aullar de dolor mientras dejaban atrás el campamento.

سمعوه يصرخ من الحزن عندما غادروا المخيم خلفهم۔

Cuando el equipo desapareció entre los árboles, el grito de Dave resonó detrás de ellos.

وبينما اختفى الفريق بين الأشجار، تردد صدى صرخة ديف خلفهم.

El tren de trineos se detuvo brevemente después de cruzar
un tramo de bosque junto al río.

توقف قطار الزلاجات لفترة وجيزة بعد عبور جزء من نهر الأخشاب.

El mestizo escocés caminó lentamente de regreso hacia el
campamento que estaba detrás.

سار الهجين الاسكتلندي ببطء نحو المخيم خلفه.

Los hombres dejaron de hablar cuando lo vieron salir del
tren de trineos.

توقف الرجال عن الكلام عندما رأوه يغادر قطار الزلاجات.

Entonces un único disparo se oyó claro y nítido en el camino.

ثم سمعت طلقة نارية واحدة واضحة وحادة عبر الطريق.

El hombre regresó rápidamente y ocupó su lugar sin decir
palabra.

عاد الرجل بسرعة وجلس في مكانه دون أن يقول كلمة.

Los látigos crujieron, las campanas tintinearon y los trineos
rodaron por la nieve.

انطلقت أصوات السياط، ورنّ الأجراس، وتدحرجت الزلاجات عبر
الثلوج.

Pero Buck sabía lo que había sucedido... y todos los demás
perros también.

لكن باك كان يعلم ما حدث، وكان كل كلب آخر يعلم ذلك أيضًا.

El trabajo de las riendas y el sendero
عناء اللجام والطريق

Treinta días después de salir de Dawson, el Salt Water Mail llegó a Skaguay.

بعد ثلاثين يومًا من مغادرة داوسون، وصلت سفينة بريد المياه المالحة إلى سكاجواي.

Buck y sus compañeros tomaron la delantera, llegando en lamentables condiciones.

باك وزملاؤه حققوا التقدم، ووصلوا في حالة يرثى لها.

Buck había bajado de ciento cuarenta a ciento quince libras.

انخفض وزن باك من مائة وأربعين إلى مائة وخمسة عشر رطلاً.

Los otros perros, aunque más pequeños, habían perdido aún más peso corporal.

أما الكلاب الأخرى، على الرغم من صغر حجمها، فقد فقدت المزيد من وزن الجسم.

Pike, que antes fingía cojear, ahora arrastraba tras él una pierna realmente herida.

بايك، الذي كان يعرج في السابق بشكل مزيف، يسحب الآن ساقًا مصابة حقًا خلفه.

Solleks cojeaba mucho y Dub tenía un omóplato torcido.

كان سوليكس يعرج بشدة، وكان دوب يعاني من تمزق في لوح كتفه.

Todos los perros del equipo tenían las patas doloridas por las semanas que pasaron en el sendero helado.

كان كل كلب في الفريق يعاني من آلام في قدميه بسبب الأسابيع التي قضاها على الطريق المتجمد.

Ya no tenían resorte en sus pasos, sólo un movimiento lento y arrastrado.

لم يعد لديهم أي نشاط في خطواتهم، فقط حركة بطيئة ومتثاقلة.

Sus pies golpeaban el sendero con fuerza y cada paso añadía más tensión a sus cuerpos.

ضربت أقدامهم الطريق بقوة، وكانت كل خطوة تضيف المزيد من الضغط على أجسادهم.

No estaban enfermos, sólo agotados más allá de toda recuperación natural.

لم يكونوا مرضى، بل كانوا مستنزفين إلى حد لا يمكن الشفاء منه بشكل طبيعي.

No era el cansancio de un día duro que se curaba con una noche de descanso.

لم يكن هذا تعبًا من يوم شاق، تم علاجه بالراحة الليلية.

Fue un agotamiento acumulado lentamente a lo largo de meses de esfuerzo agotador.

لقد كان إرهاقًا تراكم ببطء عبر أشهر من الجهد الشاق.

No quedaban reservas de fuerza: habían agotado todas las que tenían.

لم يتبق لديهم أي احتياطي من القوة ـ فقد استنفدوا كل ما لديهم.

Cada músculo, fibra y célula de sus cuerpos estaba gastado y desgastado.

لقد استُنفدت كل عضلة وليفة وخلية في أجسادهم.

Y había una razón: habían recorrido dos mil quinientas millas.

وكان هناك سبب ـ لقد قطعوا مسافة ألفين وخمسمائة ميل.

Habían descansado sólo cinco días durante las últimas mil ochocientas millas.

لقد استراحوا لمدة خمسة أيام فقط خلال الثمانية عشر ميلاً الأخيرة.

Cuando llegaron a Skaguay, parecían apenas capaces de mantenerse en pie.

عندما وصلوا إلى سكاجواي، بدا أنهم بالكاد قادرين على الوقوف بشكل مستقيم.

Se esforzaron por mantener las riendas tensas y permanecer delante del trineo.

لقد كافحوا من أجل إبقاء زمام الأمور مشدودة والبقاء في المقدمة أمام الزلاجة.

En las bajadas sólo lograron evitar ser atropellados.

على المنحدرات، تمكنوا فقط من تجنب التعرض للدهس.

"Sigan adelante, pobres pies doloridos", dijo el conductor mientras cojeaban.

استمروا في السير، أيها المسكين ذو الأقدام المؤلمة"، قال السائق بينما كانوا يعرجون على الطريق.

"Este es el último tramo, luego todos tendremos un largo descanso, seguro".

هذه هي المرحلة الأخيرة، وبعدها سنحصل جميعًا على قسط من الراحة "الطويلة، بالتأكيد."

"Un descanso verdaderamente largo", prometió mientras los observaba tambalearse hacia adelante.

راحة طويلة حقًا"، وعدهم وهو يراقبهم وهم يتقدمون للأمام."

Los conductores esperaban que ahora tuvieran un descanso largo y necesario.

وكان السائقون يتوقعون الآن أنهم سيحصلون على استراحة طويلة وضرورية.

Habían recorrido mil doscientas millas con sólo dos días de descanso.

لقد سافروا مسافة ألف ومائتي ميل مع يومين راحة فقط

Por justicia y razón, sintieron que se habían ganado tiempo para relajarse.

ومن باب الإنصاف والمنطق، فقد شعروا أنهم استحقوا الوقت للاسترخاء.

Pero eran demasiados los que habían llegado al Klondike y muy pocos los que se habían quedado en casa.

لكن الكثيرين جاؤوا إلى كلوندايك، وقليل منهم بقي في المنزل.

Las cartas de las familias llegaron en masa, creando montañas de correo retrasado.

تدفقت الرسائل من العائلات، مما أدى إلى أكوام من البريد المتأخر.

Llegaron órdenes oficiales: nuevos perros de la Bahía de Hudson tomarían el control.

وصلت الأوامر الرسمية - كان من المقرر أن يتولى كلاب هدسون باي الجدد المسؤولية.

Los perros exhaustos, ahora llamados inútiles, debían ser eliminados.

كان من المقرر التخلص من الكلاب المنهكة، والتي أصبحت الآن عديمة القيمة.

Como el dinero importaba más que los perros, los iban a vender a bajo precio.

وبما أن المال كان أكثر أهمية من الكلاب، فقد كان من المقرر بيعها بثمن بخس.

Pasaron tres días más antes de que los perros sintieran lo débiles que estaban.

مرت ثلاثة أيام أخرى قبل أن يشعر الكلاب بمدى ضعفهم.

En la cuarta mañana, dos hombres de Estados Unidos compraron todo el equipo.

وفي صباح اليوم الرابع، اشترى رجلان من الولايات المتحدة الفريق بأكمله.

La venta incluía todos los perros, además de sus arneses usados.

شمل البيع جميع الكلاب، بالإضافة إلى أحزمة الأمان التي كانت تستخدمها.

Los hombres se llamaban entre sí "Hal" y "Charles" mientras completaban el trato.

أطلق الرجال على بعضهم البعض اسم "هال "و"تشارلز "عندما أكملوا الصفقة.

Charles era un hombre de mediana edad, pálido, con labios flácidos y puntas de bigote feroces.

كان تشارلز في منتصف العمر، شاحبًا، بشفاه مترهلة وشاربه كثيف.

Hal era un hombre joven, de unos diecinueve años, que llevaba un cinturón lleno de cartuchos.

كان هال شابًا، ربما يبلغ من العمر تسعة عشر عامًا، يرتدي حزامًا محشوًا بالخرطوش.

El cinturón contenía un gran revólver y un cuchillo de caza, ambos sin usar.

كان الحزام يحمل مسدسًا كبيرًا وسكين صيد، وكلاهما لم يستخدما.

Esto demostró lo inexperto e inadecuado que era para la vida en el norte.

وأظهر ذلك مدى قلة خبرته وعدم ملاءمته للحياة الشمالية.

Ninguno de los dos pertenecía a la naturaleza; su presencia desafiaba toda razón.

لم يكن أي من الرجلين ينتمي إلى البرية؛ فوجودهما يتحدى كل المنطق.

Buck observó cómo el dinero intercambiaba manos entre el comprador y el agente.

كان باك يراقب الأموال وهي تنتقل بين المشتري والوكيل.

Sabía que los conductores de trenes correos abandonaban su vida como el resto.

لقد علم أن سائقي قطار البريد يغادرون حياته مثل بقية الناس.

Siguieron a Perrault y a François, ahora desaparecidos sin posibilidad de recuperación.

وتبعوا بيرولت وفرانسوا، اللذين أصبحا الآن في وضع لا يمكن تذكره.

Buck y el equipo fueron conducidos al descuidado campamento de sus nuevos dueños.

تم أخذ باك وفريقه إلى المعسكر غير المنظم لأصحابهم الجدد.

La tienda se hundía, los platos estaban sucios y todo estaba desordenado.

كانت الخيمة مترهلة، والأطباق متسخة، وكل شيء في حالة من الفوضى.

Buck también notó que había una mujer allí: Mercedes, la esposa de Charles y hermana de Hal.

لاحظ باك وجود امرأة هناك أيضًا ـ مرسيدس، زوجة تشارلز وشقيقة هال.

Formaban una familia completa, aunque no eran aptos para el recorrido.

لقد شكلوا عائلة متكاملة، رغم أنهم لم يكونوا مناسبين للمسار.

Buck observó nervioso cómo el trío comenzó a empacar los suministros.

كان باك يراقب بتوتر بينما بدأ الثلاثي في تعبئة الإمدادات.

Trabajaron duro, pero sin orden: sólo alboroto y esfuerzos desperdiciados.

لقد عملوا بجد ولكن دون نظام ـ مجرد ضجة وجهد ضائع.

La tienda estaba enrollada hasta formar un volumen demasiado grande para el trineo.

تم لف الخيمة إلى شكل ضخم، أكبر بكثير من الزلاجة.

Los platos sucios se empaquetaron sin limpiarlos ni secarlos.

تم تعبئة الأطباق المتسخة دون تنظيفها أو تجفيفها على الإطلاق.

Mercedes revoloteaba por todos lados, hablando, corrigiendo y entrometiéndose constantemente.

كانت مرسيدس ترفرف هنا وهناك، وتتحدث باستمرار، وتصحح، وتتدخل.

Cuando le ponían un saco en el frente, ella insistía en que lo pusieran en la parte de atrás.

عندما تم وضع الكيس في المقدمة، أصرت على وضعه في الخلف.

Metió la bolsa en el fondo y al siguiente momento la necesitó.

وضعت الكيس في الأسفل، وفي اللحظة التالية احتاجته.

De esta manera, el trineo fue desempaquetado nuevamente para alcanzar la bolsa específica.

لذلك تم تفريغ الزلاجة مرة أخرى للوصول إلى الحقيبة المحددة.

Cerca de allí, tres hombres estaban parados afuera de una tienda de campaña, observando cómo se desarrollaba la escena.

وفي مكان قريب، كان هناك ثلاثة رجال يقفون خارج خيمة، يراقبون المشهد.

Sonrieron, guiñaron el ojo y sonrieron ante la evidente confusión de los recién llegados.

ابتسموا، وغمزوا، وضحكوا على الارتباك الواضح الذي أصاب الوافدين الجدد.

"Ya tienes una carga bastante pesada", dijo uno de los hombres.

لقد حصلت على حمل ثقيل بالفعل"، قال أحد الرجال."

"No creo que debas llevar esa tienda de campaña, pero es tu elección".

لا أعتقد أنه يجب عليك حمل تلك الخيمة، لكن هذا اختيارك."

"¡Inimaginable!", exclamó Mercedes levantando las manos con desesperación.

لم أحلم به. "صرخت مرسيدس.وهي ترفع يديها في يأس."

"¿Cómo podría viajar sin una tienda de campaña donde refugiarme?"

"كيف يمكنني أن أسافر دون خيمة للبقاء تحتها؟"

"Es primavera, ya no volverás a ver el frío", respondió el hombre.

إنه فصل الربيع، ولن ترى الطقس البارد مرة أخرى"، أجاب الرجل."

Pero ella meneó la cabeza y ellos siguieron apilando objetos en el trineo.

لكنها هزت رأسها، واستمروا في تكديس الأشياء على الزلاجة.

La carga se elevó peligrosamente a medida que añadían los últimos elementos.

ارتفعت الأحمال بشكل خطير عندما أضافوا الأشياء النهائية.

"¿Crees que el trineo se deslizará?" preguntó uno de los hombres con mirada escéptica.

هل تعتقد أن الزلاجة سوف تتحرك؟ "سأل أحد الرجال بنظرة متشككة."

"¿Por qué no debería?", replicó Charles con gran fastidio.

لماذا لا نفعل ذلك؟ "رد تشارلز بانزعاج حاد."

—Está bien —dijo rápidamente el hombre, alejándose un poco de la ofensa.

أوه، لا بأس بذلك، "قال الرجل بسرعة، متراجعًا عن الإساءة."

"Solo me preguntaba, me pareció que tenía la parte superior demasiado pesada".

"كنت أتساءل فقط ـ لقد بدا الأمر ثقيلًا بعض الشيء بالنسبة لي."

Charles se dio la vuelta y ató la carga lo mejor que pudo.

استدار تشارلز وربط الحمولة بأفضل ما استطاع.

Pero las ataduras estaban sueltas y el embalaje en general estaba mal hecho.

لكن الربط كان فضفاضًا والتعبئة كانت سيئة بشكل عام.

"Claro, los perros tirarán de eso todo el día", dijo otro hombre con sarcasmo.

بالتأكيد، الكلاب ستفعل ذلك طوال اليوم"، قال رجل آخر ساخرًا."

—Por supuesto —respondió Hal con frialdad, agarrando el largo palo del trineo.

بالطبع، "أجاب هال ببرود، وهو يمسك بعمود الزلاجة الطويل."

Con una mano en el poste, blandía el látigo con la otra.

وبإحدى يديه على العمود، كان يلوح بالسوط في اليد الأخرى.

"¡Vamos!", gritó. "¡Muévanse!", instando a los perros a empezar.

هيا بنا. "صرخ. "تحركوا. "حاثًا الكلاب على الانطلاق."

Los perros se inclinaron hacia el arnés y se tensaron durante unos instantes.

انحنت الكلاب إلى الحزام وتوترت لعدة لحظات.

Entonces se detuvieron, incapaces de mover ni un centímetro el trineo sobrecargado.

ثم توقفوا، غير قادرين على تحريك الزلاجة المحملة قيد أنملة.

—¡Esos brutos perezosos! —gritó Hal, levantando el látigo para golpearlos.

الوحوش الكسالى. "صرخ هال، ورفع السوط ليضربهم."

Pero Mercedes entró corriendo y le arrebató el látigo de las manos a Hal.

لكن مرسيدس هرعت وانتزعت السوط من يد هال.

—Oh, Hal, no te atrevas a hacerles daño —gritó alarmada.

أوه، هال، لا تجرؤ على إيذائهم، "صرخت في حالة من الفزع."

"Prométeme que serás amable con ellos o no daré un paso más".

"وعدني بأنك ستكون لطيفًا معهم، وإلا فلن أتخذ خطوة أخرى."

—No sabes nada de perros —le espetó Hal a su hermana.

أنت لا تعرفين شيئًا عن الكلاب"، قال هال لأخته."

"Son perezosos y la única forma de moverlos es azotándolos".

"إنهم كسالى، والطريقة الوحيدة لتحريكهم هي ضربهم بالسوط"

"Pregúntale a cualquiera, pregúntale a uno de esos hombres de allí si dudas de mí".

"اسأل أي شخص، اسأل أحد هؤلاء الرجال هناك إذا كنت تشك بي-"

Mercedes miró a los espectadores con ojos suplicantes y llorosos.

نظرت مرسيدس إلى المتفرجين بعيون متوسلة مليئة بالدموع.

Su rostro mostraba lo profundamente que odiaba ver cualquier dolor.

أظهر وجهها مدى كرهها لرؤية أي ألم.

"Están débiles, eso es todo", dijo un hombre. "Están agotados".

إنهم ضعفاء، هذا كل ما في الأمر"، قال أحد الرجال. "لقد أُنهكوا"-"

"Necesitan descansar, han trabajado demasiado tiempo sin descansar".

"إنهم يحتاجون إلى الراحة ـ لقد عملوا لفترة طويلة دون انقطاع-"

—Maldito sea el resto —murmuró Hal con el labio curvado.

الباقي ملعون "تمتم هال مع شفتيه ملتفة"

Mercedes jadeó, visiblemente dolida por la grosera palabra que pronunció.

شهقت مرسيدس، من الواضح أنها شعرت بالألم بسبب الكلمة البذيئة التي قالها لها.

Aún así, ella se mantuvo leal y defendió instantáneamente a su hermano.

ومع ذلك، ظلت مخلصة ودافعت عن شقيقها على الفور-

—No le hagas caso a ese hombre —le dijo a Hal—. Son nuestros perros.

لا تهتم لهذا الرجل"، قالت لهال. "إنهم كلابنا"-"

"Los conduces como mejor te parezca, haz lo que creas correcto".

"أنت تقودهم كما تراه مناسبًا ـ افعل ما تعتقد أنه صحيح-"

Hal levantó el látigo y volvió a golpear a los perros sin piedad.

رفع هال السوط وضرب الكلاب مرة أخرى دون رحمة.

Se lanzaron hacia adelante, con el cuerpo agachado y los pies hundidos en la nieve.

اندفعوا إلى الأمام، أجسادهم منخفضة، وأقدامهم تدفع في الثلج.

Ponían toda su fuerza en tirar, pero el trineo no se movía.

لقد بذلوا كل قوتهم في السحب، لكن الزلاجة لم تكن تتحرك.

El trineo quedó atascado, como un ancla congelada en la nieve compacta.

ظلت الزلاجة عالقة، مثل مرساة متجمدة في الثلج المتراكم.

Tras un segundo esfuerzo, los perros se detuvieron de nuevo, jadeando con fuerza.

وبعد محاولة ثانية، توقفت الكلاب مرة أخرى، وهي تلهث بشدة.

Hal levantó el látigo una vez más, justo cuando Mercedes interfirió nuevamente.

رفع هال السوط مرة أخرى، في الوقت الذي تدخلت فيه مرسيدس مرة أخرى.

Ella cayó de rodillas frente a Buck y abrazó su cuello.

نزلت على ركبتيها أمام باك وعانقت رقبته.

Las lágrimas llenaron sus ojos mientras le suplicaba al perro exhausto.

امتلأت عيناها بالدموع وهي تتوسل إلى الكلب المنهك.

"Pobres queridos", dijo, "¿por qué no tiran más fuerte?"

"يا مساكين، "قالت، "لماذا لا تسحبون بقوة أكبر؟"

"Si tiras, no te azotarán así".

"إذا قمت بالسحب، فلن يتم جلدك بهذه الطريقة."

A Buck no le gustaba Mercedes, pero estaba demasiado cansado para resistirse a ella ahora.

لم يكن باك يحب مرسيدس، لكنه كان متعبًا جدًا بحيث لم يتمكن من مقاومتها الآن.

Él aceptó sus lágrimas como una parte más de ese día miserable.

لقد تقبل دموعها باعتبارها جزءًا آخر من يومه البائس.

Uno de los hombres que observaban finalmente habló después de contener su ira.

تحدث أحد الرجال الذين كانوا يراقبون أخيرًا بعد أن تمكن من كبت غضبه.

"No me importa lo que les pase a ustedes, pero esos perros importan".

"لا يهمني ما يحدث لكم أيها الناس، ولكن تلك الكلاب مهمة."

"Si quieres ayudar, suelta ese trineo: está congelado hasta la nieve".

"إذا كنت تريد المساعدة، قم بكسر تلك الزلاجة ـ فهي متجمدة في الثلج."

"Presiona con fuerza el polo G, derecha e izquierda, y rompe el sello de hielo".

"اضغط بقوة على عمود الجي، يمينًا ويسارًا، واكسر ختم الجليد."

Se hizo un tercer intento, esta vez siguiendo la sugerencia del hombre.

وتم إجراء محاولة ثالثة، هذه المرة بناء على اقتراح الرجل.

Hal balanceó el trineo de un lado a otro, soltando los patines.

هز هال الزلاجة من جانب إلى آخر، مما أدى إلى تحرير العدائين.

El trineo, aunque sobrecargado y torpe, finalmente avanzó con dificultad.

رغم أن الزلاجة كانت مثقلة وخرقاء، إلا أنها اندفعت إلى الأمام في النهاية.

Buck y los demás tiraron salvajemente, impulsados por una tormenta de latigazos.

سحب باك والآخرون أنفسهم بعنف، تحت وطأة عاصفة من الضربات العنيفة.

Cien metros más adelante, el sendero se curvaba y descendía hacia la calle.

على بعد مائة ياردة إلى الأمام، انحنى المسار وانحدر إلى الشارع.

Se hubiera necesitado un conductor habilidoso para mantener el trineo en posición vertical.

كان من المفترض أن يحتاج الأمر إلى سائق ماهر للحفاظ على الزلاجة في وضع مستقيم.

Hal no era hábil y el trineo se volcó al girar en la curva.

لم يكن هال ماهرًا، وانقلبت الزلاجة عندما تأرجحت حول المنحنى.

Las ataduras sueltas cedieron y la mitad de la carga se derramó sobre la nieve.

انهارت الأربطة، وسقط نصف الحمولة على الثلج.

Los perros no se detuvieron; el trineo, más ligero, siguió volando de lado.

لم تتوقف الكلاب، وكانت الزلاجة الخفيفة تطير على جانبها.

Enojados por el abuso y la pesada carga, los perros corrieron más rápido.

غاضبين من الإساءة والعبء الثقيل، ركضت الكلاب بشكل أسرع.

Buck, furioso, echó a correr, con el equipo siguiéndolo detrás.

اندفع باك في غضب شديد، وتبعه الفريق.

Hal gritó "¡Guau! ¡Guau!", pero el equipo no le hizo caso.

صرخ هال "واو. واو. "لكن الفريق لم ينتبه له.

Tropezó, cayó y fue arrastrado por el suelo por el arnés.

لقد تعثر وسقط وسحبه الحزام على الأرض.

El trineo volcado saltó sobre él mientras los perros corrían delante.

ارتطمت الزلاجة المقلوبة به بينما كانت الكلاب تتسابق أمامه.

El resto de los suministros se dispersaron por la concurrida calle de Skaguay.

بقية الإمدادات متناثرة في شوارع سكاغواي المزدحمة.

La gente bondadosa se apresuró a detener a los perros y recoger el equipo.

هرع الناس طيبو القلوب لإيقاف الكلاب وجمع المعدات.

También dieron consejos, contundentes y prácticos, a los nuevos viajeros.

كما قدموا نصائح مباشرة وعملية للمسافرين الجدد.

"Si quieres llegar a Dawson, lleva la mitad de la carga y el doble de perros".

" إذا كنت تريد الوصول إلى داوسون، خذ نصف الحمولة وضاعف عدد الكلاب."

Hal, Charles y Mercedes escucharon, aunque no con entusiasmo.

استمع هال، وتشارلز، ومرسيدس، ولكن ليس بحماس.

Instalaron su tienda de campaña y comenzaron a clasificar sus suministros.

قاموا بنصب خيمتهم وبدأوا بفرز إمداداتهم.

Salieron alimentos enlatados, lo que hizo reír a carcajadas a los espectadores.

وخرجت الأطعمة المعلبة، مما جعل المتفرجين يضحكون بصوت عالٍ.

"¿Enlatado en el camino? Te morirás de hambre antes de que se derrita", dijo uno.

معلبات على الطريق؟ ستموت جوعًا قبل أن تذوب"، قال أحدهم."

¿Mantas de hotel? Mejor tíralas todas.

بطانيات الفنادق؟ من الأفضل التخلص منها جميعًا.

"Si también deshazte de la tienda de campaña, aquí nadie lava los platos".

"تخلص من الخيمة أيضًا، ولن يغسل أحد الأطباق هنا."

¿Crees que estás viajando en un tren Pullman con sirvientes a bordo?

"هل تعتقد أنك تركب قطار بولمان مع الخدم على متنه؟"

El proceso comenzó: todos los objetos inútiles fueron arrojados a un lado.

بدأت العملية ـ تم إلقاء كل عنصر عديم الفائدة جانبًا.

Mercedes lloró cuando sus maletas fueron vaciadas en el suelo nevado.

بكت مرسيدس عندما أفرغت حقائبها على الأرض الثلجية.

Ella sollozaba por cada objeto que tiraba, uno por uno, sin pausa.

كانت تبكي بشدة على كل قطعة تم إلقاؤها، واحدة تلو الأخرى، دون توقف.

Ella juró no dar un paso más, ni siquiera por diez Charleses.

لقد أقسمت على عدم الذهاب خطوة أخرى ـ حتى ولو لعشرة تشارلز.

Ella le rogó a cada persona cercana que le permitiera conservar sus cosas preciosas.

وتوسلت إلى كل شخص قريب منها أن يسمح لها بالاحتفاظ بأشيائها الثمينة.

Por último, se secó los ojos y comenzó a arrojar incluso la ropa más importante.

وأخيراً مسحت عينيها وبدأت تتخلص حتى من الملابس الحيوية.

Cuando terminó con los suyos, comenzó a vaciar los suministros de los hombres.

عندما انتهت من أعمالها، بدأت في إفراغ إمدادات الرجال.

Como un torbellino, destrozó las pertenencias de Charles y Hal.

مثل عاصفة، مزقت ممتلكات تشارلز وهال.

Aunque la carga se redujo a la mitad, todavía era mucho más pesada de lo necesario.

على الرغم من أن الحمل انخفض إلى النصف، إلا أنه كان لا يزال أثقل بكثير من اللازم.

Esa noche, Charles y Hal salieron y compraron seis perros nuevos.

في تلك الليلة، خرج تشارلز وهال واشتريا ستة كلاب جديدة.

Estos nuevos perros se unieron a los seis originales, además de Teek y Koona.

انضمت هذه الكلاب الجديدة إلى الكلاب الستة الأصلية، بالإضافة إلى تيك وكونا.

Juntos formaron un equipo de catorce perros enganchados al trineo.

لقد شكلوا معًا فريقًا مكونًا من أربعة عشر كلبًا مربوطين بالزلاجة.

Pero los nuevos perros no eran aptos y estaban mal entrenados para el trabajo con trineos.

لكن الكلاب الجديدة كانت غير صالحة للعمل على الزلاجات ولم يتم تدريبها بشكل جيد.

Tres de los perros eran pointers de pelo corto y uno era un Terranova.

ثلاثة من الكلاب كانت من نوع المؤشرات ذات الشعر القصير، وكان واحد منها من نوع نيوفاوندلاند.

Los dos últimos perros eran mestizos, sin ninguna raza ni propósito claros.

كان الكلبان الأخيران من الكلاب الهجينة التي ليس لها سلالة واضحة أو غرض على الإطلاق.

No entendieron el camino y no lo aprendieron rápidamente.

لم يفهموا المسار، ولم يتعلموه بسرعة.

Buck y sus compañeros los miraron con desprecio y profunda irritación.

كان باك وأصدقاؤه يراقبونهم بازدراء وانزعاج عميق.

Aunque Buck les enseñó lo que no debían hacer, no podía enseñarles cuál era el deber.

على الرغم من أن باك علمهم ما لا ينبغي لهم فعله، إلا أنه لم يكن قادرًا على تعليمهم الواجب.

No se adaptaron bien a la vida en senderos ni al tirón de las riendas y los trineos.

لم يتقبلوا بشكل جيد تتبع الحياة أو سحب اللجام والزلاجات.

Sólo los mestizos intentaron adaptarse, e incluso a ellos les faltó espíritu de lucha.

حاول الهجينون فقط التكيف، وحتى هم كانوا يفتقرون إلى روح القتال.

Los demás perros estaban confundidos, debilitados y destrozados por su nueva vida.

كانت الكلاب الأخرى مرتبكة، ضعيفة، ومنكسرة بسبب حياتها الجديدة.

Con los nuevos perros desorientados y los viejos exhaustos, la esperanza era escasa.

مع الكلاب الجديدة التي كانت في حيرة من أمرها والكلاب القديمة المنهكة، كان الأمل ضئيلاً.

El equipo de Buck había recorrido dos mil quinientas millas de senderos difíciles.

لقد قطع فريق باك مسافة ألفين وخمسمائة ميل من الطريق القاسي.

Aún así, los dos hombres estaban alegres y orgullosos de su gran equipo de perros.

ومع ذلك، كان الرجلان مبتهجين وفخورين بفريق الكلاب الكبير الخاص بهم.

Creían que viajaban con estilo, con catorce perros enganchados.

ظنوا أنهم يسافرون بأناقة، مع أربعة عشر كلبًا مربوطين.

Habían visto trineos partir hacia Dawson y otros llegar desde allí.

لقد شاهدوا زلاجات تغادر إلى داوسون، وأخرى تصل منها.

Pero nunca habían visto uno tirado por tantos catorce perros.

لكنهم لم يروا قط واحدًا يسحبه ما يصل إلى أربعة عشر كلبًا.

Había una razón por la que equipos como ese eran raros en el desierto del Ártico.

وكان هناك سبب لكون مثل هذه الفرق نادرة في البرية القطبية الشمالية.

Ningún trineo podría transportar suficiente comida para alimentar a catorce perros durante el viaje.

لم يكن بمقدور أي مزلجة أن تحمل ما يكفي من الطعام لإطعام أربعة عشر كلبًا طوال الرحلة.

Pero Charles y Hal no lo sabían: habían hecho los cálculos.

لكن تشارلز وهال لم يعرفا ذلك ـ لقد أجريا الحسابات.

Planificaron la comida: tanta cantidad por perro, tantos días, y listo.

لقد خططوا للطعام: كمية محددة لكل كلب، وعدد محدد من الأيام، وتم الانتهاء من ذلك.

Mercedes miró sus figuras y asintió como si tuviera sentido.

نظرت مرسيدس إلى أرقامهم وأومأت برأسها كما لو كان الأمر منطقيًا.

Todo le parecía muy sencillo, al menos en el papel.

لقد بدا الأمر كله بسيطًا جدًا بالنسبة لها، على الأقل على الورق.

A la mañana siguiente, Buck guió al equipo lentamente por la calle nevada.

وفي صباح اليوم التالي، قاد باك الفريق ببطء إلى الشارع الثلجي.

No había energía ni espíritu en él ni en los perros detrás de él.

لم تكن هناك طاقة أو روح فيه أو في الكلاب خلفه.

Estaban muertos de cansancio desde el principio: no les quedaban reservas.

لقد كانوا متعبين للغاية منذ البداية - لم يتبق لديهم أي احتياطي.

Buck ya había hecho cuatro viajes entre Salt Water y Dawson.

لقد قام باك بأربع رحلات بين سولت ووتر وداوسون بالفعل.

Ahora, enfrentado nuevamente el mismo desafío, no sentía nada más que amargura.

والآن، عندما واجه نفس المسار مرة أخرى، لم يشعر إلا بالمرارة.

Su corazón no estaba en ello, ni tampoco el corazón de los otros perros.

لم يكن قلبه فيه، ولا قلوب الكلاب الأخرى.

Los nuevos perros eran tímidos y los huskies carecían de confianza.

كانت الكلاب الجديدة خجولة، وكانت كلاب الهاسكي تفتقر إلى الثقة.

Buck sintió que no podía confiar en estos dos hombres ni en su hermana.

أحس باك أنه لا يستطيع الاعتماد على هذين الرجلين أو أختهما.

No sabían nada y no mostraron señales de aprender en el camino.

لم يعرفوا شيئًا ولم يظهروا أي علامات على التعلم أثناء الرحلة.

Estaban desorganizados y carecían de cualquier sentido de disciplina.

لقد كانوا غير منظمين ويفتقرون إلى أي حس بالانضباط

Les tomó media noche montar un campamento descuidado cada vez.

استغرق الأمر منهم نصف الليل لإقامة معسكر غير منظم في كل مرة.

Y la mitad de la mañana siguiente la pasaron otra vez jugueteando con el trineo.

وفي الصباح التالي قضوا نصف الوقت في محاولة التعامل مع الزلاجة مرة أخرى.

Al mediodía, a menudo se detenían simplemente para arreglar la carga desigual.

بحلول الظهر، كانوا يتوقفون في كثير من الأحيان فقط لإصلاح الحمل غير المتساوي.

Algunos días, viajaron menos de diez millas en total.

وفي بعض الأيام، سافروا مسافة أقل من عشرة أميال إجمالاً.

Otros días ni siquiera conseguían salir del campamento.

وفي أيام أخرى، لم يتمكنوا من مغادرة المخيم على الإطلاق.

Nunca llegaron a cubrir la distancia alimentaria planificada.

ولم يقتربوا أبدًا من تغطية مسافة الغذاء المخطط لها.

Como era de esperar, muy rápidamente se quedaron sin comida para los perros.

كما كان متوقعًا، نفد الطعام المخصص للكلاب بسرعة كبيرة.

Empeoró las cosas sobrealimentándolos en los primeros días.

لقد جعلوا الأمور أسوأ بسبب الإفراط في التغذية في الأيام الأولى.

Esto acercaba la hambruna con cada ración descuidada.

وقد أدى هذا إلى تقريب المجاعة منا مع كل حصة غير مدروسة.

Los nuevos perros no habían aprendido a sobrevivir con muy poco.

لم تتعلم الكلاب الجديدة كيفية البقاء على قيد الحياة على القليل جدًا.

Comieron con hambre, con apetitos demasiado grandes para el camino.

لقد أكلوا بشراهة، وكانت شهيتهم كبيرة جدًا بالنسبة للطريق.

Al ver que los perros se debilitaban, Hal creyó que la comida no era suficiente.

عندما رأى هال الكلاب تضعف، اعتقد أن الطعام لم يكن كافيا.

Duplicó las raciones, empeorando aún más el error.

لقد ضاعف الحصص، مما جعل الخطأ أسوأ.

Mercedes añadió más problemas con lágrimas y suaves súplicas.

أضافت مرسيدس إلى المشكلة دموعها وتوسلاتها الناعمة.

Cuando no pudo convencer a Hal, alimentó a los perros en secreto.

عندما لم تتمكن من إقناع هال، قامت بإطعام الكلاب سراً.

Ella robó de los sacos de pescado y se lo dio a sus espaldas.

سرقت من أكياس السمك وأعطتها لهم من وراء ظهره.

Pero lo que los perros realmente necesitaban no era más comida: era descanso.

لكن ما يحتاجه الكلاب حقًا لم يكن المزيد من الطعام، بل الراحة.

Iban a poca velocidad, pero el pesado trineo aún seguía avanzando.

لقد كانوا يحققون وقتًا سيئًا، لكن الزلاجة الثقيلة كانت لا تزال مستمرة.

Ese peso solo les quitaba las fuerzas que les quedaban cada día.

كان هذا الوزن وحده يستنزف قوتهم المتبقية كل يوم.

Luego vino la etapa de desalimentación ya que los suministros escasearon.

ثم جاءت مرحلة نقص التغذية حيث انخفضت الإمدادات.

Una mañana, Hal se dio cuenta de que la mitad de la comida para perros ya había desaparecido.

أدرك هال في أحد الصباحات أن نصف طعام الكلب قد نفد بالفعل.

Sólo habían recorrido una cuarta parte de la distancia total del recorrido.

لقد سافروا ربع المسافة الإجمالية للمسار فقط.

No se podía comprar más comida por ningún precio que se ofreciera.

لم يعد من الممكن شراء المزيد من الطعام، بغض النظر عن السعر المعروض.

Redujo las raciones de los perros por debajo de la ración diaria estándar.

لقد خفض حصص الكلاب إلى ما دون الحصة اليومية القياسية.

Al mismo tiempo, exigió viajes más largos para compensar las pérdidas.

وفي الوقت نفسه، طالب برحلة أطول لتعويض الخسارة.

Mercedes y Carlos apoyaron este plan, pero fracasaron en su ejecución.

وقد دعم مرسيدس وتشارلز هذه الخطة، لكنهما فشلا في تنفيذها.

Su pesado trineo y su falta de habilidad hicieron que el avance fuera casi imposible.

إن زلاجاتهم الثقيلة وافتقارهم إلى المهارة جعل التقدم مستحيلاً تقريباً.

Era fácil dar menos comida, pero imposible forzar más esfuerzo.

كان من السهل تقديم كمية أقل من الطعام، ولكن من المستحيل إجبار الناس على بذل المزيد من الجهد.

No podían salir temprano ni tampoco viajar horas extras.

لم يتمكنوا من البدء مبكرًا، ولم يتمكنوا من السفر لساعات إضافية.

No sabían cómo trabajar con los perros, ni tampoco ellos mismos.

لم يعرفوا كيفية التعامل مع الكلاب، ولا حتى مع أنفسهم، في هذا الشأن.

El primer perro que murió fue Dub, el desafortunado pero trabajador ladrón.

كان الكلب الأول الذي مات هو دوب، اللص غير المحظوظ ولكنه مجتهد.

Aunque a menudo lo castigaban, Dub había hecho su parte sin quejarse.

على الرغم من معاقبته في كثير من الأحيان، كان داب يحمل ثقله دون شكوى.

Su hombro lesionado empeoró sin cuidados ni necesidad de descanso.

ازدادت إصابة كتفه سوءًا دون رعاية أو حاجة للراحة.

Finalmente, Hal usó el revólver para acabar con el sufrimiento de Dub.

وأخيرًا، استخدم هال المسدس لإنهاء معاناة داب.

Un dicho común afirma que los perros normales mueren con raciones para perros esquimales.

هناك مقولة شائعة تقول أن الكلاب الطبيعية تموت على حصص الهاسكي.

Los seis nuevos compañeros de Buck tenían sólo la mitad de la porción de comida del husky.

كان لدى رفاق باك الستة الجدد نصف حصة الهاسكي من الطعام فقط

Primero murió el Terranova y después los tres bracos de pelo corto.

مات نيوفاوندلاند أولاً، ثم الكلاب الثلاثة ذات الشعر القصير.

Los dos mestizos resistieron más tiempo pero finalmente
perecieron como el resto.

صمدت السلالتان الهجينتان لفترة أطول ولكن في النهاية هلكتا مثل البقية.

Para entonces, todas las comodidades y la dulzura de
Southland habían desaparecido.

بحلول هذا الوقت، اختفت كل وسائل الراحة واللطف التي كانت موجودة
في منطقة الجنوب.

Las tres personas habían perdido los últimos vestigios de su
educación civilizada.

لقد تخلص الأشخاص الثلاثة من آخر آثار تربيتهم المتحضرة.

Despojado de glamour y romance, el viaje al Ártico se volvió
brutalmente real.

بعد أن جردوها من السحر والرومانسية، أصبحت السفر إلى القطب
الشمالي حقيقة واقعة.

Era una realidad demasiado dura para su sentido de
masculinidad y feminidad.

لقد كان الواقع قاسياً للغاية بالنسبة لإحساسهم بالرجولة والأنوثة.

Mercedes ya no lloraba por los perros, ahora lloraba sólo por
ella misma.

لم تعد مرسيدس تبكي على الكلاب، بل أصبحت تبكي على نفسها فقط

Pasó su tiempo llorando y peleando con Hal y Charles.

لقد أمضت وقتها في البكاء والشجار مع هال وتشارلز.

Pelear era lo único que nunca estaban demasiado cansados
para hacer.

كان الشجار هو الشيء الوحيد الذي لم يتعبوا من فعله أبدًا.

Su irritabilidad surgió de la miseria, creció con ella y la
superó.

إن انفعالهم كان نابعاً من البؤس، ونما معه، وتجاوزه.

La paciencia del camino, conocida por quienes trabajan y
sufren con bondad, nunca llegó.

إن صبر الطريق، المعروف لدى أولئك الذين يتعبون ويعانون بلطف، لم
يأتِ أبدًا.

Esa paciencia que conserva dulce la palabra a pesar del dolor
les era desconocida.

إن الصبر الذي يحفظ الكلام حلواً رغم الألم لم يكن معروفاً لهم.

No tenían ni un ápice de paciencia ni la fuerza que suponía
sufrir con gracia.

لم يكن لديهم أدنى قدر من الصبر، ولم تكن لديهم القوة التي تستمد من المعاناة بالنعمة.

Estaban rígidos por el dolor: les dolían los músculos, los huesos y el corazón.

كانوا متيبسين من الألم - وجع في عضلاتهم وعظامهم وقلوبهم.

Por eso se volvieron afilados de lengua y rápidos para usar palabras ásperas.

وبسبب هذا، أصبحوا حادي اللسان وسريعي الكلام القاسي.

Cada día comenzaba y terminaba con voces enojadas y amargas quejas.

كان كل يوم يبدأ وينتهي بأصوات غاضبة وشكاوى مريرة.

Charles y Hal discutían cada vez que Mercedes les daba una oportunidad.

كان تشارلز وهال يتجادلان كلما أعطتهم مرسيدس فرصة.

Cada hombre creía que hacía más de lo que le correspondía en el trabajo.

كان كل رجل يعتقد أنه قام بأكثر من نصيبه العادل من العمل.

Ninguno de los dos perdió la oportunidad de decirlo una y otra vez.

ولم يفوت أي منهما فرصة ليقول ذلك مرارا وتكرارا.

A veces Mercedes se ponía del lado de Charles, a veces del lado de Hal.

في بعض الأحيان كانت مرسيدس تقف إلى جانب تشارلز، وفي بعض الأحيان كانت تقف إلى جانب هال.

Esto dio lugar a una gran e interminable disputa entre los tres.

وأدى هذا إلى شجار كبير لا نهاية له بين الثلاثة.

Una disputa sobre quién debería cortar leña se salió de control.

نشأ نزاع حول من يجب أن يقوم بتقطيع الحطب إلى حد خارج عن السيطرة.

Pronto se nombraron padres, madres, primos y parientes muertos.

وبعد قليل، تم ذكر أسماء الآباء والأمهات وأبناء العمومة والأقارب المتوفين.

Las opiniones de Hal sobre el arte o las obras de su tío se convirtieron en parte de la pelea.

أصبحت آراء هال حول الفن أو مسرحيات عمه جزءًا من القتال.

Las creencias políticas de Charles también entraron en el debate.

ودخلت المعتقدات السياسية لتشارلز أيضًا في المناقشة.

Para Mercedes, incluso los chismes de la hermana de su marido parecían relevantes.

بالنسبة لمرسيدس، حتى ثرثرة أخت زوجها بدت ذات صلة.

Ella expresó sus opiniones sobre eso y sobre muchos de los defectos de la familia de Charles.

وقد أعربت عن آرائها حول هذا الموضوع وحول العديد من عيوب عائلة تشارلز.

Mientras discutían, el fuego permaneció apagado y el campamento medio montado.

بينما كانوا يتجادلون، ظلت النار مطفأة والمخيم نصف مشتعل.

Mientras tanto, los perros permanecieron fríos y sin comida.

وفي هذه الأثناء، ظلت الكلاب باردة وبدون أي طعام.

Mercedes tenía un motivo de queja que consideraba profundamente personal.

كان لدى مرسيدس شكوى اعتبرتها شخصية للغاية.

Se sintió maltratada como mujer, negándole sus privilegios de gentileza.

لقد شعرت بالمعاملة السيئة كامرأة، وحُرمت من امتيازاتها اللطيفة.

Ella era bonita y dulce, y acostumbrada a la caballerosidad toda su vida.

لقد كانت جميلة وناعمة، وكانت معتادة على الفروسية طوال حياتها.

Pero su marido y su hermano ahora la trataban con impaciencia.

لكن زوجها وشقيقيها الآن يعاملانها بفارغ الصبر.

Su costumbre era actuar con impotencia y comenzaron a quejarse.

كانت عادتها أن تتصرف بعجز، فبدأوا يشكون.

Ofendida por esto, les hizo la vida aún más difícil.

لقد أساءت إليهم، مما جعل حياتهم أكثر صعوبة.

Ella ignoró a los perros e insistió en montar ella misma el trineo.

تجاهلت الكلاب وأصرت على ركوب الزلاجة بنفسها.

Aunque parecía ligera de aspecto, pesaba ciento veinte
libras.

رغم مظهرها الخفيف، كان وزنها مائة وعشرين رطلاً.

Esa carga adicional era demasiado para los perros
hambrientos y débiles.

كان هذا العبء الإضافي أكثر مما تستطيع الكلاب الجائعة والضعيفة أن
تتحمله.

Aún así, ella cabalgó durante días, hasta que los perros se
desplomaron en las riendas.

ومع ذلك، فقد ظلت تركب لعدة أيام، حتى انهارت الكلاب في اللجام.

El trineo se detuvo y Charles y Hal le rogaron que caminara.

ظلت الزلاجة واقفة في مكانها، وتوسل تشارلز وهال إليها أن تمشي.

Ellos suplicaron y rogaron, pero ella lloró y los llamó
crueles.

لقد توسلوا إليها وتوسلوا إليها، لكنها بكت ووصفتهم بالقسوة.

En una ocasión la sacaron del trineo con pura fuerza y enojo.

في إحدى المرات، سحبوها من الزلاجة بقوة شديدة وغضب.

Nunca volvieron a intentarlo después de lo que pasó aquella
vez.

ولم يحاولوا مرة أخرى بعد ما حدث تلك المرة.

Ella se quedó flácida como un niño mimado y se sentó en la
nieve.

أصبحت مترهلة مثل طفل مدلل وجلست في الثلج.

Ellos siguieron adelante, pero ella se negó a levantarse o
seguirlos.

لقد تحركوا، لكنها رفضت أن تنهض أو تتبعهم.

Después de tres millas, se detuvieron, regresaron y la
llevaron de regreso.

وبعد ثلاثة أميال، توقفوا، وعادوا، وحملوها.

La volvieron a cargar en el trineo, nuevamente usando la
fuerza bruta.

ثم أعادوا تحميلها على الزلاجة، مستخدمين القوة الغاشمة مرة أخرى.

En su profunda miseria, fueron insensibles al sufrimiento de
los perros.

في بؤسهم العميق، كانوا قساة القلب تجاه معاناة الكلاب.

Hal creía que uno debía endurecerse y forzar esa creencia a
los demás.

كان هال يعتقد أنه يجب على الإنسان أن يصبح أكثر صلابة ويفرض هذا الاعتقاد على الآخرين.

Primero intentó predicar su filosofía a su hermana.

حاول أولاً أن يبشر أخته بفلسفته

y luego, sin éxito, le predicó a su cuñado.

وبعد ذلك، دون جدوى، قام بالوعظ إلى صهره.

Tuvo más éxito con los perros, pero sólo porque los lastimaba.

لقد حقق نجاحا أكبر مع الكلاب، ولكن فقط لأنه كان يؤذيهم.

En Five Fingers, la comida para perros se quedó completamente sin comida.

في مطعم فايف فينجرز، نفد طعام الكلاب بالكامل.

Una vieja india desdentada vendió unas cuantas libras de cuero de caballo congelado

باعت امرأة عجوز بلا أسنان بضعة أرطال من جلود الخيول المجمدة

Hal cambió su revólver por la piel de caballo seca.

قام هال بتبديل مسدسه بجلد الحصان المجفف.

La carne había procedido de caballos hambrientos de ganaderos meses antes.

لقد جاء اللحم من خيول مربي الماشية الجائعة قبل أشهر.

Congelada, la piel era como hierro galvanizado: dura y incomestible.

كان الجلد متجمدًا مثل الحديد المجلفن، قاسيًا وغير صالح للأكل.

Los perros tenían que masticar sin parar la piel para poder comérsela.

كان على الكلاب أن تمضغ الجلد بلا نهاية حتى تأكله.

Pero las cuerdas correosas y el pelo corto no constituían apenas alimento.

لكن الأوتار الجلدية والشعر القصير لم يكونا غذاءً على الإطلاق.

La mayor parte de la piel era irritante y no era alimento en ningún sentido estricto.

كانت معظم الجلود مزعجة، ولم تكن طعامًا بالمعنى الحقيقي للكلمة.

Y durante todo ese tiempo, Buck se tambaleaba al frente, como en una pesadilla.

وعلى الرغم من كل ذلك، ظل باك يترنح في المقدمة، كما لو كان في كابوس.

Tiraba cuando podía, y cuando no, se quedaba tendido hasta que un látigo o un garrote lo levantaban.

كان يسحب عندما يكون قادرًا على ذلك، وعندما لا يكون قادرًا على ذلك، كان يظل مستلقيًا حتى يرفعه السوط أو الهراوة.

Su fino y brillante pelaje había perdido toda la rigidez y brillo que alguna vez tuvo.

لقد فقد معطفه الناعم اللامع كل صلابته ولمعانه الذي يتمتع به من قبل.

Su cabello colgaba lacio, enmarañado y cubierto de sangre seca por los golpes.

كان شعره متدليًا، متطايرًا، ومتخثرًا بالدم الجاف من الضربات.

Sus músculos se encogieron hasta convertirse en cuerdas y sus almohadillas de carne estaban todas desgastadas.

تقلصت عضلاته إلى حبال، وتآكلت جميع وسادات لحمه.

Cada costilla, cada hueso se veía claramente a través de los pliegues de la piel arrugada.

كل ضلع وكل عظمة ظهرت بوضوح من خلال طيات الجلد المتجعد.

Fue desgarrador, pero el corazón de Buck no podía romperse.

لقد كان الأمر مفجعًا، لكن قلب باك لم يستطع أن ينكسر.

El hombre del suéter rojo lo había probado y demostrado hacía mucho tiempo.

لقد اختبر الرجل ذو السترة الحمراء ذلك وأثبته منذ زمن طويل.

Tal como sucedió con Buck, sucedió con el resto de sus compañeros de equipo.

كما كان الحال مع باك، كذلك كان الحال مع جميع زملائه المتبقين في الفريق.

Eran siete en total, cada uno de ellos un esqueleto andante de miseria.

كان هناك سبعة في المجموع، كل واحد منهم عبارة عن هيكل عظمي متحرك من البؤس.

Se habían vuelto insensibles a los latigazos y solo sentían un dolor distante.

لقد أصبحوا مخدرين للجلد، ويشعرون بألم بعيد فقط.

Incluso la vista y el sonido les llegaban débilmente, como a través de una espesa niebla.

حتى أن البصر والصوت وصلا إليهما بشكل خافت، كما لو كانا من خلال ضباب كثيف.

No estaban ni medio vivos: eran huesos con tenues chispas en su interior.

لم يكونوا على قيد الحياة إلى النصف، بل كانوا عظامًا تحمل شرارات خافتة في داخلها.

Al detenerse, se desplomaron como cadáveres y sus chispas casi desaparecieron.

عندما توقفوا، انهاروا مثل الجثث، واختفت شراراتهم تقريبًا.

Y cuando el látigo o el garrote volvían a golpear, las chispas revoloteaban débilmente.

وعندما ضرب السوط أو الهراوة مرة أخرى، تطايرت الشرارات بشكل ضعيف.

Entonces se levantaron, se tambalearon hacia adelante y arrastraron sus extremidades hacia delante.

ثم نهضوا، وتقدموا متعثرين، وجرروا أطرافهم إلى الأمام.

Un día el amable Billee se cayó y ya no pudo levantarse.

ذات يوم سقط بيلي اللطيف ولم يعد قادرًا على النهوض على الإطلاق.

Hal había cambiado su revólver, por lo que utilizó un hacha para matar a Billee.

لقد قام هال بتبديل مسدسه، لذلك استخدم فأسًا لقتل بيلي بدلًا من ذلك.

Lo golpeó en la cabeza, luego le cortó el cuerpo y se lo llevó arrastrado.

ضربه على رأسه، ثم قطع جسده وسحبه بعيدًا.

Buck vio esto, y también los demás; sabían que la muerte estaba cerca.

لقد رأى باك هذا، ورأى الآخرون أيضًا؛ لقد عرفوا أن الموت كان قريبًا.

Al día siguiente Koona se fue, dejando sólo cinco perros en el equipo hambriento.

في اليوم التالي ذهب كونا، ولم يترك سوى خمسة كلاب في الفريق الجائع.

Joe, que ya no era malo, estaba demasiado perdido como para darse cuenta de gran cosa.

جو لم يعد سيئًا، لكنه أصبح بعيدًا جدًا عن الوعي بأي شيء على الإطلاق.

Pike, que ya no fingía su lesión, estaba apenas consciente.

لم يعد بايك يتظاهر بالإصابة، وكان فاقدًا للوعي تقريبًا.

Solleks, todavía fiel, lamentó no tener fuerzas para dar.

كان سوليكس لا يزال مخلصًا، لكنه حزن لأنه لم يعد لديه القوة ليقدمها.

Teek fue el que más perdió porque estaba más fresco, pero su rendimiento se estaba agotando rápidamente.

لقد تعرض تيك للضرب أكثر من غيره لأنه كان أكثر نضارة، لكنه كان يتلاشى بسرعة.

Y Buck, todavía a la cabeza, ya no mantenía el orden ni lo hacía cumplir.

وباك، الذي لا يزال في المقدمة، لم يعد يحافظ على النظام أو ينفذه.

Medio ciego por la debilidad, Buck siguió el rastro sólo por el tacto.

كان باك نصف أعمى من الضعف، فتبع المسار بمفرده.

Era un hermoso clima primaveral, pero ninguno de ellos lo notó.

لقد كان الطقس ربيعيًا جميلًا، لكن لم يلاحظه أحد منهم.

Cada día el sol salía más temprano y se ponía más tarde que el anterior.

كل يوم تشرق الشمس مبكرا وتغرب متأخرا عن ذي قبل.

A las tres de la mañana ya había amanecido; el crepúsculo duró hasta las nueve.

بحلول الساعة الثالثة صباحًا، جاء الفجر، واستمر الشفق حتى الساعة التاسعة.

Los largos días estuvieron llenos del resplandor del sol primaveral.

كانت الأيام الطويلة مليئة بأشعة شمس الربيع الساطعة.

El silencio fantasmal del invierno se había transformado en un cálido murmullo.

لقد تحول الصمت الشبحى للشتاء إلى همهمة دافئة.

Toda la tierra estaba despertando, viva con la alegría de los seres vivos.

كانت الأرض كلها تستيقظ، على قيد الحياة بفرحة الكائنات الحية.

El sonido provenía de lo que había permanecido muerto e inmóvil durante el invierno.

لقد جاء الصوت من شيء كان ميتًا وساكنًا طوال الشتاء.

Ahora, esas cosas se movieron nuevamente, sacudiéndose el largo sueño helado.

الآن، تحركت تلك الأشياء مرة أخرى، متخلصة من نوم الصقيع الطويل.

La savia subía a través de los oscuros troncos de los pinos que esperaban.

كان النسغ يرتفع من خلال جذوع أشجار الصنوبر المظلمة المنتظرة.

Los sauces y los álamos brotan brillantes y jóvenes brotes en cada ramita.

تنبت براعم صغيرة لامعة على كل غصن من أشجار الصفصاف والحور الرجراج.

Los arbustos y las enredaderas se vistieron de un verde fresco a medida que el bosque cobraba vida.

أصبحت الشجيرات والكروم خضراء اللون بينما أصبحت الغابات حية.

Los grillos cantaban por la noche y los insectos se arrastraban bajo el sol del día.

كانت الصراصير تزقزق في الليل، وكانت الحشرات تزحف في ضوء الشمس في النهار.

Las perdices graznaban y los pájaros carpinteros picoteaban en lo profundo de los árboles.

كانت طيور الحجل تدوي، وكان نقار الخشب يطرق الأشجار بعمق.

Las ardillas parloteaban, los pájaros cantaban y los gansos graznaban al hablarles a los perros.

ثرثرت السناجب، وغنت الطيور، وأطلقت الأوز أصواتها فوق الكلاب.

Las aves silvestres llegaron en grupos afilados, volando desde el sur.

جاءت الطيور البرية في أسافين حادة، تطير من الجنوب.

De cada ladera llegaba la música de arroyos ocultos y caudalosos.

من كل سفح تل جاءت موسيقى الجداول المتدفقة المخفية.

Todas las cosas se descongelaron y se rompieron, se doblaron y volvieron a ponerse en movimiento.

كل الأشياء ذابت وانكسرت وانحنت ثم عادت إلى الحركة.

El Yukón se esforzó por romper las frías cadenas del hielo congelado.

بذلت منطقة يوكون قصارى جهدها لكسر السلاسل الباردة من الجليد المتجمد.

El hielo se derritió desde abajo, mientras que el sol lo derritió desde arriba.

ذاب الجليد من تحته، بينما أذابته الشمس من الأعلى.

Se abrieron agujeros de aire, se abrieron grietas y algunos trozos cayeron al río.

فتحت ثقوب الهواء، وانتشرت الشقوق، وسقطت قطع منها في النهر.

En medio de toda esta vida frenética y llameante, los viajeros se tambaleaban.

وفي وسط كل هذه الحياة الصاخبة والمشتعلة، تعثر المسافرون.

Dos hombres, una mujer y una jauría de perros esquimales caminaban como muertos.

كان هناك رجلان وامرأة ومجموعة من الكلاب الهاسكي يمشون كالأموات.

Los perros caían, Mercedes lloraba, pero seguía montando el trineo.

كانت الكلاب تتساقط، وبكت مرسيدس، لكنها لا تزال تركب الزلاجة.

Hal maldijo débilmente y Charles parpadeó con los ojos llorosos.

لعن هال بصوت ضعيف، وأغمض تشارلز عينيه الدامعتين.

Se toparon con el campamento de John Thornton junto a la desembocadura del río Blanco.

لقد تعثروا في معسكر جون ثورنتون عند مصب نهر وايت.

Cuando se detuvieron, los perros cayeron al suelo, como si todos hubieran muerto.

عندما توقفوا، سقطت الكلاب على الأرض، كما لو أنهم جميعًا ماتوا.

Mercedes se secó las lágrimas y miró a John Thornton.

مسحت مرسيدس دموعها ونظرت إلى جون ثورنتون.

Charles se sentó en un tronco, lenta y rígidamente, dolorido por el camino.

جلس تشارلز على جذع شجرة، ببطء وبصعوبة، وهو يتألم من الطريق.

Hal habló mientras Thornton tallaba el extremo del mango de un hacha.

كان هال يتحدث بينما كان ثورنتون يقطع نهاية مقبض الفأس.

Él tallaba madera de abedul y respondía con respuestas breves y firmes.

قام بنحت خشب البتولا وأجاب بإجابات موجزة وحازمة.

Cuando se le preguntó, dio consejos, seguro de que no serían seguidos.

عندما سئل، أعطى النصيحة، متأكدًا من أنها لن يتم اتباعها.

Hal explicó: "Nos dijeron que el hielo del sendero se estaba desprendiendo".

وأوضح هال قائلاً: "لقد أخبرونا أن الجليد على الطريق كان يتساقط".

Dijeron que nos quedáramos allí, pero llegamos a White River.

"قالوا لنا أنه يجب علينا البقاء في مكاننا ـ لكننا وصلنا إلى وايت ريفر ـ"

Terminó con un tono burlón, como para proclamar la victoria en medio de las dificultades.

وانتهى كلامه بنبرة ساخرة، وكأنه يريد أن يدعي النصر في محنة.

—Y te dijeron la verdad —respondió John Thornton a Hal en voz baja.

وقالوا لك الحقيقة"، أجاب جون ثورنتون هال بهدوء ـ"

"El hielo puede ceder en cualquier momento; está a punto de desprenderse".

"قد ينهار الجليد في أي لحظة، فهو جاهز للسقوط"

"Solo la suerte ciega y los tontos pudieron haber llegado tan lejos con vida".

فقط الحظ الأعمى والحمقى كان بإمكانهم الوصول إلى هذه المرحلة على "
"قيد الحياة.

"Te lo digo directamente: no arriesgaría mi vida ni por todo el oro de Alaska".

"سأقول لك بصراحة، أنا لن أخاطر بحياتي من أجل كل ذهب ألاسكا."

—Supongo que es porque no eres tonto —respondió Hal.

هذا لأنك لست أحمقًا، على ما أعتقد، "أجاب هال ـ"

—De todos modos, seguiremos hasta Dawson. —Desenrolló el látigo.

على أية حال، سنذهب إلى داوسون ـ "فك سوطه ـ"

—¡Sube, Buck! ¡Hola! ¡Sube! ¡Vamos! —gritó con dureza.

اصعد يا باك ـ أهلاً ـ انهض ـ هيا ـ "صرخ بعنف ـ"

Thornton siguió tallando madera, sabiendo que los tontos no escucharían razones.

واصل ثورنتون النحت، لأنه كان يعلم أن الحمقى لن يستمعوا إلى المنطق ـ

Detener a un tonto era inútil, y dos o tres tontos no cambiaban nada.

إن إيقاف الأحمق كان أمراً غير مجدٍ، وخداع اثنين أو ثلاثة لن يغير شيئاً.

Pero el equipo no se movió ante la orden de Hal.

لكن الفريق لم يتحرك عند سماع أمر هال ـ

A estas alturas, sólo los golpes podían hacerlos levantarse y avanzar.

بحلول هذا الوقت، لم يعد هناك ما يمكن أن يجعلهم ينهضون ويتقدمون إلى الأمام سوى الضربات.

El látigo golpeó una y otra vez a los perros debilitados.

انطلقت السوط مرارا وتكرارا عبر الكلاب الضعيفة.

John Thornton apretó los labios con fuerza y observó en silencio.

ضغط جون ثورنتون على شفتيه بقوة وراقب في صمت.

Solleks fue el primero en ponerse de pie bajo el látigo.

كان سوليكس هو أول من زحف إلى قدميه تحت السوط

Entonces Teek lo siguió, temblando. Joe gritó al tambalearse.

ثم تبعه تيك وهو يرتجف. صرخ جو وهو يتعثر.

Pike intentó levantarse, falló dos veces y finalmente se mantuvo en pie, tambaleándose.

حاول بايك النهوض، لكنه فشل مرتين، ثم وقف أخيرا غير ثابت.

Pero Buck yacía donde había caído, sin moverse en absoluto este momento.

لكن باك ظل مستلقيا حيث سقط، ولم يتحرك على الإطلاق هذه المرة.

El látigo lo golpeaba una y otra vez, pero él no emitía ningún sonido.

لقد ضربه السوط مرارا وتكرارا، لكنه لم يصدر أي صوت.

Él no se inmutó ni se resistió, simplemente permaneció quieto y en silencio.

لم يتراجع أو يقاوم، بل ظل ساكنًا وهادئًا.

Thornton se movió más de una vez, como si fuera a hablar, pero no lo hizo.

تحرك ثورنتون أكثر من مرة، وكأنه يريد أن يتكلم، لكنه لم يفعل.

Sus ojos se humedecieron y el látigo siguió golpeando contra Buck.

أصبحت عيناه مبللة، وما زالت السوط تتكسر في وجه باك.

Finalmente, Thornton comenzó a caminar lentamente, sin saber qué hacer.

وأخيرا، بدأ ثورنتون في المشي ببطء، غير متأكد مما يجب فعله.

Era la primera vez que Buck fallaba y Hal se puso furioso.

لقد كانت هذه هي المرة الأولى التي يفشل فيها باك، مما أثار غضب هال.

Dejó el látigo y en su lugar tomó el pesado garrote.

ألقى بالسوط والتقط الهراوة الثقيلة بدلاً من ذلك.

El palo de madera cayó con fuerza, pero Buck todavía no se
levantó para moverse.

سقطت العصا الخشبية بقوة، لكن باك لم يتمكن من النهوض للتحرك.

Al igual que sus compañeros de equipo, era demasiado
débil, pero más que eso.

مثل زملائه في الفريق، كان ضعيفًا جدًا - ولكن أكثر من ذلك.

Buck había decidido no moverse, sin importar lo que
sucediera después.

قرر باك عدم التحرك، بغض النظر عما سيأتي بعد ذلك.

Sintió algo oscuro y seguro flotando justo delante.

لقد شعر بشيء مظلم ومؤكد يحوم في الأفق.

Ese miedo se apoderó de él tan pronto como llegó a la orilla
del río.

لقد استولى عليه هذا الرعب بمجرد وصوله إلى ضفة النهر.

La sensación no lo había abandonado desde que sintió el
hielo fino bajo sus patas.

لم يتركه هذا الشعور منذ أن شعر بالجليد الرقيق تحت كفوفه.

Algo terrible lo esperaba; lo sintió más allá del camino.

لقد كان هناك شيء فظيع في انتظاره - شعر به في نهاية الطريق.

No iba a caminar hacia esa cosa terrible que había delante.

لم يكن ينوي السير نحو ذلك الشيء الرهيب الذي أمامه

Él no iba a obedecer ninguna orden que lo llevara a esa cosa.

لم يكن ليطيع أي أمر يأخذه إلى هذا الشيء.

El dolor de los golpes apenas lo afectaba ahora: estaba
demasiado lejos.

لم يعد ألم الضربات يؤثر عليه الآن - لقد كان بعيدًا جدًا.

La chispa de la vida parpadeaba débilmente y se apagaba
bajo cada golpe cruel.

كانت شرارة الحياة تتلألأ، وتتلاشى تحت كل ضربة قاسية.

Sus extremidades se sentían distantes; su cuerpo entero
parecía pertenecer a otro.

كان يشعر وكأن أطرافه بعيدة، لكن جسده كله بدا وكأنه ينتمي إلى شخص
آخر.

Sintió un extraño entumecimiento mientras el dolor
desapareció por completo.

لقد شعر بخدر غريب حيث اختفى الألم تمامًا.

Desde lejos, sentía que lo golpeaban, pero apenas lo sabía.

من بعيد، شعر أنه يتعرض للضرب، لكنه لم يكن يعلم.

Podía oír los golpes débilmente, pero ya no dolían
realmente.

كان بإمكانه سماع الضربات الخفيفة، لكنها لم تعد تؤلمه حقًا.

Los golpes dieron en el blanco, pero su cuerpo ya no parecía
el suyo.

لقد هبطت الضربات عليه، لكن جسده لم يعد يبدو وكأنه ملكه.

Entonces, de repente y sin previo aviso, John Thornton lanzó
un grito salvaje.

ثم فجأة، وبدون سابق إنذار، أطلق جون ثورنتون صرخة جنونية.

Era un grito inarticulado, más el grito de una bestia que el de
un hombre.

لقد كان صراخًا غير قابل للتعبير، أشبه بصراخ وحش أكثر من صراخ
إنسان.

Saltó hacia el hombre con el garrote y tiró a Hal hacia atrás.

قفز على الرجل الذي يحمل النادي وضرب هال على ظهره.

Hal voló como si lo hubiera golpeado un árbol y aterrizó con
fuerza en el suelo.

طار هال كما لو أنه أصيب بشجرة، فهبط بقوة على الأرض.

Mercedes gritó en pánico y se llevó las manos a la cara.

صرخت مرسيدس بصوت عالي في حالة من الذعر وأمسكت بوجهها.

Charles se limitó a mirar, se secó los ojos y permaneció
sentado.

كان تشارلز ينظر فقط، ويمسح عينيه، ويبقى جالسًا.

Su cuerpo estaba demasiado rígido por el dolor para
levantarse o ayudar en la pelea.

كان جسده متيبسًا للغاية بسبب الألم ولم يتمكن من النهوض أو المساعدة
في القتال.

Thornton se quedó de pie junto a Buck, temblando de furia,
incapaz de hablar.

وقف ثورنتون فوق باك، يرتجف من الغضب، غير قادر على الكلام.

Se estremeció de rabia y luchó por encontrar su voz a través
de ella.

لقد ارتجف من الغضب وحارب ليجد صوته من خلاله.

—Si vuelves a golpear a ese perro, te mataré —dijo
finalmente.

إذا ضربت هذا الكلب مرة أخرى، سأقتلك"، قال أخيرًا."

Hal se limpió la sangre de la boca y volvió a avanzar.

مسح هال الدم من فمه وتقدم إلى الأمام مرة أخرى.

—Es mi perro —murmuró—. ¡Quítate del medio o te curaré!

"إنه كلبي," تمتم. "ابتعد عن الطريق، وإلا سأصلحك."

"Voy a Dawson y no me lo vas a impedir", añadió.

سأذهب إلى داوسون، ولن تمنعني"، أضافـ."

Thornton se mantuvo firme entre Buck y el joven enojado.

وقف ثورنتون بثبات بين باك والشاب الغاضب.

No tenía intención de hacerse a un lado o dejar pasar a Hal.

لم يكن لديه أي نية للتنحي جانباً أو السماح لهال بالمرور.

Hal sacó su cuchillo de caza, largo y peligroso en la mano.

أخرج هال سكين الصيد الخاص به، الطويل والخطير في يده.

Mercedes gritó, luego lloró y luego rió con una histeria salvaje.

صرخت مرسيدس، ثم بكت، ثم ضحكت في هستيريا جامحة.

Thornton golpeó la mano de Hal con el mango de su hacha, fuerte y rápido.

ضرب ثورنتون يد هال بمقبض الفأس، بقوة وبسرعة.

El cuchillo se soltó del agarre de Hal y voló al suelo.

لقد تم انتزاع السكين من قبضة هال وطار إلى الأرض.

Hal intentó recoger el cuchillo y Thornton volvió a golpearle los nudillos.

حاول هال التقاط السكين، وضربه ثورنتون على مفاصله مرة أخرى.

Entonces Thornton se agachó, agarró el cuchillo y lo sostuvo.

ثم انحنى ثورنتون، وأمسك بالسكين، وأبقى عليه.

Con dos rápidos golpes del mango del hacha, cortó las riendas de Buck.

وبضربتين سريعتين بمقبض الفأس، قطع زمام باك.

Hal ya no tenía fuerzas para luchar y se apartó del perro.

لم يعد لدى هال أي قدرة على القتال وتراجع عن الكلب.

Además, Mercedes necesitaba ahora ambos brazos para mantenerse erguida.

وبالإضافة إلى ذلك، أصبحت مرسيدس بحاجة إلى ذراعيها الآن لتتمكن من البقاء منتصبة.

Buck estaba demasiado cerca de la muerte como para volver a ser útil para tirar de un trineo.

كان باك قريبًا جدًا من الموت لدرجة أنه لم يعد قادرًا على سحب الزلاجة مرة أخرى.

Unos minutos después, se marcharon y se dirigieron río abajo.

وبعد دقائق قليلة، انسحبوا، متجهين إلى أسفل النهر.

Buck levantó la cabeza débilmente y los observó mientras salían del banco.

رفع باك رأسه ضعيفًا وشاهدهم يغادرون البنك.

Pike lideró el equipo, con Solleks en la parte trasera, al volante.

كان بايك على رأس الفريق، بينما كان سوليكس في الخلف في مركز القيادة.

Joe y Teek caminaron entre ellos, ambos cojeando por el cansancio.

كان جو وتيك يمشيان بينهما، وكلاهما يعرج من الإرهاق.

Mercedes se sentó en el trineo y Hal agarró el largo palo.

جلست مرسيدس على الزلاجة، وأمسك هال بالعمود الطويل.

Charles se tambaleó detrás, sus pasos torpes e inseguros.

تعثر تشارلز في الخلف، وكانت خطواته خرقاء وغير مؤكدة.

Thornton se arrodilló junto a Buck y buscó con delicadeza los huesos rotos.

ركع ثورنتون بجانب باك وشعر بلطف بالعظام المكسورة.

Sus manos eran ásperas pero se movían con amabilidad y cuidado.

كانت يداه خشنة ولكنها كانت تتحرك بلطف وعناية.

El cuerpo de Buck estaba magullado pero no mostraba lesiones duraderas.

كان جسد باك مصابًا بكدمات ولكن لم تظهر عليه أي إصابة دائمة.

Lo que quedó fue un hambre terrible y una debilidad casi total.

كل ما تبقى كان الجوع الشديد والضعف شبه الكامل.

Cuando esto quedó claro, el trineo ya había avanzado mucho río abajo.

بحلول الوقت الذي أصبح فيه الأمر واضحًا، كانت الزلاجة قد ذهبت بعيدًا في مجرى النهر.

El hombre y el perro observaron cómo el trineo se deslizaba lentamente sobre el hielo agrietado.

كان الرجل والكلب يراقبان الزلاجة وهي تزحف ببطء فوق الجليد المتصدع.

Luego vieron que el trineo se hundía en un hueco.

ثم رأوا الزلاجة تغرق في حفرة.

El mástil voló hacia arriba, con Hal todavía aferrándose a él en vano.

طار العمود الجي إلى الأعلى، وكان هال لا يزال متشبثًا به دون جدوى.

El grito de Mercedes les llegó a través de la fría distancia.

وصل صراخ مرسيدس إليهم عبر المسافة الباردة.

Charles se giró y dio un paso atrás, pero ya era demasiado tarde.

استدار تشارلز وتراجع إلى الوراء - لكنه كان متأخرًا جدًا.

Una capa de hielo entera cedió y todos ellos cayeron al suelo.

انهارت طبقة جليدية بأكملها، وسقطوا جميعًا من خلالها.

Los perros, los trineos y las personas desaparecieron en el agua negra que había debajo.

اختفت الكلاب والزلاجات والأشخاص في المياه السوداء أدناه.

En el hielo por donde habían pasado sólo quedaba un amplio agujero.

لم يبق سوى حفرة واسعة في الجليد حيث مروا.

El sendero se había hundido por completo, tal como Thornton había advertido.

لقد انخفض قاع الطريق - تمامًا كما حذر ثورنتون.

Thornton y Buck se miraron el uno al otro y guardaron silencio por un momento.

نظر ثورنتون وبوك إلى بعضهما البعض، وظلا صامتين لبعض الوقت.

—Pobre diablo —dijo Thornton suavemente, y Buck le lamió la mano.

أيها الشيطان المسكين"، قال ثورنتون بهدوء، ولعق باك يده."

Por el amor de un hombre
من أجل حب الرجل

John Thornton se congeló los pies en el frío del diciembre anterior.

تجمد جون ثورنتون قدميه في البرد في شهر ديسمبر الماضي.

Sus compañeros lo hicieron sentir cómodo y lo dejaron recuperarse solo.

لقد جعله شركاؤه مرتاحًا وتركوه يتعافى بمفرده.

Subieron al río para recoger una balsa de troncos para aserrar para Dawson.

لقد صعدوا إلى النهر لجمع مجموعة من جذوع الأشجار لداووسن.

Todavía cojeaba ligeramente cuando rescató a Buck de la muerte.

كان لا يزال يعرج قليلاً عندما أنقذ باك من الموت.

Pero como el clima cálido continuó, incluso esa cojera desapareció.

ولكن مع استمرار الطقس الدافئ، اختفى هذا العرج أيضًا.

Durante los largos días de primavera, Buck descansaba a orillas del río.

أثناء أيام الربيع الطويلة، كان باك يستريح على ضفة النهر.

Observó el agua fluir y escuchó a los pájaros y a los insectos.

كان يراقب المياه المتدفقة ويستمع إلى الطيور والحشرات.

Lentamente, Buck recuperó su fuerza bajo el sol y el cielo.

ببطء، استعاد باك قوته تحت الشمس والسماء.

Un descanso fue maravilloso después de viajar tres mil millas.

كان الحصول على قسط من الراحة أمرًا رائعًا بعد السفر لمسافة ثلاثة آلاف ميل.

Buck se volvió perezoso a medida que sus heridas sanaban y su cuerpo se llenaba.

أصبح باك كسولًا حيث شُفيت جروحه وامتلئ جسده.

Sus músculos se reafirmaron y la carne volvió a cubrir sus huesos.

أصبحت عضلاته مشدودة، وعاد اللحم ليغطي عظامه.

Todos estaban descansando: Buck, Thornton, Skeet y Nig.

وكانوا جميعًا يستريحون - باك، ثورنتون، سكيت، ونيج.

Esperaron la balsa que los llevaría a Dawson.

لقد انتظروا الطوافة التي ستحملهم إلى داوسون۔

Skeet era un pequeño setter irlandés que se hizo amigo de
Buck.

كان سكيت كلبًا أيرلنديًا صغيرًا أصبح صديقًا لبوك۔

Buck estaba demasiado débil y enfermo para resistirse a ella
en su primer encuentro.

كان باك ضعيفًا ومريضًا للغاية بحيث لم يتمكن من مقاومتها في لقائهما
الأول۔

Skeet tenía el rasgo de sanador que algunos perros poseen
naturalmente.

كان لدى سكيت سمة الشفاء التي يمتلكها بعض الكلاب بشكل طبيعي۔

Como una gata madre, lamió y limpió las heridas abiertas de
Buck.

مثل قطة الأم، قامت بلعق وتنظيف جروح باك الخام۔

Todas las mañanas, después del desayuno, repetía su
minucioso trabajo.

كل صباح بعد الإفطار، كانت تكرر عملها الدقيق۔

Buck llegó a esperar su ayuda tanto como la de Thornton.

لقد أصبح باك يتوقع مساعدتها بقدر ما كان يتوقع مساعدة ثورنتون۔

Nig también era amigable, pero menos abierto y menos
cariñoso.

كان نيج ودودًا أيضًا، لكنه كان أقل انفتاحًا وأقل عاطفية۔

Nig era un perro grande y negro, mitad sabueso y mitad
lebrel.

كان نيج كلبًا أسودًا كبيرًا، نصفه كلب صيد ونصفه كلب صيد الغزلان۔

Tenía ojos sonrientes y un espíritu bondadoso sin límites.

كان لديه عيون ضاحكة وطبيعة طيبة لا نهاية لها في روحه۔

Para sorpresa de Buck, ninguno de los perros mostró celos
hacia él.

لدهشة باك، لم يظهر أي من الكلبين الغيرة تجاهه۔

Tanto Skeet como Nig compartieron la amabilidad de John
Thornton.

لقد تقاسم كل من سكيت ونيج لطف جون ثورنتون۔

A medida que Buck se hacía más fuerte, lo atrajeron hacia
juegos de perros tontos.

عندما أصبح باك أقوى، قاموا بإغرائه بألعاب الكلاب الحمقاء۔

Thornton también jugaba a menudo con ellos, incapaz de resistirse a su alegría.

وكان ثورنتون يلعب معهم في كثير من الأحيان أيضًا، غير قادر على مقاومة فرحتهم.

De esta manera lúdica, Buck pasó de la enfermedad a una nueva vida.

بهذه الطريقة المرحة، انتقل باك من المرض إلى حياة جديدة.

El amor, el amor verdadero, ardiente y apasionado, finalmente era suyo.

الحب ـ الحب الحقيقي، المشتعل، والعاطفي ـ أصبح ملكه في النهاية.

Nunca había conocido ese tipo de amor en la finca de Miller.

لم يكن قد عرف هذا النوع من الحب في منزل ميلر من قبل.

Con los hijos del Juez había compartido trabajo y aventuras.

وكان يتقاسم العمل والمغامرة مع أبناء القاضي.

En los nietos vio un orgullo rígido y jactancioso.

مع الأحفاد رأى الكبرياء المتصلب والمتبجح.

Con el propio juez Miller mantuvo una amistad respetuosa.

وكانت تربطه بالقاضي ميلر صداقة محترمة.

Pero el amor que era fuego, locura y adoración llegó con Thornton.

لكن الحب الذي كان نارًا وجنونًا وعبادة جاء مع ثورنتون.

Este hombre había salvado la vida de Buck, y eso solo significaba mucho.

لقد أنقذ هذا الرجل حياة باك، وهذا وحده كان يعني الكثير.

Pero más que eso, John Thornton era el tipo de maestro ideal.

ولكن أكثر من ذلك، كان جون ثورنتون هو النوع المثالي من المعلمين.

Otros hombres cuidaban perros por obligación o necesidad laboral.

كان الرجال الآخرون يهتمون بالكلاب من باب الواجب أو ضرورة العمل.

John Thornton cuidaba a sus perros como si fueran sus hijos.

كان جون ثورنتون يهتم بكلابه كما لو كانوا أبناءه.

Él se preocupaba por ellos porque los amaba y simplemente no podía evitarlo.

لقد اهتم بهم لأنه أحبهم ولم يكن يستطيع مساعدة أنفسهم.

John Thornton vio incluso más lejos de lo que la mayoría de los hombres lograron ver.

لقد رأى جون ثورنتون أبعد مما تمكن معظم الرجال من رؤيته.

Nunca se olvidó de saludarlos amablemente o decirles alguna palabra de aliento.

لم ينسَ أبدًا أن يحييهم بلطف أو يتحدث إليهم بكلمة تشجيع.

Le encantaba sentarse con los perros para tener largas charlas, o "gases", como él decía.

كان يحب الجلوس مع الكلاب لإجراء محادثات طويلة، أو "الغازات"، كما قال.

Le gustaba agarrar bruscamente la cabeza de Buck entre sus fuertes manos.

كان يحب أن يمسك رأس باك بقوة بين يديه القويتين.

Luego apoyó su cabeza contra la de Buck y lo sacudió suavemente.

ثم أراح رأسه على رأس باك وهزه بلطف.

Mientras tanto, él llamaba a Buck con nombres groseros que significaban amor para Buck.

في هذه الأثناء، كان يطلق على باك أسماءً فظة كانت تعني الحب بالنسبة له.

Para Buck, ese fuerte abrazo y esas palabras le trajeron una profunda alegría.

بالنسبة لباك، تلك العناق الخشن وتلك الكلمات جلبت له فرحة عميقة.

Su corazón parecía latir con fuerza de felicidad con cada movimiento.

بدا قلبه وكأنه يرتجف من السعادة عند كل حركة.

Cuando se levantó de un salto, su boca parecía como si se estuviera riendo.

وعندما قفز بعد ذلك، بدا فمه وكأنه يضحك.

Sus ojos brillaban intensamente y su garganta temblaba con una alegría tácita.

أشرقت عيناه ببراعة وارتجف حلقه بفرح غير منطوق.

Su sonrisa se detuvo en ese estado de emoción y afecto resplandeciente.

ظلت ابتسامته ثابتة في تلك الحالة من العاطفة والمودة المتوهجة.

Entonces Thornton exclamó pensativo: "¡Dios! ¡Casi puede hablar!"

"ثم صاح ثورنتون متأملاً" :يا إلهي. إنه يستطيع التحدث تقريبًا.

Buck tenía una extraña forma de expresar amor que casi causaba dolor.

كان لدى باك طريقة غريبة للتعبير عن الحب والتي كادت أن تسبب الألم.

A menudo apretaba muy fuerte la mano de Thornton entre los dientes.

كان يمسك بيد ثورنتون بين أسنانه بقوة في كثير من الأحيان.

La mordedura iba a dejar marcas profundas que permanecerían durante algún tiempo.

كانت العضة ستترك علامات عميقة ستبقى لبعض الوقت بعد ذلك.

Buck creía que esos juramentos eran de amor y Thornton lo sabía también.

كان باك يعتقد أن هذه القسمات هي الحب، وكان ثورنتون يعرف الشيء نفسه.

La mayoría de las veces, el amor de Buck se demostraba en una adoración silenciosa, casi silenciosa.

في أغلب الأحيان، كان حب باك يظهر في عبادة هادئة وصامتة تقريبًا.

Aunque se emocionaba cuando lo tocaban o le hablaban, no buscaba atención.

على الرغم من أنه كان يشعر بسعادة غامرة عندما يلمسه أحد أو يتحدث إليه، إلا أنه لم يسعى إلى جذب الانتباه.

Skeet empujó su nariz bajo la mano de Thornton hasta que él la acarició.

دفعت سكيت أنفها تحت يد ثورنتون حتى قام بمداعبتها.

Nig se acercó en silencio y apoyó su gran cabeza en la rodilla de Thornton.

صعد نيج بهدوء وأراح رأسه الكبير على ركبة ثورنتون.

Buck, por el contrario, se conformaba con amar desde una distancia respetuosa.

على النقيض من ذلك، كان باك راضيًا بالحب من مسافة محترمة.

Durante horas permaneció tendido a los pies de Thornton, alerta y observando atentamente.

لقد ظل مستلقيا لساعات عند قدمي ثورنتون، متيقظا ويراقب عن كثب.

Buck estudió cada detalle del rostro de su amo y su más mínimo movimiento.

درس باك كل تفاصيل وجه سيده وأدنى حركة.

O yacía más lejos, estudiando la figura del hombre en silencio.

أو كذب في مكان أبعد، يدرس شكل الرجل في صمت.

Buck observó cada pequeño movimiento, cada cambio de postura o gesto.

كان باك يراقب كل حركة صغيرة، وكل تحول في الوضعية أو الإيماءة.

Tan poderosa era esta conexión que a menudo atraía la mirada de Thornton.

لقد كانت هذه الصلة قوية جدًا لدرجة أنها جذبت انتباه ثورنتون في كثير من الأحيان.

Sostuvo la mirada de Buck sin palabras, pero el amor brillaba claramente a través de ella.

التقى باك عيون باك دون أي كلمات، وكان الحب يتألق بوضوح من خلال عيونه.

Durante mucho tiempo después de ser salvado, Buck nunca perdió de vista a Thornton.

لمدة طويلة بعد أن تم إنقاذه، لم يترك باك ثورنتون خارج نطاق رؤيته أبدًا.

Cada vez que Thornton salía de la tienda, Buck lo seguía de cerca afuera.

كلما غادر ثورنتون الخيمة، كان باك يتبعه عن كثب إلى الخارج.

Todos los amos severos de las Tierras del Norte habían hecho que Buck tuviera miedo de confiar.

لقد جعل كل الأسياد القساة في نورثلاند باك خائفًا من الثقة.

Temía que ningún hombre pudiera seguir siendo su amo durante más de un corto tiempo.

كان يخشى ألا يتمكن أي رجل من البقاء سيدًا لنفسه لأكثر من فترة قصيرة.

Temía que John Thornton desapareciera como Perrault y François.

كان يخشى أن يختفي جون ثورنتون مثل بيرولت وفرانسوا.

Incluso por la noche, el miedo a perderlo acechaba el sueño inquieto de Buck.

حتى في الليل، كان الخوف من فقدانه يطارد نوم باك المضطرب.

Cuando Buck se despertó, salió a escondidas al frío y fue a la tienda de campaña.

عندما استيقظ باك، تسلل إلى البرد، وذهب إلى الخيمة.

Escuchó atentamente el suave sonido de la respiración en su interior.

كان يستمع بعناية إلى صوت التنفس الناعم في الداخل.

A pesar del profundo amor de Buck por John Thornton, lo salvaje siguió vivo.

على الرغم من حب باك العميق لجون ثورنتون، إلا أن البرية ظلت على قيد الحياة.

Ese instinto primitivo, despertado en el Norte, no desapareció.

إن تلك الغريزة البدائية التي استيقظت في الشمال لم تختفِ.

El amor trajo devoción, lealtad y el cálido vínculo del fuego.

جلب الحب الإخلاص والولاء والرابطة الدافئة بجانب النار.

Pero Buck también mantuvo sus instintos salvajes, agudos y siempre alerta.

لكن باك احتفظ أيضًا بغرائزه البرية، حادة ومتيقظة دائمًا.

No era sólo una mascota domesticada de las suaves tierras de la civilización.

لم يكن مجرد حيوان أليف مروض من الأراضي الناعمة للحضارة.

Buck era un ser salvaje que había venido a sentarse junto al fuego de Thornton.

كان باك كائنًا بريًا جاء ليجلس بجوار نار ثورنتون.

Parecía un perro del Sur, pero en su interior vivía lo salvaje.

لقد كان يبدو مثل كلب من ساوثلاند، لكن البرية كانت تعيش بداخله.

Su amor por Thornton era demasiado grande como para permitirle robarle algo.

كان حبه لثورنتون كبيرًا جدًا لدرجة أنه لم يسمح له بالسرقة من الرجل.

Pero en cualquier otro campamento, robaría con valentía y sin pausa.

لكن في أي معسكر آخر، كان يسرق بجرأة ودون توقف.

Era tan astuto al robar que nadie podía atraparlo ni acusarlo.

لقد كان ذكيًا جدًا في السرقة لدرجة أنه لم يتمكن أحد من القبض عليه أو اتهامه.

Su rostro y su cuerpo estaban cubiertos de cicatrices de muchas peleas pasadas.

كان وجهه وجسده مغطيين بالندوب من العديد من المعارك الماضية.

Buck seguía luchando con fiereza, pero ahora luchaba con más astucia.

لا يزال باك يقاتل بشراسة، لكنه الآن يقاتل بمكر أكثر.

Skeet y Nig eran demasiado amables para pelear, y eran de Thornton.

كان سكيت ونيج لطيفين للغاية بحيث لا يستطيعان القتال، وكانا تابعين لثورنتون.

Pero cualquier perro extraño, por fuerte o valiente que fuese, cedía.

لكن أي كلب غريب، مهما كان قوياً أو شجاعاً، استسلم.

De lo contrario, el perro se encontraría luchando contra Buck; luchando por su vida.

وإلا، وجد الكلب نفسه يقاتل باك؛ يقاتل من أجل حياته.

Buck no tuvo piedad una vez que decidió pelear contra otro perro.

لم يكن لدى باك أي رحمة عندما اختار القتال ضد كلب آخر.

Había aprendido bien la ley del garrote y el colmillo en las Tierras del Norte.

لقد تعلم جيدًا قانون النادي والأنياب في نورثلاند.

Él nunca renunció a una ventaja y nunca se retractó de la batalla.

لم يتنازل أبدًا عن أي ميزة ولم يتراجع أبدًا عن المعركة.

Había estudiado a los Spitz y a los perros más feroces del correo y de la policía.

لقد درس سبيتز وأشرس كلاب البريد والشرطة.

Sabía claramente que no había término medio en un combate salvaje.

لقد كان يعلم بوضوح أنه لا يوجد منطقة وسطى في القتال البري.

Él debía gobernar o ser gobernado; mostrar misericordia significaba mostrar debilidad.

يجب عليه أن يحكم أو يُحكم؛ إظهار الرحمة يعني إظهار الضعف.

Mercy era una desconocida en el crudo y brutal mundo de la supervivencia.

لم تكن الرحمة معروفة في عالم البقاء القاسي والوحشي.

Mostrar misericordia era visto como miedo, y el miedo conducía rápidamente a la muerte.

كان يُنظر إلى إظهار الرحمة على أنه خوف، والخوف يؤدي سريعًا إلى الموت.

La antigua ley era simple: matar o ser asesinado, comer o ser comido.

كان القانون القديم بسيطًا: اقتل أو تُقتل، كل أو تؤكل.

Esa ley vino desde las profundidades del tiempo, y Buck la siguió plenamente.

لقد جاء هذا القانون من أعماق الزمن، وقد اتبعه باك بشكل كامل.

Buck era mayor que su edad y el número de respiraciones que tomaba.

كان باك أكبر من عمره وعدد الأنفاس التي أخذها.

Conectó claramente el pasado antiguo con el momento presente.

لقد ربط الماضي القديم باللحظة الحالية بشكل واضح.

Los ritmos profundos de las épocas lo atravesaban como mareas.

تحركت فيه إيقاعات العصور العميقة مثل المد والجزر.

El tiempo latía en su sangre con la misma seguridad con la que las estaciones movían la tierra.

كان الزمن ينبض في دمه مثلما تتحرك الفصول في الأرض.

Se sentó junto al fuego de Thornton, con el pecho fuerte y los colmillos blancos.

كان يجلس بجانب نار ثورنتون، قوي الصدر وأنيابه بيضاء.

Su largo pelaje ondeaba, pero detrás de él los espíritus de los perros salvajes observaban.

كان فراءه الطويل يلوح، ولكن خلفه كانت أرواح الكلاب البرية تراقب.

Lobos medio y lobos completos se agitaron dentro de su corazón y sus sentidos.

تحركت الذئاب النصفية والذئاب الكاملة في قلبه وحواسه.

Probaron su carne y bebieron la misma agua que él.

فتذوقوا لحمه وشربوا نفس الماء الذي شربه.

Olfatearon el viento junto a él y escucharon el bosque.

كانوا يشتمون الريح بجانبه ويستمعون إلى الغابة.

Susurraron los significados de los sonidos salvajes en la oscuridad.

لقد همسوا بمعاني الأصوات البرية في الظلام.

Ellos moldearon sus estados de ánimo y guiaron cada una de sus reacciones tranquilas.

لقد شكلوا مزاجه وأرشدوا كل ردود أفعاله الهادئة.

Se quedaron con él mientras dormía y se convirtieron en parte de sus sueños más profundos.

لقد ظلوا معه أثناء نومه وأصبحوا جزءًا من أحلامه العميقة.

Soñaron con él, más allá de él, y constituyeron su propio espíritu.

لقد حلموا معه، وأبعد منه، وصنعوا روحه.

Los espíritus de la naturaleza llamaron con tanta fuerza que Buck se sintió atraído.

لقد نادت أرواح البرية بقوة لدرجة أن باك شعر بالانجذاب.

Cada día, la humanidad y sus reivindicaciones se debilitaban más en el corazón de Buck.

يوما بعد يوم، أصبحت البشرية ومطالبها أضعف في قلب باك.

En lo profundo del bosque, un llamado extraño y emocionante estaba por surgir.

في أعماق الغابة، كان من المقرر أن يرتفع نداء غريب ومثير.

Cada vez que escuchaba el llamado, Buck sentía un impulso que no podía resistir.

في كل مرة سمع فيها النداء، شعر باك برغبة لا يستطيع مقاومتها.

Él iba a alejarse del fuego y de los caminos humanos trillados.

وكان ينوي أن يبتعد عن النار وعن الطرق البشرية المهترئة.

Iba a adentrarse en el bosque, avanzando sin saber por qué.

كان ينوي أن يقفز إلى الغابة، ويمضي قدمًا دون أن يعرف السبب.

Él no cuestionó esta atracción porque el llamado era profundo y poderoso.

ولم يشكك في هذا الجذب، لأن الدعوة كانت عميقة وقوية.

A menudo, alcanzaba la sombra verde y la tierra suave e intacta.

في كثير من الأحيان، وصل إلى الظل الأخضر والأرض الناعمة غير الملموسة

Pero entonces el fuerte amor por John Thornton lo atrajo de nuevo al fuego.

ولكن بعد ذلك، أعاده حبه القوي لجون ثورنتون إلى النار.

Sólo John Thornton realmente pudo sostener en sus manos el corazón salvaje de Buck.

كان جون ثورنتون هو الوحيد الذي امتلك قلب باك الجامح حقًّا.

El resto de la humanidad no tenía ningún valor o significado duradero para Buck.

لم يكن لبقية البشرية أي قيمة أو معنى دائم بالنسبة لباك.

Los extraños podrían elogiarlo o acariciar su pelaje con manos amistosas.

قد يمدحه الغرباء أو يداعبون فروه بأيديهم الودودة.

Buck permaneció impasible y se alejó por demasiado afecto.

ظل باك ثابتًا ومشى بعيدًا بسبب كثرة المودة.

Hans y Pete llegaron con la balsa que habían esperado durante tanto tiempo.

وصل هانز وبيت مع الطوافة التي طال انتظارها

Buck los ignoró hasta que supo que estaban cerca de Thornton.

تجاهلهم باك حتى علم أنهم قريبون من ثورنتون.

Después de eso, los toleró, pero nunca les mostró total calidez.

وبعد ذلك، تحملهم، لكنه لم يظهر لهم الدفء الكامل أبدًا.

Él aceptaba comida o gentileza de ellos como si les estuviera haciendo un favor.

كان يأخذ منهم الطعام أو المعروف كأنه يقدم لهم معروفًا.

Eran como Thornton: sencillos, honestos y claros en sus pensamientos.

لقد كانوا مثل ثورنتون - بسيطين، صادقين، وواضحين في أفكارهم.

Todos juntos viajaron al aserradero de Dawson y al gran remolino.

سافروا جميعًا معًا إلى منشرة داوسون والدوامة العظيمة

En su viaje aprendieron a comprender profundamente la naturaleza de Buck.

خلال رحلتهم، تعلموا فهم طبيعة باك بشكل عميق.

No intentaron acercarse como lo habían hecho Skeet y Nig.

لم يحاولوا أن يصبحوا قريبين من بعضهم البعض مثلما فعل سكيت ونيج.

Pero el amor de Buck por John Thornton solo se profundizó con el tiempo.

لكن حب باك لجون ثورنتون تعمق مع مرور الوقت.

Sólo Thornton podía colocar una mochila en la espalda de Buck en el verano.

كان ثورنتون وحده القادر على حمل حقيبة على ظهر باك في الصيف.

Cualquiera que fuera lo que Thornton ordenaba, Buck estaba dispuesto a hacerlo a cabalidad.

مهما كان ما أمر به ثورنتون، كان باك على استعداد للقيام به بالكامل.

Un día, después de que dejaron Dawson hacia las cabeceras del río Tanana,

ذات يوم، بعد أن غادروا داوسون إلى منابع نهر تانانا،

El grupo se sentó en un acantilado que caía un metro hasta el lecho rocoso desnudo.

جلست المجموعة على جرف ينخفض ثلاثة أقدام إلى الصخر الأساسي العاري.

John Thornton se sentó cerca del borde y Buck descansó a su lado.

جلس جون ثورنتون بالقرب من الحافة، واستراح باك بجانبه.

Thornton tuvo una idea repentina y llamó la atención de los hombres.

خطرت في ذهن ثورنتون فكرة مفاجئة، فلفت انتباه الرجال.

Señaló hacia el otro lado del abismo y le dio a Buck una única orden.

وأشار عبر الهاوية وأعطى باك أمرًا واحدًا.

—¡Salta, Buck! —dijo, extendiendo el brazo por encima del precipicio.

"اقفز يا باك. "قال وهو يلوح بذراعه فوق السقوط

En un momento, tuvo que agarrar a Buck, quien estaba saltando para obedecer.

في لحظة، كان عليه أن يمسك باك، الذي كان يقفز ليطيعه.

Hans y Pete corrieron hacia adelante y los pusieron a ambos a salvo.

اندفع هانز وبيت إلى الأمام وسحباهما إلى مكان آمن.

Cuando todo terminó y recuperaron el aliento, Pete habló.

وبعد أن انتهى كل شيء، وبعد أن التقطوا أنفاسهم، تحدث بيت.

"El amor es extraño", dijo, conmocionado por la feroz devoción del perro.

"الحب غريب"، قال وهو يرتجف من إخلاص الكلب الشديد.

Thornton meneó la cabeza y respondió con seriedad y calma.

هز ثورنتون رأسه وأجاب بهدوء وجدية.

"No, el amor es espléndido", dijo, "pero también terrible".

"لا، الحب رائع"، قال، "ولكنه فظيع أيضًا".

"A veces, debo admitirlo, este tipo de amor me da miedo".

"في بعض الأحيان، يجب أن أعترف، هذا النوع من الحب يجعلني خائفًا."

Pete asintió y dijo: "Odiaría ser el hombre que te toque".

أومأ بيت برأسه وقال، "لا أرغب في أن أكون الرجل الذي يلمسك".

Miró a Buck mientras hablaba, serio y lleno de respeto.

نظر إلى باك وهو يتحدث، وكان جادًا ومليئًا بالاحترام.

—¡Py Jingo! —dijo Hans rápidamente—. Yo tampoco, señor.

قال هانز بسرعة" :باي جينجو-". "وأنا أيضًا، لا يا سيدي.

Antes de que terminara el año, los temores de Pete se
hicieron realidad en Circle City.

قبل نهاية العام، تحققت مخاوف بيت في سيركل سيتي.

Un hombre cruel llamado Black Burton provocó una pelea
en el bar.

رجل قاسي يدعى بلاك بيرتون بدأ قتالاً في الحانة.

Estaba enojado y malicioso, arremetiendo contra un nuevo
novato.

لقد كان غاضبًا وخبيثًا، يهاجم المبتدئين الجدد.

John Thornton entró en escena, tranquilo y afable como
siempre.

تدخل جون ثورنتون بهدوء وحسن الطباع كما هو الحال دائمًا.

Buck yacía en un rincón, con la cabeza gacha, observando a
Thornton de cerca.

كان باك مستلقيا في الزاوية، رأسه لأسفل، يراقب ثورنتون عن كثب.

Burton atacó de repente, y su puñetazo hizo que Thornton
girara.

وجه بيرتون ضربة مفاجئة، حيث أدت لكمته إلى دوران ثورنتون.

Sólo la barandilla de la barra evitó que se estrellara con
fuerza contra el suelo.

فقط درابزين الشريط هو الذي منعه من الاصطدام بقوة بالأرض.

Los observadores oyeron un sonido que no era un ladrido ni
un aullido.

سمع المراقبون صوتًا لم يكن نباحًا أو عواءً

Un rugido profundo salió de Buck mientras se lanzaba hacia
el hombre.

خرج هدير عميق من باك عندما انطلق نحو الرجل.

Burton levantó el brazo y apenas salvó su vida.

رفع بيرتون ذراعه إلى الأعلى وبالكاد أنقذ حياته.

Buck se estrelló contra él y lo tiró al suelo.

اصطدم به باك، مما أدى إلى سقوطه على الأرض.

Buck mordió profundamente el brazo del hombre y luego se abalanzó sobre su garganta.

عض باك ذراع الرجل بعمق، ثم انقض على الحلق.

Burton sólo pudo bloquearlo parcialmente y su cuello quedó destrozado.

لم يتمكن بيرتون إلا من الصد جزئيًا، وكان رقبته ممزقة.

Los hombres se apresuraron a entrar, con los garrotes en alto, y apartaron a Buck del hombre sangrante.

اندفع الرجال، ورفعوا الهراوات، وطردوا باك من الرجل النازف.

Un cirujano trabajó rápidamente para detener la fuga de sangre.

عمل الجراح بسرعة على إيقاف تدفق الدم.

Buck caminaba de un lado a otro y gruñía, intentando atacar una y otra vez.

كان باك يذرع المكان ذهابًا وإيابًا ويصدر صوتًا حادًا، محاولًا الهجوم مرارًا وتكرارًا.

Sólo los golpes con los palos le impidieron llegar hasta Burton.

لم يمنعه سوى الهراوات المتأرجحة من الوصول إلى بيرتون.

Allí mismo se convocó y celebró una asamblea de mineros.

تم عقد اجتماع لعمال المناجم في نفس المكان.

Estuvieron de acuerdo en que Buck había sido provocado y votaron por liberarlo.

واتفقوا على أن باك كان مستفزًا وصوتوا على إطلاق سراحه.

Pero el feroz nombre de Buck ahora resonaba en todos los campamentos de Alaska.

لكن اسم باك الشرس أصبح الآن يتردد صداه في كل معسكر في ألاسكا.

Más tarde ese otoño, Buck salvó a Thornton nuevamente de una nueva manera.

وفي وقت لاحق من ذلك الخريف، أنقذ باك ثورنتون مرة أخرى بطريقة جديدة.

Los tres hombres guiaban un bote largo por rápidos agitados.

كان الرجال الثلاثة يقودون قاربًا طويلًا عبر منحدرات خشنة.

Thornton tripulaba el bote, gritando instrucciones para llegar a la costa.

كان ثورنتون يقود القارب، ويعطي الاتجاهات إلى الشاطئ.

Hans y Pete corrieron por la tierra, sosteniendo una cuerda de árbol a árbol.

ركض هانز وبيت على الأرض، ممسكين بحبل من شجرة إلى شجرة.

Buck seguía el ritmo en la orilla, siempre observando a su amo.

واصل باك السير على الضفة، وكان يراقب سيده دائمًا.

En un lugar desagradable, las rocas sobresalían bajo el agua rápida.

في أحد الأماكن القبيحة، برزت الصخور تحت المياه السريعة.

Hans soltó la cuerda y Thornton dirigió el bote hacia otro lado.

أطلق هانز الحبل، وقاد ثورنتون القارب إلى اتجاه واسع.

Hans corrió para alcanzar el barco nuevamente más allá de las rocas peligrosas.

انطلق هانز مسرعًا ليلحق بالقارب مرة أخرى متجاوزًا الصخور الخطيرة.

El barco superó la cornisa pero se topó con una parte más fuerte de la corriente.

تمكن القارب من تجاوز الحافة لكنه اصطدم بجزء أقوى من التيار.

Hans agarró la cuerda demasiado rápido y desequilibró el barco.

أمسك هانز بالحبل بسرعة كبيرة وسحب القارب إلى حالة من عدم التوازن.

El barco se volcó y se estrelló contra la orilla, boca abajo.

انقلب القارب واصطدم بالضفة من الأسفل إلى الأعلى.

Thornton fue arrojado y arrastrado hacia la parte más salvaje del agua.

تم طرد ثورنتون وجرفته المياه إلى الجزء الأكثر وحشية من المياه.

Ningún nadador habría podido sobrevivir en esas aguas turbulentas y mortales.

لم يكن بإمكان أي سباح أن ينجو في تلك المياه المميتة المتسارعة.

Buck saltó instantáneamente y persiguió a su amo río abajo.

قفز باك على الفور وطارد سيده أسفل النهر.

Después de trescientos metros, llegó por fin a Thornton.

وبعد ثلاثمائة ياردة، وصل أخيرا إلى ثورنتون.

Thornton agarró la cola de Buck y Buck se giró hacia la orilla.

أمسك ثورنتون بذيل باك، ثم اتجه باك نحو الشاطئ.

Nadó con todas sus fuerzas, luchando contra el arrastre salvaje del agua.

كان يسبح بكل قوته، محاربًا مقاومة الماء الجامحة.

Se movieron río abajo más rápido de lo que podían llegar a la orilla.

لقد تحركوا باتجاه مجرى النهر بسرعة أكبر من قدرتهم على الوصول إلى الشاطئ.

Más adelante, el río rugía cada vez más fuerte mientras caía en rápidos mortales.

أمام النهر، كان صوت هديره أعلى وهو ينحدر إلى المنحدرات المميتة.

Las rocas cortaban el agua como los dientes de un peine enorme.

الصخور تشق طريقها عبر الماء مثل أسنان مشط ضخم.

La atracción del agua cerca de la caída era salvaje e ineludible.

كانت قوة جذب المياه بالقرب من القطرة وحشية ولا مفر منها.

Thornton sabía que nunca podrían llegar a la costa a tiempo.

أدرك ثورنتون أنهم لن يتمكنوا أبدًا من الوصول إلى الشاطئ في الوقت المناسب.

Raspó una roca, se estrelló contra otra,

لقد خدش صخرة واحدة، وحطم صخرة ثانية،

Y entonces se estrelló contra una tercera roca, agarrándola con ambas manos.

ثم اصطدم بالصخرة الثالثة، وأمسك بها بكلتا يديه.

Soltó a Buck y gritó por encima del rugido: "¡Vamos, Buck! ¡Vamos!".

أطلق سراح باك وصاح فوق الزئير، "اذهب، باك. اذهب.

Buck no pudo mantenerse a flote y fue arrastrado por la corriente.

لم يتمكن باك من البقاء طافيًا وجرفته التيارات المائية.

Luchó con todas sus fuerzas, intentando girar, pero no consiguió ningún progreso.

لقد حارب بشدة، وكافح من أجل التحول، لكنه لم يحقق أي تقدم على الإطلاق.

Entonces escuchó a Thornton repetir la orden por encima del rugido del río.

ثم سمع ثورنتون يكرر الأمر على الرغم من هدير النهر.

Buck salió del agua y levantó la cabeza como para echar una última mirada.

خرج باك من الماء، ورفع رأسه كما لو كان يلقي نظرة أخيرة.

Luego se giró y obedeció, nadando hacia la orilla con resolución.

ثم استدار وأطاع، وسبح نحو الضفة بعزم.

Pete y Hans lo sacaron a tierra en el último momento posible.

قام بيت وهانز بسحبه إلى الشاطئ في اللحظة الأخيرة الممكنة.

Sabían que Thornton podría aferrarse a la roca sólo por unos minutos más.

لقد عرفوا أن ثورنتون لن يتمكن من التشبث بالصخرة إلا لبضع دقائق أخرى.

Corrieron por la orilla hasta un lugar mucho más arriba de donde estaba colgado.

ركضوا إلى أعلى البنك حتى وصلوا إلى مكان بعيد عن المكان الذي كان معلقًا فيه.

Ataron la cuerda del bote al cuello y los hombros de Buck con cuidado.

قاموا بربط خط القارب حول رقبة باك وكتفيه بعناية.

La cuerda estaba ajustada pero lo suficientemente suelta para permitir la respiración y el movimiento.

كان الحبل مريحًا ولكنه فضفاض بدرجة كافية للتنفس والحركة.

Luego lo lanzaron nuevamente al caudaloso y mortal río.

ثم ألقوه مرة أخرى في النهر المتدفق القاتل.

Buck nadó con valentía, pero perdió su ángulo debido a la fuerza de la corriente.

سبح باك بجرأة لكنه أخطأ زاوية دخوله إلى تيار الماء.

Se dio cuenta demasiado tarde de que iba a dejar atrás a Thornton.

لقد أدرك متأخرًا أنه سوف ينجرف بعيدًا عن ثورنتون.

Hans tiró de la cuerda con fuerza, como si Buck fuera un barco que se hundía.

سحب هانز الحبل بقوة، كما لو كان باك قاربًا ينقلب.

La corriente lo arrastró hacia abajo y desapareció bajo la superficie.

سحبه التيار إلى الأسفل، واختفى تحت السطح.

Su cuerpo chocó contra el banco antes de que Hans y Pete pudieran sacarlo.

ارتطم جسده بالبنك قبل أن يقوم هانز وبيت بسحبه للخارج.

Estaba medio ahogado y le sacaron el agua a golpes.

لقد غرق نصفًا، وقاموا بضرب الماء عليه حتى خرج.

Buck se puso de pie, se tambaleó y volvió a desplomarse en el suelo.

وقف باك، وتعثر، ثم انهار مرة أخرى على الأرض.

Entonces oyeron la voz de Thornton llevada débilmente por el viento.

ثم سمعوا صوت ثورنتون يحمله الريح بشكل خافت.

Aunque las palabras no eran claras, sabían que estaba cerca de morir.

ورغم أن الكلمات لم تكن واضحة، إلا أنهم عرفوا أنه كان على وشك الموت.

El sonido de la voz de Thornton golpeó a Buck como una sacudida eléctrica.

لقد ضرب صوت ثورنتون باك مثل صدمة كهربائية.

Saltó y corrió por la orilla, regresando al punto de lanzamiento.

قفز وركض نحو الضفة، وعاد إلى نقطة الانطلاق.

Nuevamente ataron la cuerda a Buck, y nuevamente entró al arroyo.

وربطوا الحبل مرة أخرى إلى باك، ودخل مرة أخرى إلى النهر.

Esta vez nadó directo y firmemente hacia el agua que palpitaba.

هذه المرة، سبح مباشرة وبثبات في المياه المتدفقة.

Hans soltó la cuerda con firmeza mientras Pete evitaba que se enredara.

أطلق هانز الحبل بثبات بينما منعه بيت من التشابك.

Buck nadó con fuerza hasta que estuvo alineado justo encima de Thornton.

سبح باك بقوة حتى اصطف فوق ثورنتون مباشرة.

Luego se dio la vuelta y se lanzó hacia abajo como un tren a toda velocidad.

ثم استدار وانطلق بسرعة هائلة مثل القطار.

Thornton lo vio venir, se preparó y le rodeó el cuello con los brazos.

لقد رأى ثورنتون أنه قادم، فقام برفع ذراعيه ووضعها حول رقبته.

Hans ató la cuerda fuertemente alrededor de un árbol mientras ambos eran arrastrados hacia abajo.

قام هانز بربط الحبل حول شجرة بقوة بينما كان كلاهما يسحبان تحتها.

Cayeron bajo el agua y se estrellaron contra rocas y escombros del río.

لقد سقطوا تحت الماء، واصطدموا بالصخور وحطام النهر.

En un momento Buck estaba arriba y al siguiente Thornton se levantó jadeando.

في لحظة كان باك في الأعلى، وفي اللحظة التالية نهض ثورنتون وهو يلهث.

Maltratados y asfixiados, se desviaron hacia la orilla y se pusieron a salvo.

أصيبوا بالصدمة والاختناق، فانحرفوا إلى الضفة والأمان.

Thornton recuperó el conocimiento, acostado sobre un tronco a la deriva.

استعاد ثورنتون وعيه، وهو مستلقٍ على جذع شجرة.

Hans y Pete trabajaron duro para devolverle el aliento y la vida.

لقد عمل هانز وبيت بجد حتى يتمكن من استعادة أنفاسه وحياته.

Su primer pensamiento fue para Buck, que yacía inmóvil y flácido.

كان تفكيره الأول هو باك، الذي كان مستلقيا بلا حراك ومرتخيا.

Nig aulló sobre el cuerpo de Buck y Skeet le lamió la cara suavemente.

عوى نيج فوق جسد باك، ولعق سكيت وجهه بلطف.

Thornton, dolorido y magullado, examinó a Buck con manos cuidadosas.

قام ثورنتون بفحص باك بكل حذر، وكان جسده مليئا بالكدمات.

Encontró tres costillas rotas, pero ninguna herida mortal en el perro.

ووجد أن ثلاثة أضلاع مكسورة، لكن لم توجد جروح مميتة في الكلب.

"Eso lo resuelve", dijo Thornton. "Acamparemos aquí". Y así lo hicieron.

قال ثورنتون" :هذا يُحسم الأمر. نُخيّم هنا". وهذا ما فعلوه.

Se quedaron hasta que las costillas de Buck sanaron y pudo caminar nuevamente.

لقد بقوا حتى شُفيت أضلاع باك وأصبح قادرًا على المشي مرة أخرى.

Ese invierno, Buck realizó una hazaña que aumentó aún más su fama.

في ذلك الشتاء، قام باك بإنجاز أدى إلى زيادة شهرته بشكل أكبر.

Fue menos heroico que salvar a Thornton, pero igual de impresionante.

لقد كان الأمر أقل بطولية من إنقاذ ثورنتون، لكنه كان مثيرًا للإعجاب بنفس القدر.

En Dawson, los socios necesitaban suministros para un viaje lejano.

في داوسون، احتاج الشركاء إلى إمدادات لرحلة بعيدة.

Querían viajar hacia el Este, hacia tierras vírgenes y silvestres.

أرادوا السفر شرقًا، إلى الأراضي البرية غير المستكشفة.

La escritura de Buck en el Eldorado Saloon hizo posible ese viaje.

لقد جعلت أفعال باك في صالون إلدورادو هذه الرحلة ممكنة.

Todo empezó con hombres alardeando de sus perros mientras bebían.

بدأ الأمر مع الرجال الذين يتفاخرون بكلابهم أثناء شرب المشروبات.

La fama de Buck lo convirtió en blanco de desafíos y dudas.

لقد جعلت شهرة باك منه هدفًا للتحديات والشكوك.

Thornton, orgulloso y tranquilo, se mantuvo firme en la defensa del nombre de Buck.

وقف ثورنتون بفخر وهدوء، وظل ثابتًا في الدفاع عن اسم باك.

Un hombre dijo que su perro podía levantar doscientos cincuenta kilos con facilidad.

قال أحد الرجال إن كلبه يستطيع سحب خمسمائة رطل بسهولة.

Otro dijo seiscientos, y un tercero se jactó de setecientos.

وقال آخر ستمائة، وقال ثالث سبعمائة.

"¡Pfft!" dijo John Thornton, "Buck puede tirar de un trineo de mil libras".

"بفت." قال جون ثورنتون، "يستطيع باك سحب زلاجة تزن ألف رطل."

Matthewson, un Rey de Bonanza, se inclinó hacia delante y lo desafió.

انحنى ماثيوسون، ملك بونانزا، إلى الأمام وتحداه.

¿Crees que puede poner tanto peso en movimiento?

"هل تعتقد أنه قادر على وضع هذا القدر من الوزن في الحركة؟"

"¿Y crees que puede tirar del peso cien yardas enteras?"

"وهل تعتقد أنه قادر على رفع الوزن لمسافة مائة ياردة كاملة؟"

Thornton respondió con frialdad: «Sí. Buck es lo suficientemente bueno como para hacerlo».

"أجاب ثورنتون ببرود" :نعم. باك جبانٌ بما يكفي ليفعل ذلك.

"Pondrá mil libras en movimiento y las arrastrará cien yardas".

"سيضع ألف جنيه في الحركة، ويسحبها لمسافة مائة ياردة."

Matthewson sonrió lentamente y se aseguró de que todos los hombres escucharan sus palabras.

ابتسم ماثيوسون ببطء وتأكد من أن جميع الرجال سمعوا كلماته.

Tengo mil dólares que dicen que no puede. Ahí está.

"لديَّ ألف دولار تُشير إلى أنه لا يستطيع. ها هو ذا."

Arrojó un saco de polvo de oro del tamaño de una salchicha sobre la barra.

ضرب كيسًا من غبار الذهب بحجم السجق على البار.

Nadie dijo una palabra. El silencio se hizo denso y tenso a su alrededor.

لم ينطق أحد بكلمة. ساد الصمت بينهم توتر وثقل.

El engaño de Thornton —si es que lo hubo— había sido tomado en serio.

لقد تم أخذ خدعة ثورنتون - إن كانت حقيقية - على محمل الجد.

Sintió que el calor le subía a la cara mientras la sangre le subía a las mejillas.

شعر بارتفاع الحرارة في وجهه بينما اندفع الدم إلى خديه.

En ese momento su lengua se había adelantado a su razón.

لقد سبق لسانه عقله في تلك اللحظة.

Realmente no sabía si Buck podría mover mil libras.

إنه حقا لا يعرف إذا كان باك قادرا على نقل ألف جنيه.

¡Media tonelada! Solo su tamaño le hacía sentir un gran peso en el corazón.

نصف طن. حجمه وحده أثقل قلبه.

Tenía fe en la fuerza de Buck y creía que era capaz.

لقد كان لديه ثقة في قوة باك وكان يعتقد أنه قادر.

Pero nunca se había enfrentado a un desafío así, no de esta manera.

ولكنه لم يواجه هذا النوع من التحدي من قبل، ليس بهذه الطريقة.

Una docena de hombres lo observaban en silencio, esperando ver qué haría.

كان هناك عشرة رجال يراقبونه بهدوء، في انتظار رؤية ما سيفعله.

Él no tenía el dinero, ni tampoco Hans ni Pete.

لم يكن لديه المال - ولا هانز أو بيت.

"Tengo un trineo afuera", dijo Matthewson fría y directamente.

"لقد حصلت على مزلجة بالخارج"، قال ماثيوسون ببرود وبشكل مباشر.

"Está cargado con veinte sacos de cincuenta libras cada uno, todo de harina.

"إنها محملة بعشرين كيسًا، كل كيس يزن خمسين رطلاً، كلها من الدقيق."

Así que no dejen que un trineo perdido sea su excusa ahora", añadió.

وأضاف "لذا لا تدع فقدان الزلاجة يكون عذرك الآن".

Thornton permaneció en silencio. No sabía qué decir.

وقف ثورنتون صامتًا. لم يعرف الكلمات التي سيقولها.

Miró a su alrededor los rostros sin verlos con claridad.

كان ينظر حوله إلى الوجوه دون أن يراها بوضوح.

Parecía un hombre congelado en sus pensamientos, intentando reiniciarse.

لقد بدا وكأنه رجل متجمد في أفكاره، يحاول البدء من جديد.

Luego vio a Jim O'Brien, un amigo de la época de Mastodon.

ثم رأى جيم أوبراين، وهو صديق من أيام ماستودون.

Ese rostro familiar le dio un coraje que no sabía que tenía.

لقد أعطاه هذا الوجه المألوف الشجاعة التي لم يكن يعلم أنه يمتلكها.

Se giró y preguntó en voz baja: "¿Puedes prestarme mil?"

ثم التفت وسأل بصوت منخفض: هل يمكنك أن تقرضني ألفًا؟

"Claro", dijo O'Brien, dejando caer un pesado saco junto al oro.

بالتأكيد، "قال أوبراين، وهو يسقط كيسًا ثقيلًا بجوار الذهب بالفعل."

"Pero la verdad, John, no creo que la bestia pueda hacer esto".

"لكن الحقيقة يا جون، أنا لا أعتقد أن الوحش قادر على فعل هذا."

Todos los que estaban en el Eldorado Saloon corrieron hacia afuera para ver el evento.

هرع الجميع في صالون إلدورادو إلى الخارج لمشاهدة الحدث.

Abandonaron las mesas y las bebidas, e incluso los juegos se pausaron.

لقد تركوا الطاولات والمشروبات، وحتى الألعاب توقفت.

Comerciantes y jugadores acudieron para presenciar el final de la audaz apuesta.

حضر التجار والمقامرون ليشهدوا نهاية الرهان الجريء.

Cientos de personas se reunieron alrededor del trineo en la calle helada y abierta.

تجمع المئات حول الزلاجة في الشارع المفتوح الجليدي.

El trineo de Matthewson estaba cargado con un montón de sacos de harina.

كانت زلاجة ماثيوسون تحمل حمولة كاملة من أكياس الدقيق.

El trineo había permanecido parado durante horas a temperaturas bajo cero.

ظلت الزلاجة جالسة لعدة ساعات في درجات حرارة منخفضة تحت الصفر.

Los patines del trineo estaban congelados y pegados a la nieve compacta.

كانت عجلات الزلاجة متجمدة بإحكام بسبب الثلوج المتراكمة.

Los hombres ofrecieron dos a uno de que Buck no podría mover el trineo.

وقد عرض الرجال احتمالات بنسبة اثنين إلى واحد بأن باك لن يتمكن من تحريك الزلاجة.

Se desató una disputa sobre lo que realmente significaba "break out".

لقد نشأ نزاع حول ما يعنيه "الاندلاع "في الواقع.

O'Brien dijo que Thornton debería aflojar la base congelada del trineo.

قال أوبراين أن ثورنتون يجب أن يخفف قاعدة الزلاجة المتجمدة.

Buck pudo entonces "escapar" de un comienzo sólido e inmóvil.

وقد يتمكن باك بعد ذلك من "الانطلاق "من بداية ثابتة ثابتة.

Matthewson argumentó que el perro también debe liberar a los corredores.

وزعم ماثيوسون أن الكلب يجب أن يحرر العدائين أيضًا.

Los hombres que habían escuchado la apuesta estuvieron de acuerdo con la opinión de Matthewson.

واتفق الرجال الذين سمعوا الرهان مع وجهة نظر ماثيوسون.

Con esa decisión, las probabilidades aumentaron a tres a uno en contra de Buck.

ومع هذا القرار، ارتفعت احتمالات الفوز ضد باك إلى ثلاثة مقابل واحد.

Nadie se animó a asumir las crecientes probabilidades de tres a uno.

ولم يتقدم أحد ليأخذ فرص الفوز المتزايدة التي وصلت إلى ثلاثة مقابل واحد.

Ningún hombre creyó que Buck pudiera realizar la gran hazaña.

لم يعتقد أي رجل أن باك قادر على تحقيق هذا الإنجاز العظيم.

Thornton se había apresurado a hacer la apuesta, cargado de dudas.

لقد تم دفع ثورنتون إلى الرهان، وهو مثقل بالشكوك.

Ahora miró el trineo y el equipo de diez perros que estaba a su lado.

والآن نظر إلى الزلاجة وفريق الكلاب العشرة بجانبها.

Ver la realidad de la tarea la hizo parecer más imposible.

إن رؤية حقيقة المهمة جعلتها تبدو أكثر استحالة.

Matthewson estaba lleno de orgullo y confianza en ese momento.

كان ماثيوسون مليئًا بالفخر والثقة في تلك اللحظة.

—¡Tres a uno! —gritó—. ¡Apuesto mil más, Thornton!

"ثلاثة إلى واحد." صرخ. "أراهن بألف أخرى يا ثورنتون."

"¿Qué dices?" añadió lo suficientemente alto para que todos lo oyeran.

ماذا تقول؟ "أضاف بصوت عالٍ بما يكفي ليسمعه الجميع."

El rostro de Thornton mostraba sus dudas, pero su ánimo se había elevado.

أظهر وجه ثورنتون شكوكه، لكن روحه ارتفعت.

Ese espíritu de lucha ignoraba las probabilidades y no temía a nada en absoluto.

لقد تجاهلت روح القتال الصعاب ولم تخش شيئًا على الإطلاق.

Llamó a Hans y Pete para que trajeran todo su dinero a la mesa.

اتصل بهانز وبيت ليحضرا كل أموالهما إلى الطاولة.

Les quedaba poco: sólo doscientos dólares en total.

لم يتبق لديهم سوى القليل - مائتي دولار فقط

Esta pequeña suma constituía su fortuna total en tiempos difíciles.

وكان هذا المبلغ الصغير هو مجموع ثروتهم خلال الأوقات الصعبة.

Aún así, apostaron toda su fortuna contra la apuesta de Matthewson.

ومع ذلك، فقد وضعوا كل ثروتهم ضد رهان ماثيويسون.

El equipo de diez perros fue desenganchado y se alejó del trineo.

تم فك ربط فريق الكلاب العشرة وتحرك بعيدًا عن الزلاجة.

Buck fue colocado en las riendas, vistiendo su arnés familiar.

تم وضع باك في اللجام، مرتديًا حزامه المألوف.

Había captado la energía de la multitud y sentía la tensión.

لقد التقط طاقة الحشد وشعر بالتوتر.

De alguna manera, sabía que tenía que hacer algo por John Thornton.

بطريقة ما، كان يعلم أنه يجب عليه أن يفعل شيئًا من أجل جون ثورنتون.

La gente murmuraba con admiración ante la orgullosa figura del perro.

همس الناس بإعجاب عند رؤية شكل الكلب الفخور.

Era delgado y fuerte, sin un solo gramo de carne extra.

لقد كان نحيفًا وقويًا، ولم يكن لديه ذرة إضافية من اللحم.

Su peso total de ciento cincuenta libras era todo potencia y resistencia.

كان وزنه الكامل الذي بلغ مائة وخمسين رطلاً هو القوة والقدرة على التحمل.

El pelaje de Buck brillaba como la seda, espeso y saludable.

كان معطف باك لامعًا مثل الحرير، سميكًا بالصحة والقوة.

El pelaje a lo largo de su cuello y hombros pareció levantarse y erizarse.

بدا الفراء على طول رقبته وكتفيه وكأنه يرتفع وينتفخ.

Su melena se movía levemente, cada cabello vivo con su gran energía.

تحرك شعره قليلاً، وكل شعرة منه مليئة بطاقته العظيمة.

Su pecho ancho y sus piernas fuertes hacían juego con su cuerpo pesado y duro.

صدره العريض وساقيه القويتين يتناسبان مع جسده الثقيل والقوي.

Los músculos se ondulaban bajo su abrigo, tensos y firmes como hierro.

كانت عضلاته تتقلص تحت معطفه، مشدودة وقوية مثل الحديد المقيد.

Los hombres lo tocaron y juraron que estaba construido como una máquina de acero.

لمسه الرجال وأقسموا أنه كان مبنيًا مثل آلة فولاذية.

Las probabilidades bajaron levemente a dos a uno contra el gran perro.

انخفضت الاحتمالات قليلاً إلى اثنين إلى واحد ضد الكلب العظيم.

Un hombre de los bancos Skookum se adelantó, tartamudeando.

تقدم رجل من مقاعد سكوكوم إلى الأمام، متلعثمًا.

—¡Bien, señor! ¡Ofrezco ochocientas libras por él, antes del examen, señor!

حسنًا يا سيدي. أعرض عليه ثمانمائة جنيه قبل الاختبار يا سيدي.

"¡Ochocientos, tal como está ahora mismo!" insistió el hombre.

ثمانمائة، كما هو واقفًا الآن. "أصر الرجل."

Thornton dio un paso adelante, sonrió y meneó la cabeza con calma.

تقدم ثورنتون للأمام، وابتسم، وهز رأسه بهدوء.

Matthewson intervino rápidamente con una voz de advertencia y el ceño fruncido.

تدخل ماثيوسون بسرعة بصوت تحذيري وعبوس.

—Debes alejarte de él —dijo—. Dale espacio.

قال« :يجب أن تبتعد عنه، وأعطه مساحة».

La multitud quedó en silencio; sólo los jugadores seguían ofreciendo dos a uno.

ساد الصمت بين الحشد؛ ولم يبق إلا المقامرون الذين عرضوا رهان اثنين إلى واحد.

Todos admiraban la complexión de Buck, pero la carga parecía demasiado grande.

أعجب الجميع ببنية باك، لكن الحمل بدا ثقيلاً للغاية.

Veinte sacos de harina, cada uno de cincuenta libras de peso, parecían demasiados.

بدت عشرون كيسًا من الدقيق - يزن كل منها خمسين رطلاً - أكثر مما يمكن تحمله.

Nadie estaba dispuesto a abrir su bolsa y arriesgar su dinero.

لم يكن أحد على استعداد لفتح حقيبته والمخاطرة بأمواله.

Thornton se arrodilló junto a Buck y tomó su cabeza con ambas manos.

ركع ثورنتون بجانب باك وأمسك رأسه بكلتا يديه.

Presionó su mejilla contra la de Buck y le habló al oído.

ضغط خده على خده باك وتحدث في أذنه.

Ya no había apretones juguetones ni susurros de insultos amorosos.

لم يعد هناك اهتزاز مرح أو إهانات محبة همسًا الآن.

Él sólo murmuró suavemente: "Tanto como me amas, Buck".

"لقد همس بهدوء، "بقدر ما تحبني، باك.

Buck dejó escapar un gemido silencioso, su entusiasmo apenas fue contenido.

أطلق باك صرخة هادئة، وكان حماسه بالكاد مقيدًا.

Los espectadores observaron con curiosidad cómo la tensión llenaba el aire.

كان المتفرجون يراقبون بفضول بينما كان التوتر يملأ الهواء.

El momento parecía casi irreal, como algo más allá de la razón.

كانت تلك اللحظة تبدو غير واقعية تقريبًا، وكأنها شيء خارج عن المنطق.

Cuando Thornton se puso de pie, Buck tomó suavemente su mano entre sus mandíbulas.

عندما وقف ثورنتون، أمسك باك يده بلطف بين فكيه.

Presionó con los dientes y luego lo soltó lenta y suavemente.

ضغط عليها بأسنانه، ثم أطلقها ببطء ولطف.

Fue una respuesta silenciosa de amor, no dicha, pero entendida.

لقد كان جوابا صامتا للحب، لم يتم التحدث عنه، بل تم فهمه.

Thornton se alejó bastante del perro y dio la señal.

ابتعد ثورنتون خطوة إلى الوراء قليلاً عن الكلب وأعطى الإشارة.

—Ahora, Buck —dijo, y Buck respondió con calma y concentración.

"حسنًا، باك"، قال، ورد باك بهدوء وتركيز.

Buck apretó las correas y luego las aflojó unos centímetros.

شد باك المسارات، ثم خففها ببضعة بوصات.

Éste era el método que había aprendido; su manera de romper el trineo.

كانت هذه هي الطريقة التي تعلمها، طريقته في كسر الزلاجة.

—¡Caramba! —gritó Thornton con voz aguda en el pesado silencio.

"صرخ ثورنتون بصوت حاد في الصمت الثقيل."

Buck giró hacia la derecha y se lanzó con todo su peso.

اتجه باك إلى اليمين وانقض بكلِ وزنه.

La holgura desapareció y la masa total de Buck golpeó las cuerdas apretadas.

اختفى التراخي، وضربت كتلة باك الكاملة الآثار الضيقة.

El trineo tembló y los patines produjeron un crujido crujiente.

ارتجفت الزلاجة، وأصدر المتسابقون صوت طقطقة واضح.

—¡Ja! —ordenó Thornton, cambiando nuevamente la dirección de Buck.

"هاو. أمر ثورنتون، وهو يغير اتجاه باك مرة أخرى."

Buck repitió el movimiento, esta vez tirando bruscamente hacia la izquierda.

كرر باك الحركة، هذه المرة سحب بقوة إلى اليسار.

El trineo crujió más fuerte y los patines crujieron y se movieron.

تصاعد صوت الزلاجة بشكل أعلى، وبدأ العدّاؤون في التحرك والتحرك.

La pesada carga se deslizó ligeramente hacia un lado sobre la nieve congelada.

انزلق الحمل الثقيل قليلاً إلى الجانب عبر الثلج المتجمد.

¡El trineo se había soltado del sendero helado!

لقد انطلقت الزلاجة من قبضة الطريق الجليدي.

Los hombres contenían la respiración, sin darse cuenta de que ni siquiera estaban respirando.

حبس الرجال أنفاسهم، دون أن يدركوا أنهم لا يتنفسون.

—¡Ahora, TIRA! —gritó Thornton a través del silencio helado.

الآن، اسحب. "صرخ ثورنتون عبر الصمت المتجمد."

La orden de Thornton sonó aguda, como el chasquido de un látigo.

لقد كان أمر ثورنتون حادًا، مثل صوت السوط

Buck se lanzó hacia adelante con una estocada feroz y estremecedora.

ألقى باك بنفسه إلى الأمام بهجوم شرس ومزعج.

Todo su cuerpo se tensó y se arrugó por la enorme tensión.

كان جسده بأكمله متوترًا ومتجمعًا بسبب الضغط الهائل.

Los músculos se ondulaban bajo su pelaje como serpientes que cobraban vida.

تموجت العضلات تحت فروه مثل الثعابين التي تنبض بالحياة.

Su gran pecho estaba bajo y la cabeza estirada hacia delante, hacia el trineo.

كان صدره الكبير منخفضًا، ورأسه ممتدًا للأمام نحو الزلاجة.

Sus patas se movían como un rayo y sus garras cortaban el suelo helado.

تحركت مخالبه مثل البرق، ومخالبه تقطع الأرض المتجمدة.

Los surcos se abrieron profundos mientras luchaba por cada centímetro de tracción.

تم قطع الأخاديد عميقًا أثناء محاولته الحصول على كل بوصة من الجر.

El trineo se balanceó, tembló y comenzó un movimiento lento e inquieto.

بدأت الزلاجة تتأرجح، وترتجف، وبدأت حركة بطيئة وغير مريحة.

Un pie resbaló y un hombre entre la multitud gimió en voz alta.

انزلقت إحدى القدمين، وأطلق أحد الرجال من بين الحشد أنينًا بصوت عالٍ.

Entonces el trineo se lanzó hacia adelante con un movimiento brusco y espasmódico.

ثم اندفعت الزلاجة إلى الأمام في حركة متقطعة وخشنة.

No se detuvo de nuevo: media pulgada... una pulgada... dos pulgadas más.

ولم تتوقف مرة أخرى - نصف بوصة... بوصة... بوصتين أكثر.

Los tirones se hicieron más pequeños a medida que el trineo empezó a ganar velocidad.

أصبحت الهزات أصغر عندما بدأت الزلاجة تكتسب السرعة.

Pronto Buck estaba tirando con una potencia suave, uniforme y rodante.

وبعد قليل أصبح باك يسحب بقوة متدحرجة سلسة ومتساوية.

Los hombres jadearon y finalmente recordaron respirar de nuevo.

شهق الرجال وأخيراً تذكروا أن يتنفسوا مرة أخرى.

No se habían dado cuenta de que su respiración se había detenido por el asombro.

ولم يلاحظوا أن أنفاسهم توقفت من الرهبة.

Thornton corrió detrás, gritando órdenes breves y alegres.

ركض ثورنتون خلفه، وهو يصدر أوامر قصيرة ومبهجة.

Más adelante había una pila de leña que marcaba la distancia.

كان أمامنا كومة من الحطب تشير إلى المسافة.

A medida que Buck se acercaba a la pila, los vítores se hacían cada vez más fuertes.

وعندما اقترب باك من الكومة، أصبح الهتاف أعلى وأعلى.

Los aplausos aumentaron hasta convertirse en un rugido cuando Buck pasó el punto final.

ارتفعت الهتافات إلى هدير عندما تجاوز باك نقطة النهاية.

Los hombres saltaron y gritaron, incluso Matthewson sonrió.

قفز الرجال وصاحوا، حتى أن ماثيوسون ابتسم.

Los sombreros volaron por el aire y los guantes fueron arrojados sin pensar ni rumbo.

طارت القبعات في الهواء، وألقيت القفازات دون تفكير أو هدف.

Los hombres se abrazaron y se dieron la mano sin saber a quién.

أمسك الرجال ببعضهم البعض وتصافحوا دون أن يعرفوا من هو.

Toda la multitud vibró en una celebración salvaje y alegre.

كان الحشد بأكمله يحتفل بفرحة غامرة.

Thornton cayó de rodillas junto a Buck con manos temblorosas.

سقط ثورنتون على ركبتيه بجانب باك ويداه ترتعشان.

Apretó su cabeza contra la de Buck y lo sacudió suavemente hacia adelante y hacia atrás.

ضغط رأسه على رأس باك وهزه بلطف ذهابًا وإيابًا.

Los que se acercaron le oyeron maldecir al perro con silencioso amor.

سمع الذين اقتربوا منه يلعن الكلب بحب هادئ.

Maldijo a Buck durante un largo rato, suavemente, cálidamente, con emoción.

لقد أقسم على باك لفترة طويلة - بهدوء، بحرارة، وبعاطفة.

—¡Bien, señor! ¡Bien, señor! —gritó el rey del Banco Skookum a toda prisa.

حسنًا، سيدي. حسنًا. سيدي. "صرخ ملك مقعد سكوكوم مسرعًا."

—¡Le daré mil, no, mil doscientos, por ese perro, señor!

"سأعطيك ألفًا - لا، ألفًا ومائتين - مقابل هذا الكلب يا سيدي."

Thornton se puso de pie lentamente, con los ojos brillantes de emoción.

نهض ثورنتون ببطء على قدميه، وكانت عيناه تتألقان بالعاطفة.

Las lágrimas corrían abiertamente por sus mejillas sin ninguna vergüenza.

تدفقت الدموع على خديه بكل حرية دون أي خجل.

"Señor", le dijo al rey del Banco Skookum, firme y firme.

سيدي، "قال لملك مقعد سكوكوم، بثبات وحزم"

—No, señor. Puede irse al infierno, señor. Esa es mi última respuesta.

لا يا سيدي. اذهب إلى الجحيم يا سيدي. هذا جوابي النهائي.

Buck agarró suavemente la mano de Thornton con sus fuertes mandíbulas.

أمسك باك يد ثورنتون بلطف بفكيه القويين.

Thornton lo sacudió juguetonamente; su vínculo era más profundo que nunca.

هزه ثورنتون بطريقة مرحة، وكانت علاقتهما عميقة كما كانت دائمًا.

La multitud, conmovida por el momento, retrocedió en silencio.

تحرك الحشد في تلك اللحظة وتراجع إلى الوراء في صمت.

Desde entonces nadie se atrevió a interrumpir tan sagrado afecto.

ومنذ ذلك الحين، لم يجرؤ أحد على مقاطعة هذا المودة المقدسة.

El sonido de la llamada
صوت النداء

Buck había ganado mil seiscientos dólares en cinco minutos.

لقد ربح باك ستة عشر مائة دولار في خمس دقائق۔

El dinero permitió a John Thornton pagar algunas de sus deudas.

مكّنت الأموال جون ثورنتون من سداد بعض ديونه۔

Con el resto del dinero se dirigió al Este con sus socios.

وببقية الأموال توجه شرقًا مع شركائه۔

Buscaban una legendaria mina perdida, tan antigua como el país mismo.

لقد بحثوا عن منجم مفقود أسطوري، قديم قدم البلد نفسه۔

Muchos hombres habían buscado la mina, pero pocos la habían encontrado.

لقد بحث العديد من الرجال عن المنجم، لكن قليل منهم من وجدوه۔

Más de unos pocos hombres habían desaparecido durante la peligrosa búsqueda.

لقد اختفى أكثر من رجل خلال المهمة الخطيرة۔

Esta mina perdida estaba envuelta en misterio y vieja tragedia.

كان هذا المنجم المفقود محاطًا بالغموض والمأساة القديمة۔

Nadie sabía quién había sido el primer hombre que encontró la mina.

لم يكن أحد يعلم من هو الرجل الأول الذي عثر على المنجم۔

Las historias más antiguas no mencionan a nadie por su nombre.

القصص القديمة لا تذكر أحداً بالاسم۔

Siempre había habido allí una antigua y destartalada cabaña.

لقد كان هناك دائمًا كوخًا قديمًا متهالكًا هناك۔

Los hombres moribundos habían jurado que había una mina al lado de aquella vieja cabaña.

أقسم الرجال المحتضرون أن هناك منجمًا بجوار تلك الكابينة القديمة۔

Probaron sus historias con oro como ningún otro en ningún otro lugar.

لقد أثبتوا قصصهم بالذهب كما لم نجد مثله في أي مكان آخر۔

Ningún alma viviente había jamás saqueado el tesoro de
aquel lugar.

لم يسبق لأي روح حية أن نهبت الكنز من هذا المكان.

Los muertos estaban muertos, y los muertos no cuentan
historias.

لقد كان الموتى أمواتًا، والموتى لا يروون حكايات.

Entonces Thornton y sus amigos se dirigieron al Este.

لذا توجه ثورنتون وأصدقاؤه إلى الشرق.

Pete y Hans se unieron, trayendo a Buck y seis perros
fuertes.

انضم بيت وهانز، وأحضروا باك وستة كلاب قوية.

Se embarcaron en un camino desconocido donde otros
habían fracasado.

انطلقوا في طريق غير معروف حيث فشل الآخرون.

Se deslizaron en trineo setenta millas por el congelado río
Yukón.

لقد تزلجوا على مسافة سبعين ميلاً على نهر يوكون المتجمد.

Giraron a la izquierda y siguieron el sendero hacia Stewart.

اتجهوا إلى اليسار وتبعوا المسار إلى ستيوارت.

Pasaron Mayo y McQuestion y siguieron adelante.

لقد تجاوزوا مايو ومككويستيون، واستمروا في الضغط على بعضهم
البعض.

El río Stewart se encogió y se convirtió en un arroyo,
atravesando picos irregulares.

انكمش نهر ستيوارت إلى مجرى مائي، يتخلله قمم متعرجة.

Estos picos afilados marcaban la columna vertebral del
continente.

تشكل هذه القمم الحادة العمود الفقري للقارة.

John Thornton exigía poco a los hombres y a la tierra salvaje.

لم يطلب جون ثورنتون الكثير من الرجال أو من الأرض البرية.

No temía a nada de la naturaleza y se enfrentaba a lo salvaje
con facilidad.

لم يكن يخاف من أي شيء في الطبيعة وواجه البرية بكل سهولة.

Con sólo sal y un rifle, podría viajar a donde quisiera.

باستخدام الملح والبندقية فقط، كان بإمكانه السفر إلى أي مكان يريده.

Al igual que los nativos, cazaba alimentos mientras viajaba.

مثل السكان الأصليين، كان يبحث عن الطعام أثناء رحلاته.

Si no pescaba nada, seguía adelante, confiando en que la suerte le acompañaría.

إذا لم يتمكن من الحصول على شيء، فإنه يستمر في طريقه، معتمدًا على الحظ في المستقبل.

En este largo viaje, la carne era lo principal que comían.

في هذه الرحلة الطويلة، كان اللحم هو الشيء الرئيسي الذي تناولوه.

El trineo contenía herramientas y municiones, pero no un horario estricto.

كانت الزلاجة تحمل أدوات وذخيرة، ولكن لم يكن هناك جدول زمني صارم.

A Buck le encantaba este vagabundeo, la caza y la pesca interminables.

كان باك يحب هذا التجوال؛ والصيد وصيد الأسماك الذي لا ينتهي.

Durante semanas estuvieron viajando día tras día.

لمدة أسابيع كانوا يسافرون يومًا بعد يوم.

Otras veces montaban campamentos y permanecían allí durante semanas.

وفي أوقات أخرى، أقاموا معسكرات وبقوا في أماكنهم لأسابيع.

Los perros descansaron mientras los hombres cavaban en la tierra congelada.

استراحت الكلاب بينما قام الرجال بالحفر في التراب المتجمد.

Calentaron sartenes sobre el fuego y buscaron oro escondido.

قاموا بتسخين المقالي على النار وبحثوا عن الذهب المخفي.

Algunos días pasaban hambre y otros días tenían fiestas.

في بعض الأيام كانوا يموتون من الجوع، وفي بعض الأيام كانوا يقيمون وليمة.

Sus comidas dependían de la presa y de la suerte de la caza.

وكانت وجباتهم تعتمد على اللعبة وحظ الصيد.

Cuando llegaba el verano, los hombres y los perros cargaban cargas sobre sus espaldas.

عندما جاء الصيف، كان الرجال والكلاب يحملون الأحمال على ظهورهم.

Navegaron por lagos azules escondidos en bosques de montaña.

لقد قاموا بالتجوال عبر البحيرات الزرقاء المخفية في الغابات الجبلية.

Navegaban en delgadas embarcaciones por ríos que ningún hombre había cartografiado jamás.

لقد أبحروا بقوارب نحيفة على أنهار لم يسبق لأي إنسان أن رسم خريطة لها.

Esos barcos se construyeron a partir de árboles que cortaban en la naturaleza.

تم بناء هذه القوارب من الأشجار التي قطعوها في البرية.

Los meses pasaron y ellos serpentearon por tierras salvajes y desconocidas.

ومرت الأشهر، وتجولوا عبر الأراضي البرية المجهولة.

No había hombres allí, aunque había rastros antiguos que indicaban que había habido hombres.

لم يكن هناك رجال هناك، لكن الآثار القديمة كانت تشير إلى وجود رجال هناك.

Si la Cabaña Perdida fue real, entonces otras personas habían pasado por allí alguna vez.

إذا كانت الكابينة المفقودة حقيقية، فهذا يعني أن آخرين قد أتوا من هنا في وقت ما.

Cruzaron pasos altos en medio de tormentas de nieve, incluso en verano.

لقد عبروا الممرات المرتفعة أثناء العواصف الثلجية، حتى خلال فصل الصيف.

Temblaban bajo el sol de medianoche en las laderas desnudas de las montañas.

كانوا يرتجفون تحت شمس منتصف الليل على منحدرات الجبال العارية.

Entre la línea de árboles y los campos de nieve, subieron lentamente.

بين خط الأشجار وحقول الثلوج، تسلقوا ببطء.

En los valles cálidos, aplastaban nubes de mosquitos y moscas.

في الوديان الدافئة، قاموا بضرب سحب البعوض والذباب.

Recogieron bayas dulces cerca de los glaciares en plena floración del verano.

قاموا بقطف التوت الحلو بالقرب من الأنهار الجليدية في أوج ازدهارها في الصيف.

Las flores que encontraron eran tan hermosas como las de las Tierras del Sur.

وكانت الزهور التي وجدوها جميلة مثل تلك الموجودة في ساوثلاند.

Ese otoño llegaron a una región solitaria llena de lagos silenciosos.

وفي ذلك الخريف وصلوا إلى منطقة منعزلة مليئة بالبحيرات الصامتة.

La tierra estaba triste y vacía, una vez llena de pájaros y bestias.

كانت الأرض حزينة وخالية، وكانت مليئة بالطيور والوحوش.

Ahora no había vida, sólo el viento y el hielo formándose en charcos.

والآن لم تعد هناك حياة، فقط الرياح والجليد يتشكل في البرك.

Las olas golpeaban las orillas vacías con un sonido suave y triste.

تلاطمت الأمواج على الشواطئ الفارغة بصوت ناعم وحزين.

Llegó otro invierno y volvieron a seguir los viejos y tenues senderos.

ثم جاء شتاء آخر، وتبعوا مسارات قديمة خافتة مرة أخرى.

Éstos eran los rastros de hombres que habían buscado mucho antes que ellos.

كانت هذه هي آثار الرجال الذين بحثوا قبلهم بوقت طويل.

Un día encontraron un camino que se adentraba profundamente en el bosque oscuro.

ذات مرة، وجدوا طريقًا مقطوعًا عميقًا في الغابة المظلمة.

Era un sendero antiguo y sintieron que la cabaña perdida estaba cerca.

لقد كان دربًا قديمًا، وشعروا أن الكابينة المفقودة كانت قريبة.

Pero el sendero no conducía a ninguna parte y se perdía en el espeso bosque.

لكن الطريق لم يؤدِ إلى أي مكان وتلاشى في الغابة الكثيفة.

Nadie sabe quién hizo el sendero ni por qué lo hizo.

من صنع هذا المسار، ولماذا صنعه، لا أحد يعلم.

Más tarde encontraron los restos de una cabaña escondidos entre los árboles.

وفي وقت لاحق، عثروا على حطام نزل مخفي بين الأشجار.

Mantas podridas yacían esparcidas donde alguna vez alguien había dormido.

كانت هناك بطانيات متعفنة متناثرة حيث كان شخص ما ينام ذات يوم.

John Thornton encontró una pistola de chispa de cañón largo enterrada en el interior.

عثر جون ثورنتون على بندقية ذات ماسورة طويلة مدفونة بالداخل.

Sabía que se trataba de un cañón de la Bahía de Hudson desde los primeros días de su comercialización.

لقد علم أن هذا كان مدفع خليج هدسون من أيام التجارة المبكرة.

En aquella época, estas armas se intercambiaban por montones de pieles de castor.

في تلك الأيام كان يتم مقايضة هذه الأسلحة بأكوام من جلود القندس.

Eso fue todo: no quedó ninguna pista del hombre que construyó el albergue.

كان هذا كل شيء ـ لم يتبق أي دليل على الرجل الذي بنى النزل.

Llegó nuevamente la primavera y no encontraron ninguna señal de la Cabaña Perdida.

لقد جاء الربيع مرة أخرى، ولم يجدوا أي أثر للكوخ المفقود.

En lugar de eso encontraron un valle amplio con un arroyo poco profundo.

وبدلاً من ذلك، وجدوا واديًا واسعًا مع مجرى مائي ضحل.

El oro se extendía sobre el fondo de las sartenes como mantequilla suave y amarilla.

كان الذهب متوضعًا في قاع المقلاة مثل الزبدة الصفراء الناعمة.

Se detuvieron allí y no buscaron más la cabaña.

توقفوا هناك ولم يبحثوا عن الكابينة أبعد من ذلك.

Cada día trabajaban y encontraban miles en polvo de oro.

كل يوم عملوا ووجدوا الآلاف في غبار الذهب.

Empaquetaron el oro en bolsas de piel de alce, de cincuenta libras cada una.

قاموا بتعبئة الذهب في أكياس من جلد الموظ، خمسين رطلاً لكل كيس.

Las bolsas estaban apiladas como leña afuera de su pequeña cabaña.

كانت الحقائب مكدسة مثل الحطب خارج نزلهم الصغير.

Trabajaron como gigantes y los días pasaban como sueños rápidos.

لقد عملوا مثل العمالقة، ومرت الأيام مثل الأحلام السريعة.

Acumularon tesoros a medida que los días interminables transcurrían rápidamente.

لقد جمعوا الكنز بينما مرت الأيام التي لا نهاية لها بسرعة.

Los perros no tenían mucho que hacer excepto transportar carne de vez en cuando.

لم يكن هناك الكثير مما يمكن للكلاب فعله باستثناء نقل اللحوم من وقت لآخر.

Thornton cazó y mató el animal, y Buck se quedó tendido junto al fuego.

كان ثورنتون يصطاد ويقتل الطرائد، وكان باك مستلقيًا بجانب النار.

Pasó largas horas en silencio, perdido en sus pensamientos y recuerdos.

أمضى ساعات طويلة في صمت، غارقًا في الفكر والذاكرة.

La imagen del hombre peludo venía cada vez más a la mente de Buck.

كانت صورة الرجل المشعر تظهر في ذهن باك أكثر من أي وقت مضى.

Ahora que el trabajo escaseaba, Buck soñaba mientras parpadeaba ante el fuego.

الآن بعد أن أصبح العمل نادرًا، حلم باك بينما كان يرمش أمام النار.

En esos sueños, Buck vagaba con el hombre en otro mundo.

في تلك الأحلام، كان باك يتجول مع الرجل في عالم آخر.

El miedo parecía el sentimiento más fuerte en ese mundo distante.

يبدو أن الخوف هو الشعور الأقوى في ذلك العالم البعيد.

Buck vio al hombre peludo dormir con la cabeza gacha.

رأى باك الرجل المشعر نائماً ورأسه منحنياً إلى أسفل.

Tenía las manos entrelazadas y su sueño era inquieto y entrecortado.

كانت يداه مشبوكتين، وكان نومه مضطربًا ومتقطعًا.

Solía despertarse sobresaltado y mirar con miedo hacia la oscuridad.

كان يستيقظ فجأة ويحدق بخوف في الظلام.

Luego echaba más leña al fuego para mantener la llama brillante.

ثم يقوم بإلقاء المزيد من الخشب على النار للحفاظ على اشتعال اللهب.

A veces caminaban por una playa junto a un mar gris e interminable.

في بعض الأحيان كانوا يسيرون على طول الشاطئ بجانب بحر رمادي لا نهاية له.

El hombre peludo recogía mariscos y los comía mientras caminaba.

كان الرجل المشعر يلتقط المحار ويأكله أثناء سيره.

Sus ojos buscaban siempre peligros ocultos en las sombras.

كانت عيناه تبحث دائمًا عن المخاطر المخفية في الظل.

Sus piernas siempre estaban listas para correr ante la primera señal de amenaza.

كانت ساقيه مستعدة دائمًا للركض عند أول علامة تهديد.

Se arrastraron por el bosque, silenciosos y cautelosos, uno al lado del otro.

تسللوا عبر الغابة، صامتين وحذرين، جنبًا إلى جنب.

Buck lo siguió de cerca y ambos se mantuvieron alerta.

وتبعه باك، وبقي كلاهما في حالة تأهب.

Sus orejas se movían y temblaban, sus narices olfateaban el aire.

ارتعشت آذانهم وتحركت، واستنشقت أنوفهم الهواء.

El hombre podía oír y oler el bosque tan agudamente como Buck.

كان الرجل يستطيع سماع الغابة وشم رائحتها بنفس حدة باك.

El hombre peludo se balanceó entre los árboles con una velocidad repentina.

تأرجح الرجل المشعر بين الأشجار بسرعة مفاجئة.

Saltaba de rama en rama sin perder nunca su agarre.

كان يقفز من فرع إلى فرع، دون أن يفقد قبضته أبدًا.

Se movió tan rápido sobre el suelo como sobre él.

لقد تحرك فوق الأرض بنفس السرعة التي تحرك بها عليها.

Buck recordó las largas noches bajo los árboles, haciendo guardia.

تذكر باك الليالي الطويلة التي قضاها تحت الأشجار وهو يراقب.

El hombre dormía recostado en las ramas, aferrado fuertemente.

كان الرجل ينام في الأغصان، متشبثًا بها بقوة.

Esta visión del hombre peludo estaba estrechamente ligada al llamado profundo.

كانت رؤية الرجل المشعر مرتبطة ارتباطًا وثيقًا بالدعوة العميقة.

El llamado aún resonaba en el bosque con una fuerza inquietante.

لا يزال النداء يتردد في الغابة بقوة مخيفة.

La llamada llenó a Buck de anhelo y una inquieta sensación de alegría.

لقد ملأت المكالمة باك بالشوق والشعور المضطرب بالفرح.

Sintió impulsos y agitaciones extrañas que no podía nombrar.

كان يشعر برغبات وتحركات غريبة لم يستطع تسميتها.

A veces seguía la llamada hasta lo profundo del tranquilo bosque.

وفي بعض الأحيان كان يتبع النداء إلى أعماق الغابة الهادئة.

Buscó el llamado, ladrando suave o agudamente mientras caminaba.

كان يبحث عن النداء، وينبح بهدوء أو بحدة أثناء سيره.

Olfateó el musgo y la tierra negra donde crecían las hierbas.

كان يشتم الطحالب والتربة السوداء حيث تنمو الأعشاب.

Resopló de alegría ante los ricos olores de la tierra profunda.

كان يشخر بسعادة عند سماعه الروائح الغنية للأرض العميقة.

Se agazapó durante horas detrás de troncos cubiertos de hongos.

اختبئ لساعات خلف جذوع الأشجار المغطاة بالفطريات.

Se quedó quieto, escuchando con los ojos muy abiertos cada pequeño sonido.

لقد بقي ساكنًا، يستمع بعينين واسعتين إلى كل صوت صغير.

Quizás esperaba sorprender al objeto que le había hecho el llamado.

ربما كان يأمل أن يفاجئ الشيء الذي أعطى المكالمة.

Él no sabía por qué actuaba así: simplemente lo hacía.

لم يكن يعلم لماذا يتصرف بهذه الطريقة، لقد فعل ذلك ببساطة.

Los impulsos venían desde lo más profundo, más allá del pensamiento o la razón.

جاءت الرغبات من أعماقنا، بعيدًا عن الفكر والعقل.

Impulsos irresistibles se apoderaron de Buck sin previo aviso ni razón.

سيطرت رغبات لا تقاوم على باك دون سابق إنذار أو سبب.

A veces dormitaba perezosamente en el campamento bajo el calor del mediodía.

في بعض الأحيان كان ينام ببطء في المخيم تحت حرارة منتصف النهار.

De repente, su cabeza se levantó y sus orejas se levantaron en alerta.

فجأة، رفع رأسه وارتفعت أذنيه في حالة تأهب.

Entonces se levantó de un salto y se lanzó hacia lo salvaje sin detenerse.

ثم قفز وانطلق إلى البرية دون توقف.

Corrió durante horas por senderos forestales y espacios abiertos.

ركض لساعات عبر مسارات الغابات والمساحات المفتوحة.

Le encantaba seguir los lechos de los arroyos secos y espiar a los pájaros en los árboles.

كان يحب متابعة مجاري الأنهار الجافة والتجسس على الطيور في الأشجار.

Podría permanecer escondido todo el día, mirando a las perdices pavonearse.

كان بإمكانه البقاء مختبئًا طوال اليوم، وهو يراقب طيور الحجل وهي تتبختر حوله.

Ellos tamborilearon y marcharon, sin percatarse de la presencia todavía de Buck.

لقد طبلوا وساروا، غير مدركين لوجود باك.

Pero lo que más le gustaba era correr al atardecer en verano.

لكن ما كان يحبه أكثر من أي شيء آخر هو الجري عند الغسق في الصيف.

La tenue luz y los sonidos soñolientos del bosque lo llenaron de alegría.

كان الضوء الخافت وأصوات الغابة النائمة تملأه بالفرح.

Leyó las señales del bosque tan claramente como un hombre lee un libro.

كان يقرأ علامات الغابة بوضوح كما يقرأ الرجل كتابًا.

Y siempre buscaba aquella cosa extraña que lo llamaba.

وكان يبحث دائمًا عن الشيء الغريب الذي يناديه.

Ese llamado nunca se detuvo: lo alcanzaba despierto o dormido.

لم يتوقف هذا النداء أبدًا ـ فقد وصل إليه وهو مستيقظ أو نائم.

Una noche, se despertó sobresaltado, con los ojos alerta y las orejas alerta.

في إحدى الليالي، استيقظ مذعوراً، وكانت عيناه حادتين وأذناه مرتفعتين.

Sus fosas nasales se crisparon mientras su melena se erizaba en ondas.

ارتعش أنفه بينما وقف شعره منتصبا في الأمواج.

Desde lo profundo del bosque volvió a oírse el sonido, el viejo llamado.

من أعماق الغابة جاء الصوت مرة أخرى، النداء القديم.

Esta vez el sonido sonó claro, un aullido largo, inquietante y familiar.

هذه المرة كان الصوت واضحا، عواء طويل، مخيف، مألوف.

Era como el grito de un husky, pero extraño y salvaje en tono.

لقد كان مثل صراخ كلب الهاسكي، ولكن غريب ومتوحش في نبرته.

Buck reconoció el sonido al instante: había oído exactamente el mismo sonido hacía mucho tiempo.

عرف باك الصوت على الفور ـ لقد سمع الصوت بالضبط منذ زمن طويل.

Saltó a través del campamento y desapareció rápidamente en el bosque.

قفز عبر المخيم واختفى بسرعة في الغابة.

A medida que se acercaba al sonido, disminuyó la velocidad y se movió con cuidado.

وعندما اقترب من الصوت، أبطأ وتحرك بحذر.

Pronto llegó a un claro entre espesos pinos.

وسرعان ما وصل إلى فسحة بين أشجار الصنوبر الكثيفة.

Allí, erguido sobre sus cuartos traseros, estaba sentado un lobo de bosque alto y delgado.

هناك، جلس ذئب خشبي طويل ونحيف على ركبتيه.

La nariz del lobo apuntaba hacia el cielo, todavía haciendo eco del llamado.

أشار أنف الذئب نحو السماء، ولا يزال يردد النداء.

Buck no había emitido ningún sonido, pero el lobo se detuvo y escuchó.

لم يصدر باك أي صوت، ومع ذلك توقف الذئب واستمع.

Sintiendo algo, el lobo se tensó y buscó en la oscuridad.

عندما شعر الذئب بشيء ما، توتر، باحثًا في الظلام.

Buck apareció sigilosamente, con el cuerpo agachado y los pies quietos sobre el suelo.

تسلل باك إلى المشهد، وكان جسده منخفضًا وقدميه هادئتين على الأرض.

Su cola estaba recta y su cuerpo enroscado por la tensión.

كان ذيله مستقيما، وجسمه ملتفًا بإحكام بسبب التوتر.

Mostró al mismo tiempo una amenaza y una especie de amistad ruda.

لقد أظهر التهديد ونوعًا من الصداقة القاسية.

Fue el saludo cauteloso que compartían las bestias salvajes.

لقد كانت هذه التحية الحذرة التي يتبادلها الوحوش البرية.

Pero el lobo se dio la vuelta y huyó tan pronto como vio a Buck.

لكن الذئب استدار وهرب بمجرد أن رأى باك.

Buck lo persiguió, saltando salvajemente, ansioso por alcanzarlo.

طارده باك، وقفز بعنف، راغبًا في تجاوزه.

Siguió al lobo hasta un arroyo seco bloqueado por un atasco de madera.

تبع الذئب إلى جدول جاف مسدود بكتلة من الخشب.

Acorralado, el lobo giró y se mantuvo firme.

عندما حوصر الذئب، استدار ووقف في مكانه.

El lobo gruñó y mordió a su presa como un perro husky atrapado en una pelea.

زأر الذئب وانفجر مثل كلب أجش محاصر في قتال.

Los dientes del lobo chasquearon rápidamente y su cuerpo se erizó de furia salvaje.

نقرت أسنان الذئب بسرعة، وكان جسده مليئًا بالغضب الجامح.

Buck no atacó, sino que rodeó al lobo con cautelosa amabilidad.

لم يهاجم باك الذئب بل دار حوله بحذر وود.

Intentó bloquear su escape con movimientos lentos e inofensivos.

حاول منع هروبه بحركات بطيئة وغير ضارة.

El lobo estaba cauteloso y asustado: Buck pesaba tres veces más que él.

كان الذئب حذرًا وخائفًا - فقد كان وزن باك يفوق وزنه بثلاث مرات.

La cabeza del lobo apenas llegaba hasta el enorme hombro de Buck.

بالكاد وصل رأس الذئب إلى كتف باك الضخم.

Al acecho de un hueco, el lobo salió disparado y la persecución comenzó de nuevo.

وبينما كان الذئب يراقب الفجوة، انطلق مسرعًا وبدأ المطاردة مرة أخرى.

Varias veces Buck lo acorraló y el baile se repitió.

عدة مرات حاصره باك، وتكررت الرقصة.

El lobo estaba delgado y débil, de lo contrario Buck no podría haberlo atrapado.

كان الذئب نحيفًا وضعيفًا، وإلا لما استطاع باك أن يمسكه.

Cada vez que Buck se acercaba, el lobo giraba y lo enfrentaba con miedo.

في كل مرة يقترب باك، يدور الذئب ويواجهه في خوف.

Luego, a la primera oportunidad, se lanzó de nuevo al bosque.

ثم في أول فرصة، اندفع إلى الغابة مرة أخرى.

Pero Buck no se dio por vencido y finalmente el lobo comenzó a confiar en él.

ولكن باك لم يستسلم، وأخيرًا جاء الذئب ليثق به.

Olió la nariz de Buck y los dos se pusieron juguetones y alertas.

شمّ أنف باك، وأصبح الاثنان مرحين ومتيقظين.

Jugaban como animales salvajes, feroces pero tímidos en su alegría.

لقد لعبوا مثل الحيوانات البرية، شرسين ولكن خجولين في فرحهم.

Después de un rato, el lobo se alejó trotando con calma y propósito.

وبعد فترة من الوقت، هرع الذئب بعيدًا بهدوء.

Le demostró claramente a Buck que tenía la intención de que lo siguieran.

لقد أظهر لباك بوضوح أنه يقصد أن يتم اتباعه.

Corrieron uno al lado del otro a través de la penumbra del crepúsculo.

لقد ركضوا جنبًا إلى جنب في ظلام الشفق.

Siguieron el lecho del arroyo hasta el desfiladero rocoso.

ثم تبعوا مجرى النهر حتى وصلوا إلى الوادي الصخري.

Cruzaron una divisoria fría donde había comenzado el
arroyo.

لقد عبروا مضيقًا باردًا حيث بدأ التيار.

En la ladera más alejada encontraron un extenso bosque y
numerosos arroyos.

وعلى المنحدر البعيد وجدوا غابة واسعة والعديد من الجداول.

Por esta vasta tierra corrieron durante horas sin parar.

عبر هذه الأرض الشاسعة، ركضوا لساعات دون توقف.

El sol salió más alto, el aire se calentó, pero ellos siguieron
corriendo.

ارتفعت الشمس، وأصبح الهواء دافئًا، لكنهم واصلوا الركض.

Buck estaba lleno de alegría: sabía que estaba respondiendo
a su llamado.

كان باك مليئًا بالفرح - لقد علم أنه يجيب على نداءه.

Corrió junto a su hermano del bosque, más cerca de la fuente
del llamado.

ركض بجانب أخيه في الغابة، أقرب إلى مصدر المكالمة.

Los viejos sentimientos regresaron, poderosos y difíciles de
ignorar.

عادت المشاعر القديمة، قوية ويصعب تجاهلها.

Éstas eran las verdades detrás de los recuerdos de sus
sueños.

كانت هذه هي الحقائق وراء ذكريات أحلامه.

Todo esto ya lo había hecho antes, en un mundo distante y
sombrío.

لقد فعل كل هذا من قبل في عالم بعيد ومظلم.

Ahora lo hizo de nuevo, corriendo salvajemente con el cielo
abierto encima.

والآن فعل ذلك مرة أخرى، وهو يركض في جنون مع السماء المفتوحة
أعلاه.

Se detuvieron en un arroyo para beber del agua fría que
fluía.

توقفوا عند مجرى مائي ليشربوا من الماء البارد المتدفق.

Mientras bebía, Buck de repente recordó a John Thornton.

وبينما كان يشرب، تذكر باك فجأة جون ثورنتون.

Se sentó en silencio, desgarrado por la atracción de la lealtad
y el llamado.

جلس في صمت، ممزّقًا بين جاذبية الولاء والدعوة.

El lobo siguió trotando, pero regresó para impulsar a Buck a seguir adelante.

ركض الذئب، لكنه عاد ليحث باك على المضي قدمًا.

Le olisqueó la nariz y trató de convencerlo con gestos suaves.

شمّ أنفه وحاول إقناعه بإيماءات ناعمة.

Pero Buck se dio la vuelta y comenzó a regresar por donde había venido.

لكن باك استدار وبدأ العودة من حيث أتى.

El lobo corrió a su lado durante un largo rato, gimiendo silenciosamente.

ركض الذئب بجانبه لفترة طويلة، وهو يئن بهدوء.

Luego se sentó, levantó la nariz y dejó escapar un largo aullido.

ثم جلس ورفع أنفه وأطلق عواءً طويلاً.

Fue un grito triste, que se suavizó cuando Buck se alejó.

لقد كانت صرخة حزينة، خففت عندما ابتعد باك.

Buck escuchó mientras el sonido del grito se desvanecía lentamente en el silencio del bosque.

استمع باك إلى صوت الصراخ وهو يتلاشى ببطء في صمت الغابة.

John Thornton estaba cenando cuando Buck irrumpió en el campamento.

كان جون ثورنتون يتناول العشاء عندما اقتحم باك المخيم.

Buck saltó sobre él salvajemente, lamiéndolo, mordiéndolo y haciéndolo caer.

قفز باك عليه بعنف، يلعقه، ويعضه، ويسقطه أرضًا.

Lo derribó, se subió encima y le besó la cara.

لقد دفعه أرضًا، وتسلق فوقه، وقبل وجهه.

Thornton lo llamó con cariño "hacer el tonto en general".

أطلق ثورنتون على هذا الأمر اسم "اللعب بدور الأحمق العام "بمودة.

Mientras tanto, maldijo a Buck suavemente y lo sacudió de un lado a otro.

في هذه الأثناء، كان يلعن باك بلطف ويهزه ذهابًا وإيابًا.

Durante dos días y dos noches enteras, Buck no abandonó el campamento ni una sola vez.

لمدة يومين وليلتين كاملتين، لم يغادر باك المخيم مرة واحدة.

Se mantuvo cerca de Thornton y nunca lo perdió de vista.

لقد ظل قريبًا من ثورنتون ولم يتركه بعيدًا عن نظره أبدًا.

Lo siguió mientras trabajaba y lo observó mientras comía.

كان يتبعه أثناء عمله ويراقبه أثناء تناوله الطعام.

Acompañaba a Thornton con sus mantas por la noche y lo salía cada mañana.

لقد رأى ثورنتون في بطانياته في الليل وخارجه كل صباح.

Pero pronto el llamado del bosque regresó, más fuerte que nunca.

ولكن سرعان ما عاد نداء الغابة، وكان أعلى من أي وقت مضى.

Buck volvió a inquietarse, agitado por los pensamientos del lobo salvaje.

أصبح باك مضطربًا مرة أخرى، وقد تحركت أفكاره حول الذئب البري.

Recordó el terreno abierto y correr uno al lado del otro.

تذكر الأرض المفتوحة والجري جنبًا إلى جنب.

Comenzó a vagar por el bosque una vez más, solo y alerta.

بدأ يتجول في الغابة مرة أخرى، وحيدًا ويقظًا.

Pero el hermano salvaje no regresó y el aullido no se escuchó.

ولكن الأخ البري لم يعود، ولم يسمع العواء.

Buck comenzó a dormir a la intemperie, manteniéndose alejado durante días.

بدأ باك في النوم بالخارج، والبقاء بعيدًا لعدة أيام في كل مرة.

Una vez cruzó la alta divisoria donde había comenzado el arroyo.

وبمجرد عبوره للتقسيم المرتفع حيث بدأ الخور.

Entró en la tierra de la madera oscura y de los arroyos anchos y fluidos.

دخل إلى أرض الأشجار المظلمة والجداول المتدفقة الواسعة.

Durante una semana vagó en busca de señales del hermano salvaje.

تجول لمدة أسبوع، باحثًا عن علامات الأخ البري.

Mataba su propia carne y viajaba con pasos largos e incansables.

كان يذبح لحمه بنفسه ويسافر بخطوات طويلة لا تعرف الكلل.

Pescaba salmón en un ancho río que llegaba al mar.

كان يصطاد سمك السلمون في نهر واسع يصل إلى البحر.

Allí luchó y mató a un oso negro enloquecido por los insectos.

هناك، قاتل وقتل دبًّا أسودًا غاضبًا من الحشرات.

El oso estaba pescando y corrió ciegamente entre los árboles.

كان الدب يصطاد السمك ويركض بشكل أعمى بين الأشجار.

La batalla fue feroz y despertó el profundo espíritu de lucha de Buck.

كانت المعركة شرسة، مما أيقظ روح القتال العميقة لدى باك.

Dos días después, Buck regresó y encontró glotones en su presa.

بعد يومين، عاد باك ليجد حيوان الوشق في مكان صيده.

Una docena de ellos se pelearon con furia y ruidosidad por la carne.

تشاجر نحو عشرة منهم على اللحوم بغضب شديد.

Buck cargó y los dispersó como hojas en el viento.

هاجمهم باك وشتتهم مثل الأوراق في الريح.

Dos lobos permanecieron atrás, silenciosos, sin vida e inmóviles para siempre.

بقي ذئبان خلفنا - صامتين، بلا حياة، ولا حركة إلى الأبد.

La sed de sangre se hizo más fuerte que nunca.

لقد أصبح التعطش للدماء أقوى من أي وقت مضى.

Buck era un cazador, un asesino, que se alimentaba de criaturas vivas.

كان باك صيادًا وقاتلًا، يتغذى على الكائنات الحية.

Sobrevivió solo, confiando en su fuerza y sus sentidos agudos.

لقد نجا وحيدًا، معتمدًا على قوته وحواسه الحادة.

Prosperó en la naturaleza, donde sólo los más resistentes podían vivir.

لقد ازدهر في البرية، حيث لا يمكن أن يعيش إلا الأقوى.

A partir de esto, un gran orgullo surgió y llenó todo el ser de Buck.

ومن هنا ارتفع كبرياء عظيم وملأ كيان باك بأكمله.

Su orgullo se reflejaba en cada uno de sus pasos, en el movimiento de cada músculo.

كان فخره يظهر في كل خطوة، وفي تموج كل عضلة.

Su orgullo era tan claro como sus palabras, y se reflejaba en su manera de comportarse.

كان كبرياؤه واضحا مثل الكلام، ويتجلى ذلك في الطريقة التي يحمل بها نفسه.

Incluso su grueso pelaje parecía más majestuoso y brillaba más.

حتى معطفه السميك بدا أكثر روعة وألمع إشراقا.

Buck podría haber sido confundido con un lobo gigante.

ربما كان من الممكن الخلط بين باك وذئب الخشب العملاق.

A excepción del color marrón en el hocico y las manchas sobre los ojos.

باستثناء اللون البني على وجهه والبقع فوق عينيه.

Y la raya blanca de pelo que corría por el centro de su pecho.

والخط الأبيض من الفراء الذي يمتد على طول منتصف صدره.

Era incluso más grande que el lobo más grande de esa feroz raza.

لقد كان أكبر من أكبر ذئب من هذا الصنف الشرس.

Su padre, un San Bernardo, le dio tamaño y complexión robusta.

أعطاه والده، وهو من فصيلة سانت برنارد، حجمًا وجسمًا ثقيلًا.

Su madre, una pastora, moldeó esa masa hasta darle forma de lobo.

قامت أمه، وهي راعية، بتشكيل هذا الجسم الضخم على شكل ذئب.

Tenía el hocico largo de un lobo, aunque más pesado y ancho.

كان لديه كمامة طويلة مثل كمامة الذئب، على الرغم من أنها أثقل وأوسع.

Su cabeza era la de un lobo, pero construida en una escala enorme y majestuosa.

كان رأسه مثل رأس ذئب، لكنه مبني على نطاق ضخم ومهيب.

La astucia de Buck era la astucia del lobo y de la naturaleza.

كان مكر باك بمثابة مكر الذئب والبرية.

Su inteligencia provenía tanto del pastor alemán como del san bernardo.

لقد جاء ذكاؤه من الراعي الألماني والقديس برنارد.

Todo esto, más la dura experiencia, lo convirtieron en una criatura temible.

كل هذا، بالإضافة إلى التجربة القاسية، جعله مخلوقًا مخيفًا.

Era tan formidable como cualquier bestia que vagaba por las tierras salvajes del norte.

لقد كان هائلاً مثل أي وحش يجوب البرية الشمالية.

Viviendo sólo de carne, Buck alcanzó el máximo nivel de su fuerza.

بفضل اعتماده على اللحوم فقط، وصل باك إلى ذروة قوته.

Rebosaba poder y fuerza masculina en cada fibra de él.

لقد فاض بالقوة والقوة الذكورية في كل أليافه.

Cuando Thornton le acarició la espalda, sus pelos brillaron con energía.

عندما قام ثورنتون بمداعبة ظهره، كانت الشعرات تتألق بالطاقة.

Cada cabello crujió, cargado con el toque de un magnetismo vivo.

كانت كل شعرة تتشقق، مشحونة بلمسة من المغناطيسية الحية.

Su cuerpo y su cerebro estaban afinados al máximo nivel posible.

لقد تم ضبط جسده وعقله على أعلى درجة ممكنة.

Cada nervio, fibra y músculo trabajaba en perfecta armonía.

كل عصب وليفة وعضلة عملت في تناغم تام.

Ante cualquier sonido o visión que requiriera acción, él respondía instantáneamente.

لقد استجاب على الفور لأي صوت أو مشهد يحتاج إلى عمل.

Si un husky saltaba para atacar, Buck podía saltar el doble de rápido.

إذا قفز الهاسكي للهجوم، يمكن لباك أن يقفز بسرعة مضاعفة.

Reaccionó más rápido de lo que los demás pudieron verlo o escuchar.

لقد كان رد فعله أسرع مما يمكن للآخرين رؤيته أو سماعه.

La percepción, la decisión y la acción se produjeron en un momento fluido.

الإدراك، والقرار، والفعل، كل ذلك جاء في لحظة واحدة سلسة.

En realidad, estos actos fueron separados, pero demasiado rápidos para notarlos.

في الحقيقة، كانت هذه الأفعال منفصلة، ولكنها كانت سريعة جدًا بحيث لم يتم ملاحظتها.

Los intervalos entre estos actos fueron tan breves que parecían uno solo.

كانت الفجوات بين هذه الأفعال قصيرة جدًا، حتى أنها بدت وكأنها فعل واحد.

Sus músculos y su ser eran como resortes fuertemente enrollados.

كانت عضلاته و كيانه مثل الينابيع الملفوفة بإحكام.

Su cuerpo rebosaba de vida, salvaje y alegre en su poder.

كان جسده مليئًا بالحياة، جامحا ومبهجا في قوته.

A veces sentía como si la fuerza fuera a estallar fuera de él por completo.

في بعض الأحيان كان يشعر وكأن القوة ستخرج منه بالكامل.

"Nunca vi un perro así", dijo Thornton un día tranquilo.

لم يكن هناك قط كلب مثله"، قال ثورنتون في أحد الأيام الهادئة."

Los socios observaron a Buck alejarse orgullosamente del campamento.

كان الشركاء يراقبون باك وهو يخرج بفخر من المخيم.

"Cuando lo crearon, cambió lo que un perro puede ser", dijo Pete.

عندما تم صنعه، غيّر ما يمكن أن يكون عليه الكلب"، قال بيت."

—¡Por Dios! Yo también lo creo —respondió Hans rápidamente.

يا إلهي. أعتقد ذلك بنفسي"، وافق هانز بسرعة."

Lo vieron marcharse, pero no el cambio que vino después.

لقد رأوه يبتعد، ولكنهم لم يروا التغيير الذي حدث بعد ذلك.

Tan pronto como entró en el bosque, Buck se transformó por completo.

بمجرد دخوله الغابة، تحول باك بشكل كامل.

Ya no marchaba, sino que se movía como un fantasma salvaje entre los árboles.

لم يعد يسير، بل كان يتحرك مثل شبح بري بين الأشجار.

Se quedó en silencio, con pasos de gato, un destello que pasaba entre las sombras.

أصبح صامتًا، يتحرك كالقط، وميض يمر عبر الظلال.

Utilizó la cubierta con habilidad, arrastrándose sobre su vientre como una serpiente.

لقد استخدم الغطاء بمهارة، وكان يزحف على بطنه مثل الثعبان.

Y como una serpiente, podía saltar hacia adelante y atacar en silencio.

ومثل الثعبان، كان بإمكانه أن يقفز إلى الأمام ويضرب في صمت.

Podría robar una perdiz nival directamente de su nido escondido.

كان بإمكانه سرقة طائر الطيهوج مباشرة من عشه المخفي.

Mató conejos dormidos sin hacer un solo sonido.

لقد قتل الأرانب النائمة دون أن يصدر صوتًا واحدًا.

Podía atrapar ardillas en el aire cuando huían demasiado lentamente.

كان بإمكانه اصطياد السناجب في الهواء لأنها كانت تهرب ببطء شديد.

Ni siquiera los peces en los estanques podían escapar de sus ataques repentinos.

حتى الأسماك في البرك لم تستطع النجاة من ضرباته المفاجئة.

Ni siquiera los castores más inteligentes que arreglaban presas estaban a salvo de él.

حتى القنادس الذكية التي تعمل على إصلاح السدود لم تكن في مأمن منه.

Él mataba por comida, no por diversión, pero prefería matar a sus propias víctimas.

كان يقتل من أجل الغذاء، وليس من أجل المتعة، لكنه كان يحب أن يقتل بنفسه أكثر.

Aun así, un humor astuto impregnaba algunas de sus cacerías silenciosas.

ومع ذلك، كان هناك روح الدعابة الماكرة في بعض رحلات الصيد الصامتة التي قام بها.

Se acercó sigilosamente a las ardillas, pero las dejó escapar.

لقد تسلل إلى جانب السناجب، فقط ليسمح لهم بالهروب.

Iban a huir hacia los árboles, parloteando con terrible indignación.

كانوا في طريقهم للفرار إلى الأشجار، وهم يتحادثون بغضب مخيف.

A medida que llegaba el otoño, los alces comenzaron a aparecer en mayor número.

مع حلول فصل الخريف، بدأ ظهور الموظ بأعداد أكبر.

Avanzaron lentamente hacia los valles bajos para encontrarse con el invierno.

انتقلوا ببطء إلى الوديان المنخفضة لمواجهة الشتاء.

Buck ya había derribado a un ternero joven y perdido.

كان باك قد أحضر بالفعل عجلًا صغيرًا ضالًا.

Pero anhelaba enfrentarse a presas más grandes y peligrosas.

ولكنه كان يتوق لمواجهة فريسة أكبر وأكثر خطورة.

Un día, en la divisoria, a la altura del nacimiento del arroyo, encontró su oportunidad.

ذات يوم، على التقسيم، عند رأس الخور، وجد فرصته.

Una manada de veinte alces había cruzado desde tierras boscosas.

لقد عبر قطيع مكون من عشرين موسًا من الأراضي الحرجية.

Entre ellos había un poderoso toro; el líder del grupo.

وكان من بينهم ثور عظيم، زعيم المجموعة.

El toro medía más de seis pies de alto y parecía feroz y salvaje.

كان الثور يبلغ طوله أكثر من ستة أقدام ويبدو شرسًا ووحشيًا.

Lanzó sus anchas astas, con catorce puntas ramificándose hacia afuera.

ألقى بقرونه العريضة، التي تتفرع منها أربعة عشر نقطة نحو الخارج.

Las puntas de esas astas se extendían siete pies de ancho.

امتدت أطراف تلك القرون إلى مسافة سبعة أقدام.

Sus pequeños ojos ardieron de rabia cuando vio a Buck cerca.

اشتعلت عيناه الصغيرة بالغضب عندما رأى باك في مكان قريب.

Soltó un rugido furioso, temblando de furia y dolor.

أطلق هديرًا غاضبًا، يرتجف من الغضب والألم.

Una punta de flecha sobresalía cerca de su flanco, emplumada y afilada.

برزت نهاية السهم بالقرب من جنبه، وكانت ريشية وحادة.

Esta herida ayudó a explicar su humor salvaje y amargado.

ساعد هذا الجرح في تفسير مزاجه الوحشي والمرير.

Buck, guiado por su antiguo instinto de caza, hizo su movimiento.

لقد قام باك، مسترشدًا بغريزة الصيد القديمة، بالتحرك.

Su objetivo era separar al toro del resto de la manada.

وكان هدفه فصل الثور عن باقي القطيع.

No fue una tarea fácil: requirió velocidad y una astucia feroz.

لم تكن هذه مهمة سهلة، بل تطلبت السرعة والدهاء الشديد.

Ladró y bailó cerca del toro, fuera de su alcance.

نبح ورقص بالقرب من الثور، خارج نطاقه.

El alce atacó con enormes pezuñas y astas mortales.

انقض الموظ بحوافر ضخمة وقرون مميتة.

Un golpe podría haber acabado con la vida de Buck en un instante.

ضربة واحدة كانت كفيلة بإنهاء حياة باك في لحظة.

Incapaz de dejar atrás la amenaza, el toro se volvió loco.

لم يتمكن الثور من ترك التهديد خلفه، فغضب بشدة.

Él cargó con furia, pero Buck siempre se le escapaba.

لقد هاجم بغضب، لكن باك كان دائمًا يفلت من العقاب.

Buck fingió debilidad, lo que lo alejó aún más de la manada.

تظاهر باك بالضعف، وأغراه بالابتعاد عن القطيع.

Pero los toros jóvenes estaban a punto de atacar para proteger al líder.

لكن الثيران الصغيرة كانت على وشك الهجوم لحماية الزعيم.

Obligaron a Buck a retirarse y al toro a reincorporarse al grupo.

أجبروا باك على التراجع والثور على الانضمام إلى المجموعة.

Hay una paciencia en lo salvaje, profunda e imparable.

هناك صبر في البرية، عميق ولا يمكن إيقافه.

Una araña espera inmóvil en su red durante incontables horas.

يظل العنكبوت ينتظر بلا حراك في شبكته لساعات لا حصر لها.

Una serpiente se enrosca sin moverse y espera hasta que llega el momento.

الثعبان يتلوى دون أن يرتعش، وينتظر حتى يحين الوقت.

Una pantera acecha hasta que llega el momento.

النمر يكمن في الكمين، حتى تأتي اللحظة.

Ésta es la paciencia de los depredadores que cazan para sobrevivir.

هذا هو صبر الحيوانات المفترسة التي تصطاد من أجل البقاء.

Esa misma paciencia ardía dentro de Buck mientras se quedaba cerca.

كان نفس الصبر يحترق داخل باك وهو يبقى قريبًا.

Se quedó cerca de la manada, frenando su marcha y sembrando el miedo.

وبقي بالقرب من القطيع، يبطئ مسيرته ويثير الخوف فيه.

Provocaba a los toros jóvenes y acosaba a las vacas madres.

لقد أزعج الثيران الصغيرة وأزعج الأبقار الأمهات.

Empujó al toro herido hacia una rabia más profunda e
impotente.

لقد دفع الثور الجريح إلى غضب أعمق وعاجز.

Durante medio día, la lucha se prolongó sin descanso
alguno.

لمدة نصف يوم، استمر القتال دون أي راحة على الإطلاق.

Buck atacó desde todos los ángulos, rápido y feroz como el
viento.

هاجم باك من كل زاوية، بسرعة وعنيفة مثل الريح.

Impidió que el toro descansara o se escondiera con su
manada.

لقد منع الثور من الراحة أو الاختباء مع قطيعه.

Buck desgastó la voluntad del alce más rápido que su
cuerpo.

لقد أنهك باك إرادة الموظ أسرع من جسده.

El día transcurrió y el sol se hundió en el cielo del noroeste.

مر اليوم وغابت الشمس في السماء الشمالية الغربية.

Los toros jóvenes regresaron más lentamente para ayudar a
su líder.

عاد الثيران الصغار ببطء أكثر لمساعدة زعيمهم.

Las noches de otoño habían regresado y la oscuridad ahora
duraba seis horas.

عادت ليالي الخريف، واستمر الظلام الآن لمدة ست ساعات.

El invierno los estaba empujando cuesta abajo hacia valles
más seguros y cálidos.

كان الشتاء يدفعهم إلى أسفل التل نحو وديان أكثر أمانًا ودفئًا.

Pero aún así no pudieron escapar del cazador que los retenía.

لكنهم لم يتمكنوا من الهروب من الصياد الذي كان يحتجزهم.

Sólo una vida estaba en juego: no la de la manada, sino la de
su líder.

كانت حياة واحدة فقط على المحك ـ ليست حياة القطيع، بل حياة زعيمهم
فقط

Eso hizo que la amenaza fuera distante y no su preocupación
urgente.

وهذا ما جعل التهديد بعيدًا وليس مصدر قلقهم العاجل.

Con el tiempo, aceptaron ese coste y dejaron que Buck se
llevara al viejo toro.

وبمرور الوقت، تقبلوا هذه التكلفة وسمحوا لباك بأخذ الثور القديم.

Al caer la tarde, el viejo toro permanecía con la cabeza gacha.

وعندما حل الشفق، وقف الثور العجوز ورأسه إلى أسفل.

Observó cómo la manada que había guiado se desvanecía en
la luz que se desvanecía.

لقد شاهد القطيع الذي قاده يختفي في الضوء الخافت.

Había vacas que había conocido, terneros que una vez había
engendrado.

كانت هناك أبقار كان يعرفها، وعجول كان والده في السابق.

Había toros más jóvenes con los que había luchado y
gobernado en temporadas pasadas.

كان هناك ثيران أصغر سناً حاربها وحكمها في المواسم الماضية.

No pudo seguirlos, pues frente a él estaba agazapado
nuevamente Buck.

لم يكن بوسعه أن يتبعهم، لأن باك كان يجلس القرفصاء أمامه مرة أخرى.

El terror despiadado con colmillos bloqueó cualquier
camino que pudiera tomar.

لقد سدت أنياب الرعب التي لا ترحم كل طريق قد يسلكه.

El toro pesaba más de trescientos kilos de densa potencia.

كان وزن الثور أكثر من ثلاثمائة رطل من القوة الكثيفة.

Había vivido mucho tiempo y luchado con ahínco en un
mundo de luchas.

لقد عاش طويلاً وقاتل بشدة في عالم من النضال.

Pero ahora, al final, la muerte vino de una bestia muy
inferior a él.

ولكن الآن، في النهاية، جاء الموت من وحش بعيد تحته.

La cabeza de Buck ni siquiera llegó a alcanzar las enormes
rodillas del toro.

لم يرتفع رأس باك حتى إلى ركبتي الثور الضخمتين.

A partir de ese momento, Buck permaneció con el toro noche
y día.

منذ تلك اللحظة، بقي باك مع الثور ليلًا ونهارًا.

Nunca le dio descanso, nunca le permitió pastar ni beber.

لم يمنحه الراحة أبدًا، ولم يسمح له بالرعي أو الشرب.

El toro intentó comer brotes tiernos de abedul y hojas de
sauce.

حاول الثور أن يأكل براعم البتولا الصغيرة وأوراق الصفصاف.

Pero Buck lo ahuyentó, siempre alerta y siempre atacando.

لكن باك أبعده بعيدًا، وكان دائمًا متيقظًا ومهاجمًا.

Incluso ante arroyos que goteaban, Buck bloqueó cada intento de sed.

حتى في الجداول المتساقطة، حجب باك كل محاولة عطشى.

A veces, desesperado, el toro huía a toda velocidad.

في بعض الأحيان، في حالة اليأس، كان الثور يهرب بأقصى سرعة.

Buck lo dejó correr, trotando tranquilamente detrás, nunca muy lejos.

تركه باك يركض، وكان يركض بهدوء خلفه مباشرة، ولم يكن بعيدًا عنه أبدًا.

Cuando el alce se detuvo, Buck se acostó, pero se mantuvo listo.

عندما توقف الموظ، استلقى باك، لكنه بقي مستعدًا.

Si el toro intentaba comer o beber, Buck atacaba con toda furia.

إذا حاول الثور أن يأكل أو يشرب، كان باك يضربه بكل غضبه.

La gran cabeza del toro se hundió aún más bajo sus enormes astas.

انحنى رأس الثور الكبير إلى أسفل تحت قرونه الضخمة.

Su paso se hizo más lento, el trote se hizo pesado, un paso tambaleante.

تباطأت خطواته، وأصبح الهرولة ثقيلة، ومشية متعثرة.

A menudo se quedaba quieto con las orejas caídas y la nariz pegada al suelo.

كان يقف في كثير من الأحيان ساكنًا، وأذنيه متدليتان وأنفه على الأرض.

Durante esos momentos, Buck se tomó tiempo para beber y descansar.

خلال تلك اللحظات، أخذ باك بعض الوقت للشرب والراحة.

Con la lengua afuera y los ojos fijos, Buck sintió que la tierra estaba cambiando.

أخرج لسانه، وثبت عينيه، وشعر باك أن الأرض كانت تتغير.

Sintió algo nuevo moviéndose a través del bosque y el cielo.

شعر بشيء جديد يتحرك عبر الغابة والسماء.

A medida que los alces regresaban, también lo hacían otras criaturas salvajes.

مع عودة الموظ، عادت معه بقية المخلوقات البرية.

La tierra se sentía viva, con presencia, invisible pero fuertemente conocida.

كانت الأرض مليئة بالحياة والحضور، غير مرئي ولكن معروف بقوة.

No fue por el sonido, ni por la vista, ni por el olfato que Buck supo esto.

لم يكن باك يعرف ذلك عن طريق الصوت أو البصر أو الرائحة.

Un sentimiento más profundo le decía que nuevas fuerzas estaban en movimiento.

أخبره إحساس أعمق أن قوى جديدة كانت تتحرك.

Una vida extraña se agitaba en los bosques y a lo largo de los arroyos.

كانت هناك حياة غريبة تتحرك في الغابات وعلى طول الجداول.

Decidió explorar este espíritu, después de que la caza se completara.

قرر استكشاف هذه الروح، بعد انتهاء الصيد.

Al cuarto día, Buck finalmente logró derribar al alce.

في اليوم الرابع، تمكن باك أخيرًا من اصطياد الموظ.

Se quedó junto a la presa durante un día y una noche enteros, alimentándose y descansando.

بقي بالقرب من الفريسة لمدة يوم كامل وليلة كاملة، يتغذى ويستريح.

Comió, luego durmió, luego volvió a comer, hasta que estuvo fuerte y lleno.

أكل ثم نام ثم أكل مرة أخرى حتى شبع وقوي.

Cuando estuvo listo, regresó hacia el campamento y Thornton.

عندما أصبح مستعدًا، عاد إلى المخيم وثورنتون.

Con ritmo constante, inició el largo viaje de regreso a casa.

بخطى ثابتة، بدأ رحلة العودة الطويلة إلى المنزل.

Corría con su incansable galope, hora tras hora, sin desviarse jamás.

كان يركض بلا كلل، ساعة بعد ساعة، دون أن يضل طريقه ولو مرة واحدة.

A través de tierras desconocidas, se movió recto como la aguja de una brújula.

عبر الأراضي المجهولة، تحرك بشكل مستقيم مثل إبرة البوصلة.

Su sentido de la orientación hacía que el hombre y el mapa parecieran débiles en comparación.

إن إحساسه بالاتجاهات جعل الإنسان والخريطة يبدوان ضعيفين بالمقارنة.

A medida que Buck corría, sentía con más fuerza la agitación en la tierra salvaje.

وبينما كان باك يركض، شعر بقوة أكبر بالضجة في الأرض البرية.

Era un nuevo tipo de vida, diferente a la de los tranquilos meses de verano.

لقد كانت حياة جديدة، مختلفة عن حياة أشهر الصيف الهادئة.

Este sentimiento ya no llegaba como un mensaje sutil o distante.

لم يعد هذا الشعور يأتي كرسالة خفية أو بعيدة.

Ahora los pájaros hablaban de esta vida y las ardillas parloteaban sobre ella.

والآن تحدثت الطيور عن هذه الحياة، وتحدثت السناجب عنها.

Incluso la brisa susurraba advertencias a través de los árboles silenciosos.

حتى النسيم كان يهمس بالتحذيرات من خلال الأشجار الصامتة.

Varias veces se detuvo y olió el aire fresco de la mañana.

توقف عدة مرات واستنشق هواء الصباح النقي.

Allí leyó un mensaje que le hizo avanzar más rápido.

قرأ هناك رسالة جعلته يقفز للأمام بشكل أسرع.

Una fuerte sensación de peligro lo llenó, como si algo hubiera salido mal.

كان يشعر بخطر شديد، وكأن شيئًا ما قد حدث خطأ.

Temía que se avecinara una calamidad, o que ya hubiera ocurrido.

كان يخشى أن تكون الكارثة قادمة - أو أنها جاءت بالفعل.

Cruzó la última cresta y entró en el valle de abajo.

عبر التلال الأخيرة ودخل الوادي أدناه.

Se movió más lentamente, alerta y cauteloso con cada paso.

كان يتحرك ببطء أكثر، ويقظًا وحذرًا مع كل خطوة.

A tres millas de distancia encontró un nuevo rastro que lo hizo ponerse rígido.

على بعد ثلاثة أميال وجد مسارًا جديدًا جعله متيبسًا.

El cabello de su cuello se onduló y se erizó en señal de alarma.

كان شعر رقبته يتجعد ويشعر بالانزعاج.

El sendero conducía directamente al campamento donde Thornton esperaba.

كان الطريق يؤدي مباشرة إلى المخيم حيث كان ثورنتون ينتظر.

Buck se movió más rápido ahora, su paso era silencioso y rápido.

تحرك باك بشكل أسرع الآن، وكانت خطواته صامتة وسريعة.

Sus nervios se tensaron al leer señales que otros no verían.

توترت أعصابه عندما قرأ العلامات التي كان من الممكن أن يغفلها الآخرون.

Cada detalle del recorrido contaba una historia, excepto la pieza final.

كل تفصيل في المسار كان يحكي قصة، باستثناء القطعة الأخيرة.

Su nariz le contaba sobre la vida que había transcurrido por allí.

أخبره أنفه عن الحياة التي مرت بهذه الطريقة.

El olor le dio una imagen cambiante mientras lo seguía de cerca.

أعطته الرائحة صورة متغيرة عندما تبعه عن كثب.

Pero el bosque mismo había quedado en silencio; anormalmente quieto.

لكن الغابة نفسها أصبحت هادئة، ساكنة بشكل غير طبيعي.

Los pájaros habían desaparecido, las ardillas estaban escondidas, silenciosas y quietas.

اختفت الطيور، واختفت السناجب، صامتة وساكنة.

Sólo vio una ardilla gris, tumbada sobre un árbol muerto.

لقد رأى سنجابًا رماديًا واحدًا فقط، مستلقيًا على شجرة ميتة.

La ardilla se mimetizó, rígida e inmóvil como una parte del bosque.

اندمج السنجاب، جامدًا وثابتًا مثل جزء من الغابة.

Buck se movía como una sombra, silencioso y seguro entre los árboles.

تحرك باك مثل الظل، صامتًا ومتأكدًا من خلال الأشجار.

Su nariz se movió hacia un lado como si una mano invisible la tirara.

تحرك أنفه إلى الجانب كما لو كان يتم سحبه بواسطة يد غير مرئية.

Se giró y siguió el nuevo olor hasta lo profundo de un matorral.

استدار وتبع الرائحة الجديدة في أعماق الغابة.

Allí encontró a Nig, que yacía muerto, atravesado por una flecha.

وهناك وجد نيج ملقى ميتًا، وقد اخترق سهمٌ جسده.

La flecha atravesó su cuerpo y aún se le veían las plumas.

لقد مر العمود من خلال جسده، والريش لا يزال يظهر.

Nig se arrastró hasta allí, pero murió antes de llegar para recibir ayuda.

سحب نيج نفسه إلى هناك، لكنه مات قبل أن يصل إلى المساعدة.

Cien metros más adelante, Buck encontró otro perro de trineo.

على بعد مائة ياردة، وجد باك كلب زلاجة آخر.

Era un perro que Thornton había comprado en Dawson City.

كان هذا كلبًا اشتراه ثورنتون في داوسون سيتي.

El perro se encontraba en una lucha a muerte, agitándose con fuerza en el camino.

كان الكلب في صراع مميت، يضرب بقوة على الطريق.

Buck pasó a su alrededor, sin detenerse, con los ojos fijos hacia adelante.

مر باك حوله، دون توقف، وكانت عيناه مثبتتين للأمام.

Desde la dirección del campamento llegaba un canto distante y rítmico.

ومن جهة المخيم جاءت ترنيمة بعيدة إيقاعية.

Las voces subían y bajaban en un tono extraño, inquietante y cantarín.

ارتفعت الأصوات وانخفضت بنبرة غريبة ومرعبة وغنائية.

Buck se arrastró hacia el borde del claro en silencio.

زحف باك إلى الأمام نحو حافة المقاصة في صمت.

Allí vio a Hans tendido boca abajo, atravesado por muchas flechas.

هناك رأى هانز ملقى على وجهه، وقد اخترقته العديد من السهام.

Su cuerpo parecía el de un puercoespín, erizado de plumas.

كان جسده يبدو مثل القنفذ، ممتلئًا بالريش.

En ese mismo momento, Buck miró hacia la cabaña en ruinas.

وفي نفس اللحظة، نظر باك نحو النزل المدمر.

La visión hizo que se le erizara el pelo de la nuca y de los hombros.

أدى هذا المنظر إلى تصلب شعر رقبته وكتفيه.

Una tormenta de furia salvaje recorrió todo el cuerpo de Buck.

اجتاحت عاصفة من الغضب الجامح جسد باك بأكمله.

Gruñó en voz alta, aunque no sabía que lo había hecho.

لقد هدر بصوت عال، على الرغم من أنه لم يكن يعلم أنه فعل ذلك.

El sonido era crudo, lleno de furia aterradora y salvaje.

كان الصوت خامًا، مليئًا بالغضب المرعب والوحشي.

Por última vez en su vida, Buck perdió la razón ante la emoción.

للمرة الأخيرة في حياته، فقد باك عقله أمام العاطفة.

Fue el amor por John Thornton lo que rompió su cuidadoso control.

لقد كان حب جون ثورنتون هو الذي كسر سيطرته الدقيقة.

Los Yeehats estaban bailando alrededor de la cabaña de abetos en ruinas.

كان أفراد عائلة بيهات يرقصون حول كوخ التنوب المدمر.

Entonces se escuchó un rugido y una bestia desconocida cargó hacia ellos.

ثم جاء هدير - وهاجمهم وحش مجهول.

Era Buck; una furia en movimiento; una tormenta viviente de venganza.

لقد كان باك؛ غضبًا في الحركة؛ عاصفة حية من الانتقام.

Se arrojó en medio de ellos, loco por la necesidad de matar.

ألقى بنفسه في وسطهم، مجنونًا بالحاجة إلى القتل.

Saltó hacia el primer hombre, el jefe Yeehat, y acertó.

قفز على الرجل الأول، رئيس البيهات، وضربه في مكانه.

Su garganta fue desgarrada y la sangre brotó a chorros.

لقد تمزق حلقه، وتدفق الدم على شكل جدول.

Buck no se detuvo, sino que desgarró la garganta del siguiente hombre de un salto.

لم يتوقف باك، بل مزق حلق الرجل التالي بقفزة واحدة.

Era imparable: desgarraba, cortaba y nunca se detenía a descansar.

لقد كان لا يمكن إيقافه - يمزق، ويقطع، ولا يتوقف أبدًا للراحة.

Se lanzó y saltó tan rápido que sus flechas no pudieron tocarlo.

لقد انطلق بسرعة كبيرة لدرجة أن سهامهم لم تستطع أن تلمسه۔

Los Yeehats estaban atrapados en su propio pánico y confusión.

لقد وقع آل ييهات في حالة من الذعر والارتباك۔

Sus flechas no alcanzaron a Buck y se alcanzaron entre sí.

لقد أخطأت سهامهم باك وضربت بعضها البعض بدلا من ذلك۔

Un joven le lanzó una lanza a Buck y golpeó a otro hombre.

ألقى أحد الشباب رمحًا على باك وأصاب رجلاً آخر۔

La lanza le atravesó el pecho y la punta le atravesó la espalda.

انطلق الرمح عبر صدره، وضربت النقطة ظهره۔

El terror se apoderó de los Yeehats y se retiraron por completo.

سيطر الرعب على أهل ييهات، مما دفعهم إلى التراجع الكامل۔

Gritaron al Espíritu Maligno y huyeron hacia las sombras del bosque.

صرخوا من الروح الشريرة وهربوا إلى ظلال الغابة۔

En verdad, Buck era como un demonio mientras perseguía a los Yeehats.

في الحقيقة، كان باك مثل الشيطان عندما طارد عائلة ييهات۔

Él los persiguió a través del bosque, derribándolos como si fueran ciervos.

انطلق وراءهم عبر الغابة، وأسقطهم مثل الغزلان۔

Se convirtió en un día de destino y terror para los asustados Yeehats.

لقد أصبح يومًا من القدر والرعب لليهات الخائفين۔

Se dispersaron por toda la tierra, huyendo lejos en todas direcciones.

وتفرقوا في جميع أنحاء الأرض، وهربوا في كل اتجاه۔

Pasó una semana entera antes de que los últimos supervivientes se reunieran en un valle.

لقد مر أسبوع كامل قبل أن يلتقي آخر الناجين في الوادي۔

Sólo entonces contaron sus pérdidas y hablaron de lo sucedido.

حينها فقط بدأوا يحسبون خسائرهم ويتحدثون عما حدث۔

Buck, después de cansarse de la persecución, regresó al campamento en ruinas.

بعد أن سئم باك من المطاردة، عاد إلى المخيم المدمر.

Encontró a Pete, todavía en sus mantas, muerto en el primer ataque.

ووجد بيت، وهو لا يزال في بطانيته، مقتولاً في الهجوم الأول.

Las señales de la última lucha de Thornton estaban marcadas en la tierra cercana.

كانت علامات كفاح ثورنتون الأخير واضحة على التراب القريب.

Buck siguió cada rastro, olfateando cada marca hasta un punto final.

تبع باك كل أثر، واستنشق كل علامة حتى وصل إلى النقطة النهائية.

En el borde de un estanque profundo, encontró al fiel Skeet, tumbado inmóvil.

وعلى حافة بركة عميقة، وجد سكيت المؤمن مستلقياً في صمت.

La cabeza y las patas delanteras de Skeet estaban en el agua, inmóviles por la muerte.

كان رأس سكيت ومخالبه الأمامية في الماء، بلا حراك في الموت.

La piscina estaba fangosa y contaminada por el agua que salía de las compuertas.

كان المسبح موحلًا وملوثًا بالمياه المتدفقة من صناديق الصرف.

Su superficie nublada ocultaba lo que había debajo, pero Buck sabía la verdad.

لقد أخفى سطحها الغائم ما كان تحته، لكن باك عرف الحقيقة.

Siguió el rastro del olor de Thornton hasta la piscina, pero el olor no lo condujo a ningún otro lugar.

لقد تتبع رائحة ثورنتون إلى المسبح - لكن الرائحة لم تقد إلى أي مكان آخر.

No había ningún olor que indicara que salía, solo el silencio de las aguas profundas.

لم تكن هناك رائحة تؤدي إلى الخارج - فقط صمت المياه العميقة.

Buck permaneció todo el día cerca de la piscina, paseando de un lado a otro del campamento con tristeza.

بقي باك طوال اليوم بالقرب من المسبح، يتجول في المخيم في حزن.

Vagaba inquieto o permanecía sentado en silencio, perdido en pesados pensamientos.

كان يتجول بلا راحة أو يجلس في صمت، غارقًا في أفكار ثقيلة.

Él conocía la muerte; el fin de la vida; la desaparición de todo movimiento.

لقد عرف الموت، ونهاية الحياة، واختفاء كل حركة.

Comprendió que John Thornton se había ido y que nunca regresaría.

لقد فهم أن جون ثورنتون قد رحل ولن يعود أبدًا.

La pérdida dejó en él un vacío que palpitaba como el hambre.

لقد تركت الخسارة فراغًا في داخله ينبض مثل الجوع.

Pero ésta era un hambre que la comida no podía calmar, por mucho que comiera.

لكن هذا الجوع كان طعامًا لا يستطيع إشباعه، بغض النظر عن كمية الطعام التي تناولها.

A veces, mientras miraba a los Yeehats muertos, el dolor se desvanecía.

في بعض الأحيان، عندما كان ينظر إلى بيهات الميتة، كان الألم يتلاشى.

Y entonces un orgullo extraño surgió dentro de él, feroz y completo.

ثم ارتفع في داخله كبرياء غريب، شرس وكامل.

Había matado al hombre, la presa más alta y peligrosa de todas.

لقد قتل الإنسان، اللعبة الأعلى والأخطر على الإطلاق.

Había matado desafiando la antigua ley del garrote y el colmillo.

لقد قتل متحديًا القانون القديم للهراوة والأنياب.

Buck olió sus cuerpos sin vida, curioso y pensativo.

استنشق باك أجسادهم الخالية من الحياة، فضوليًا ومدروسًا.

Habían muerto con tanta facilidad, mucho más fácil que un husky en una pelea.

لقد ماتوا بسهولة - أسهل بكثير من موت كلب الهاسكي في قتال.

Sin sus armas, no tenían verdadera fuerza ni representaban una amenaza.

بدون أسلحتهم، لم تكن لديهم أي قوة أو تهديد حقيقي.

Buck nunca volvería a temerles, a menos que estuvieran armados.

لن يخاف باك منهم مرة أخرى، إلا إذا كانوا مسلحين.

Sólo tenía cuidado cuando llevaban garrotes, lanzas o flechas.

فقط عندما يحملون الهراوات أو الرماح أو السهام كان يحذر۔

Cayó la noche y la luna llena se elevó por encima de las copas de los árboles.

حل الليل، وارتفع القمر عالياً فوق قمم الأشجار۔

La pálida luz de la luna bañaba la tierra con un resplandor suave y fantasmal, como el del día.

غمر ضوء القمر الخافت الأرض بوهج ناعم يشبه النهار۔

A medida que la noche avanzaba, Buck seguía de luto junto al estanque silencioso.

ومع تعمق الليل، كان باك لا يزال حزيناً بجانب المسبح الصامت۔

Entonces se dio cuenta de que había un movimiento diferente en el bosque.

ثم أدرك أن هناك تحركاً مختلفاً في الغابة۔

El movimiento no provenía de los Yeehats, sino de algo más antiguo y más profundo.

لم يكن التحريك من بيهات، ولكن من شيء أقدم وأعمق۔

Se puso de pie, con las orejas levantadas y la nariz palpando la brisa con cuidado.

وقف، وأذنيه مرفوعتين، وأنفه يختبر النسيم بعناية۔

Desde lejos llegó un grito débil y agudo que rompió el silencio.

من بعيد جاء صوت خافت حاد يخترق الصمت۔

Luego, un coro de gritos similares siguió de cerca al primero.

ثم تبعتها جوقة من الصيحات المشابهة مباشرة خلف الصيحة الأولى۔

El sonido se acercaba cada vez más y se hacía más fuerte a cada momento que pasaba.

كان الصوت يقترب أكثر فأكثر، ويزداد قوة مع كل لحظة تمر۔

Buck conocía ese grito: venía de ese otro mundo en su memoria.

عرف باك هذه الصرخة ـ لقد جاءت من ذلك العالم الآخر في ذاكرته۔

Caminó hasta el centro del espacio abierto y escuchó atentamente.

توجه إلى وسط المساحة المفتوحة واستمع باهتمام۔

El llamado resonó, múltiple y más poderoso que nunca.

لقد دوى النداء، وكان كثير الأصوات وأقوى من أي وقت مضى.

Y ahora, más que nunca, Buck estaba listo para responder a su llamado.

والآن، أكثر من أي وقت مضى، أصبح باك مستعدًا للإجابة على نداءه.

John Thornton había muerto y ya no tenía ningún vínculo con el hombre.

لقد مات جون ثورنتون، ولم يبق في داخله أي رابط إنساني.

El hombre y todos sus derechos humanos habían desaparecido: él era libre por fin.

لقد ذهب الإنسان وكل المطالبات الإنسانية - لقد أصبح حرا في النهاية.

La manada de lobos estaba persiguiendo carne como lo hicieron alguna vez los Yeehats.

كانت مجموعة الذئاب تطارد اللحوم مثلما كان يفعل بيهات ذات يوم.

Habían seguido a los alces desde las tierras boscosas.

لقد تبعوا الموظ من الأراضي المشجرة.

Ahora, salvajes y hambrientos de presa, cruzaron hacia su valle.

والآن، وهم متوحشون وجائعون للفريسة، عبروا إلى الوادي.

Llegaron al claro iluminado por la luna, fluyendo como agua plateada.

لقد جاءوا إلى المقاصة المضاءة بالقمر، يتدفقون مثل الماء الفضي.

Buck permaneció quieto en el centro, inmóvil y esperándolos.

كان باك واقفا في الوسط، بلا حراك، وينتظرهم.

Su tranquila y gran presencia dejó a la manada en un breve silencio.

لقد أذهل حضوره الهادئ والكبير المجموعة في صمت قصير.

Entonces el lobo más atrevido saltó hacia él sin dudarlo.

ثم قفز الذئب الأكثر جرأة نحوه مباشرة دون تردد.

Buck atacó rápidamente y rompió el cuello del lobo de un solo golpe.

ضرب باك بسرعة وكسر رقبة الذئب بضربة واحدة.

Se quedó inmóvil nuevamente mientras el lobo moribundo se retorcía detrás de él.

لقد وقف بلا حراك مرة أخرى بينما كان الذئب المحتضر يتلوى خلفه.

Tres lobos más atacaron rápidamente, uno tras otro.

هاجمت ثلاثة ذئاب أخرى بسرعة، واحدًا تلو الآخر.

Todos retrocedieron sangrando, con la garganta o los hombros destrozados.

تراجع كل منهم ينزف، وكان حنجرته أو كتفه مقطوعة.

Eso fue suficiente para que toda la manada se lanzara a una carga salvaje.

كان ذلك كافيا لتحريك العبوة بأكملها إلى هجوم بري.

Se precipitaron juntos, demasiado ansiosos y apiñados para golpear bien.

لقد اندفعوا معًا، وكانوا متلهفين للغاية ومزدحمين لدرجة أنهم لم يتمكنوا من الضرب بشكل جيد.

La velocidad y habilidad de Buck le permitieron mantenerse por delante del ataque.

سمحت سرعة باك ومهارته له بالبقاء في صدارة الهجوم.

Giró sobre sus patas traseras, chasqueando y golpeando en todas direcciones.

لقد دار على رجليه الخلفيتين، وكان يلتقط ويضرب في جميع الاتجاهات.

Para los lobos, esto parecía como si su defensa nunca se abriera ni flaqueara.

بالنسبة للذئاب، بدا الأمر كما لو أن دفاعه لم يفتح أو يتعثر أبدًا.

Se giró y atacó tan rápido que no pudieron alcanzarlo.

استدار وضرب بسرعة كبيرة حتى أنهم لم يتمكنوا من الوصول خلفه.

Sin embargo, su número le obligó a ceder terreno y retroceder.

ومع ذلك، فإن أعدادهم أجبرته على التراجع والتراجع.

Pasó junto a la piscina y bajó al lecho rocoso del arroyo.

انتقل عبر المسبح إلى أسفل مجرى النهر الصخري.

Allí se topó con un empinado banco de grava y tierra.

وهناك واجه ضفة شديدة الانحدار من الحصى والأوساخ.

Se metió en un rincón cortado durante la antigua excavación de los mineros.

لقد اصطدم بقطع الزاوية أثناء الحفر القديم الذي قام به عمال المناجم.

Ahora, protegido por tres lados, Buck se enfrentaba únicamente al lobo frontal.

الآن، أصبح باك محميًا من ثلاث جهات، ولم يواجه سوى الذئب الأمامي.

Allí se mantuvo a raya, listo para la siguiente ola de asalto.

هناك، وقف في مكانه، مستعدًا للموجة التالية من الهجوم.

Buck se mantuvo firme con tanta fiereza que los lobos retrocedieron.

لقد تمسك باك بموقفه بشراسة لدرجة أن الذئاب تراجعت.

Después de media hora, estaban agotados y visiblemente derrotados.

وبعد مرور نصف ساعة، كانوا مرهقين وواضح عليهم الهزيمة.

Sus lenguas colgaban y sus colmillos blancos brillaban a la luz de la luna.

كانت ألسنتهم معلقة، وأنيابهم البيضاء تلمع في ضوء القمر.

Algunos lobos se tumbaron, con la cabeza levantada y las orejas apuntando hacia Buck.

استلقى بعض الذئاب، ورؤوسهم مرفوعة، وآذانهم منتصبة تجاه باك.

Otros permanecieron inmóviles, alertas y observando cada uno de sus movimientos.

وكان الآخرون واقفين في مكانهم، متيقظين ويراقبون كل تحركاته.

Algunos se acercaron a la piscina y bebieron agua fría.

توجه عدد قليل منهم إلى المسبح وشربوا الماء البارد.

Entonces un lobo gris, largo y delgado, se acercó sigilosamente.

ثم زحف ذئب رمادي طويل ونحيف إلى الأمام بطريقة لطيفة.

Buck lo reconoció: era el hermano salvaje de antes.

تعرف عليه باك - لقد كان الأخ البري من قبل.

El lobo gris gimió suavemente y Buck respondió con un gemido.

أطلق الذئب الرمادي أنينًا خفيفًا، ورد باك بأنين.

Se tocaron las narices, en silencio y sin amenaza ni miedo.

لقد تلامسوا أنوفهم بهدوء ومن دون تهديد أو خوف.

Luego vino un lobo más viejo, demacrado y lleno de cicatrices por muchas batallas.

وبعد ذلك جاء ذئب أكبر سناً، نحيفًا ومُصابًا بندوب نتيجة معارك عديدة.

Buck empezó a gruñir, pero se detuvo y olió la nariz del viejo lobo.

بدأ باك في الهدير، لكنه توقف واستنشق أنف الذئب العجوز.

El viejo se sentó, levantó la nariz y aulló a la luna.

جلس الرجل العجوز، ورفع أنفه، وعوى على القمر.

El resto de la manada se sentó y se unió al largo aullido.

جلس بقية القطيع وانضموا إلى العواء الطويل.

Y ahora el llamado llegó a Buck, inconfundible y fuerte.

والآن جاء النداء إلى باك، لا لبس فيه وقوية.

Se sentó, levantó la cabeza y aulló con los demás.

جلس ورفع رأسه وعوى مع الآخرين.

Cuando terminaron los aullidos, Buck salió de su refugio rocoso.

عندما انتهى العواء، خرج باك من ملجأه الصخري.

La manada se cerró a su alrededor, olfateando con amabilidad y cautela.

أحاطت به المجموعة، وهي تشم رائحته بلطف وحذر.

Entonces los líderes dieron un grito y salieron corriendo hacia el bosque.

ثم أطلق القادة صرخة عالية وانطلقوا إلى الغابة.

Los demás lobos los siguieron, aullando a coro, salvajes y rápidos en la noche.

وتبعه الذئاب الأخرى، وهم ينبحون في جوقة، وحشيين وسريعين في الليل.

Buck corrió con ellos, al lado de su hermano salvaje, aullando mientras corría.

ركض باك معهم، بجانب أخيه البري، وهو يعوي أثناء ركضه.

Aquí la historia de Buck llega bien a su fin.

وهنا تصل قصة باك إلى نهايتها.

En los años siguientes, los Yeehat notaron lobos extraños.

وفي السنوات التي تلت ذلك، لاحظ البيهات ذئابًا غريبة.

Algunos tenían la cabeza y el hocico de color marrón y el pecho de color blanco.

وكان بعضهم بني اللون على رؤوسهم وخطمهم، وأبيض اللون على صدورهم.

Pero aún más temían una figura fantasmal entre los lobos.

ولكن أكثر من ذلك، كانوا يخافون من وجود شخصية شبحية بين الذئاب.

Hablaban en susurros del Perro Fantasma, líder de la manada.

لقد تحدثوا همسًا عن الكلب الشبح، زعيم المجموعة.

Este perro fantasma tenía más astucia que el cazador Yeehat más audaz.

كان هذا الكلب الشبح أكثر دهاءً من صياد بيهات الأكثر جرأة.

El perro fantasma robó de los campamentos en pleno invierno y destrozó sus trampas.

سرق الكلب الشبح من المخيمات في الشتاء القارس ومزق مصائدهم.

El perro fantasma mató a sus perros y escapó de sus flechas sin dejar rastro.

قتل الكلب الشبح كلابهم ونجا من سهامهم دون أن يترك أثرا.

Incluso sus guerreros más valientes temían enfrentarse a este espíritu salvaje.

حتى محاربيهم الأكثر شجاعة كانوا يخافون من مواجهة هذه الروح البرية.

No, la historia se vuelve aún más oscura a medida que pasan los años en la naturaleza.

لا، فالقصة تصبح أكثر ظلمة مع مرور السنين في البرية.

Algunos cazadores desaparecen y nunca regresan a sus campamentos distantes.

يختفي بعض الصيادين ولا يعودون أبدًا إلى معسكراتهم البعيدة.

Otros aparecen con la garganta abierta, muertos en la nieve.

وقد تم العثور على آخرين وقد تمزقت حناجرهم، مقتولين في الثلج.

Alrededor de sus cuerpos hay huellas más grandes que las que cualquier lobo podría dejar.

حول أجسادهم آثار أقدام أكبر من تلك التي يمكن لأي ذئب أن يتركها.

Cada otoño, los Yeehats siguen el rastro del alce.

في كل خريف، يتبع بيهات أثر الموظ.

Pero evitan un valle con el miedo grabado en lo profundo de sus corazones.

لكنهم يتجنبون واديًا واحدًا بسبب الخوف المحفور عميقًا في قلوبهم.

Dicen que el valle fue elegido por el Espíritu Maligno para vivir.

يقال أن الروح الشريرة اختارت الوادي ليكون موطنها.

Y cuando se cuenta la historia, algunas mujeres lloran junto al fuego.

وعندما تُحكى الحكاية، تبكي بعض النساء بجانب النار.

Pero en verano, un visitante llega a ese tranquilo valle sagrado.

ولكن في الصيف، يأتي زائر واحد إلى هذا الوادي الهادئ المقدس.

Los Yeehats no saben de él, ni tampoco pueden entenderlo.

لا يعرفه أهل بيهات، ولا يستطيعون أن يفهموه.

El lobo es grande, revestido de gloria, como ningún otro de
su especie.

الذئب عظيم، مغطى بالمجد، لا يشبه أي شخص آخر من نوعه.

Él solo cruza el bosque verde y entra en el claro.

يعبر وحده من الغابة الخضراء ويدخل إلى فسحات الغابة.

Allí, el polvo dorado de los sacos de piel de alce se filtra en
el suelo.

هناك، يتسرب الغبار الذهبي من أكياس جلد الموظ إلى التربة.

La hierba y las hojas viejas han ocultado el amarillo al sol.

لقد أخفى العشب والأوراق القديمة اللون الأصفر من الشمس.

Aquí, el lobo permanece en silencio, pensando y recordando.

وهنا يقف الذئب في صمت، يفكر ويتذكر.

Aúlla una vez, largo y triste, antes de darse la vuelta para
irse.

يصرخ مرة واحدة - طويلاً وحزيناً - قبل أن يستدير ليذهب.

Pero no siempre está solo en la tierra del frío y la nieve.

ولكنه ليس وحيداً دائماً في أرض البرد والثلوج.

Cuando las largas noches de invierno descienden sobre los
valles inferiores.

عندما تهبط ليالي الشتاء الطويلة على الوديان السفلية.

Cuando los lobos persiguen a la presa a través de la luz de la
luna y las heladas.

عندما تتبع الذئاب الطرائد عبر ضوء القمر والصقيع.

Luego corre a la cabeza del grupo, saltando alto y
salvajemente.

ثم يركض نحو رأس المجموعة، ويقفز عالياً وبجنون.

Su figura se eleva sobre las demás y su garganta está llena de
canciones.

شكله يرتفع فوق الآخرين، وحلقه ينبض بالحياة مع الأغنية.

Es la canción del mundo más joven, la voz de la manada.

إنها أغنية العالم الأصغر، صوت القطيع.

Canta mientras corre: fuerte, libre y eternamente salvaje.

إنه يغني أثناء ركضه - قوياً، حراً، ومتوحشاً إلى الأبد.

www.ingramcontent.com/pod-product-compliance
Lightning Source LLC
Chambersburg PA
CBHW011734020426
42333CB00024B/2883